# すぐに使える 実践ビジネス中国語

北京大学出版社
『基礎実用商务汉语』
日本語版

関道雄［編著］　杉田欣二［日本語版翻訳・監修］

ask
PUBLISHING

## はじめに

　中国が 1978 年末に経済面での改革開放路線に大きく舵を切ってから 40
数年が経過しましたが、この間、世界経済のグローバル化の波に乗って中
国は 2001 年には念願の世界貿易機関（WTO）への加盟を果たし、2010
年にはそれまで 42 年間経済規模で世界第 2 位の座にあった日本を抜いて
米国に次ぐ経済規模に成長しました。そのあとはご承知のとおり、日本を
大きく引き離し米国のそれに迫る勢いです。こうして、21 世紀の世界経
済は米国と中国の二つの大国が主導する時代を迎えました。

　これからの世界経済において、中国が果たす役割は量的にも質的にも変
化を伴いながらより大きく重要になっていくことは間違いないと思いま
す。昨今、AI（人工知能）が大きな深化を遂げつつありますが、たとえ
AI がどのような発展と深化を遂げたとしても、難しい貿易や投資の話も
突き詰めれば人と人との交渉が基本であることに変わりはありません。

　そんな中にあって、今回、2018 年に北京大学出版社から出版された『基
礎実用商務汉语（第 3 版）』（編著：关道雄）を日本で出版することとなり
ました。このテキストは貿易会社の社員ジョンソン・スミスさん（中国語名：
史強生）とリーン・ペティさん（中国語名：白琳）が中国に出張して貿易
と投資に関するさまざまな商談を展開する場面を、二人の北京の空港到着
から帰国前の送別会まで計 16 のシーンに分けた課から構成されています。

　実際に中国ビジネスに参画されている方や大学、専門学校等である程度
中国語をマスターしたうえでこれから中国ビジネスの世界に飛び込もうと
いう方の学習材料として活用いただけると思います。また、日本人に限ら
ず、中国人ビジネスマンのビジネス日本語の参考書としても活用いただけ
ることを期待しています。

　中国人の英語力は相当高いですし、欧米留学経験者も急増していますか
ら、これからの時代、英語を使って中国ビジネスをすることもできます。

しかし、考えてみてください。あなたが日本語のできない外国人ビジネスマンと流暢な日本語を話す外国人ビジネスマンを相手にした場合、人柄等は別にしてどちらにより親近感を覚えるでしょうか。これを中国人、中国語に置き換えてみれば明らかなことです。

　本書の各課の構成は、基本的に「会話1」「会話2」「短文読解」からなり、それぞれに「新出単語」と「文型」があります。そして最後にその課で習った単語や文型を確認するための「練習問題」を掲載しています。内容のレベルは決して低くないですから、学習には根気が求められると思います。ちょっとつまずきそうになったら、別の課に進んでもいいでしょう。

　さて、冒頭に書いたようにこのまま米中二大経済大国が主導する形で世界経済の成長が続くと思われた2020年、ちょうど本書の翻訳・監修作業をしている最中に、世界は突然100年に一度ともいわれる新型コロナウイルス感染症の地球規模での蔓延によって経済、貿易、投資の各面で未曽有の衝撃的な大打撃を受けました。このことは人類史にとって忘れられない記憶として残ることでしょう。しかし、人々が豊かな生活を切望する限り、いつの時代も人と人、国と国、地域と地域の経済交流は欠くことができません。人類の叡智と努力によってさまざまな危機を乗り越え、さらに豊かな社会になっていくことを切に願う次第です。

　本書が、中国ビジネスに関与されている方、これから関与していこうという方たちの学習の手助けとなれば、日本語版の翻訳・監修者としても幸いです。

2020年5月
日本語版翻訳・監修
杉田欣二

## 本 書 の 使 い 方

本書は全16課から構成され、2つの「会話文」と「短文読解」が中心となっています。「会話文」と「短文読解」にはそれぞれ「新出単語」と「文型」の説明があり、課の最後には学習を振り返る「練習問題」がついています。また、課によって「あわせて覚えたい」というコラムがあり、関連情報を取り上げています。

### ▶会話文

空港での対面から価格交渉、契約の調印など実際のビジネスで起こる場面ごとにストーリーが展開します。すべての会話には中国語の音声とピンイン、日本語訳が付いています。音声を活用したリスニングの練習はもちろん、発音の練習も繰り返し行い「伝わる」中国語を身につけましょう。

### ▶短文読解

ビジネスをするうえで知っておきたい中国や中国人の考え方などを紹介しています。本文は原書の『基礎実用商務汉语（第3版）』が発行された2018年当時の内容です。中国を取り巻く環境は急速に変化するので、最新の情報はニュースやインターネットなどで確認しましょう。

### ▶新出単語

会話文や短文読解に出てくる新出単語を紹介しています。

### ▶文型

会話文や短文読解に使われている表現方法をいくつかピックアップしています。それぞれの文型に例文を2つずつ記載しているので、例文を見ながら文の中でどのように文型が使われるか確認してみましょう。

### ▶練習問題

練習問題は各課で取り扱う内容を中心に出題しています。学んだ内容がきちんと身についているか確認し、わからない問題があれば復習をしましょう。練習問題の解答と日本語訳は p.220 ～ p.234 にあります。

### ▶あわせて覚えたい

出入国カードの書き方や販促時によく使われる表現など、各課で触れられたトピックや用語、表現方法などに関連する情報を取り上げています。

※本書のピンインは原著の表記をベースとし、部分的に『現代汉语辞典第7版』を参考としています。

▶音声

　各課の「扉」、「会話文」、「短文読解」、「新出単語」、「文型」に掲載されている中国語には音声がついています。トラック番号に対応する音声を聞きながら学習を進めましょう。音声は全て中国（北京）で収録されています。現地の雰囲気を味わいながら聞きましょう。

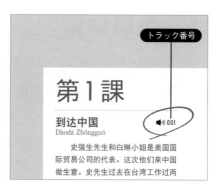

トラック番号

# 第1課

**到达中国**
Dàodá Zhōngguó

🔊 001

史强生先生和白琳小姐是美国国际贸易公司的代表。这次他们来中国做生意。史先生过去在台湾工作过两

---

## 音声ダウンロードサービス

　本書の音声はパソコンとスマートフォンにダウンロードしてご利用いただけます。

### 🖥 パソコンでの音声ダウンロード

　アスク出版公式サイト本書紹介ページ ➡

https://www.ask-books.com/978-4-86639-332-2/

### 📱 スマートフォンでの音声ダウンロード

　オーディオブック配信サービス「audiobook.jp」アプリを利用します。下記のアドレスへアクセスし、シリアルコードを入力してダウンロードしてください。

https://audiobook.jp/exchange/ask-books

ダウンロードシリアルコード：93322

※「audiobook.jp」をはじめてご利用の方は、アプリのダウンロード、および会員登録が必要です。
　詳しくは上記サイト、または下記アスクユーザーサポートをご覧ください。

- - - - - - - - - - - - - - - - - - - - - - - - - - - - - - - - - - - -

**ダウンロード方法等のお問い合わせ**
音声ダウンロードの手段がない方も、こちらへご相談ください。
アスクユーザーサポートセンター　https://www.ask-books.com/support/
電話：03-3267-6500（土日祝日を除く 10:00 〜 12:00 ／ 13:00 〜 17:00）
メール：support@ask-digital.co.jp

# 目 次

## 登場人物紹介

### アメリカ側

#### 史強生（ジョンソン・スミス）

**アメリカ国際貿易会社 アジア地区総裁**

台湾に駐在していたことがあり、流暢な中国語を話すことができる。アシスタントのペティさんの仕事の能力を非常に評価している。

#### 白琳（リーン・ペティ）

**アメリカ国際貿易会社 アジア地区総裁アシスタント**

昨年の夏も北京を訪れており、李信文さんとは面識がある。明るい性格で、よく冗談を言ってその場を盛り上げる。

### 中国側

#### 王国安

中国東方輸出入公司 社長

会社のトップとして、スミスさんとペティさんを歓迎する宴会に出席したり、取引の価格交渉に同席したりするなど重要な場面で登場する。

#### 李信文

中国東方輸出入公司 副社長

今回のスミスさんとペティさんの中国出張がスムーズに進むよう、ホテルの予約や空港への出迎えなどさまざまな手配を担当している。

#### 张红

中国東方輸出入公司 公共関係部主任

工場や上海商品交易会、工業団地の見学といった、スミスさんとペティさんの現地視察のアテンドを担当している。

# 第1課

## 到达中国
🔊 001
Dàodá Zhōngguó

　　史强生先生和白琳小姐是美国国际贸易公司的代表。这次他们来中国做生意。史先生过去在台湾工作过两年。白小姐去年来过北京，跟东方进出口公司的李先生认识。史先生和白小姐说中文说得都很好。

## 中国に到着する

　ジョンソン・スミスさんとリーン・ペティさんはアメリカ国際貿易会社の代表です。今回彼らはビジネスをしに中国にやってきました。スミスさんはかつて台湾で2年間仕事をしたことがあります。ペティさんは去年北京に来たことがあり、東方輸出入公司の李さんと知り合いました。スミスさんとペティさんは2人とも中国語をじょうずに話します。

**【在海关】**
[zài hǎiguān]

海关官员: 您好！ 您是来旅行的吗？
Nín hǎo! Nín shì lái lǚxíng de ma?

史强生: 不，我是来做生意的。这是我的护照和入境登记卡。
Bù, wǒ shì lái zuò shēngyi de. Zhè shì wǒ de hùzhào hé rùjìng dēngjìkǎ.

海关官员: 这两件行李都是您的吗？ 请打开这个箱子。
Zhè liǎng jiàn xíngli dōu shì nín de ma? Qǐng dǎkāi zhège xiāngzi.

史强生: 好的，没问题。
Hǎo de, méi wèntí.

海关官员: 这些是什么？
Zhèxiē shì shénme?

史强生: 这些是产品广告和货样，这一件是礼物。这些东西要交
Zhèxiē shì chǎnpǐn guǎnggào hé huòyàng, zhè yí jiàn shì lǐwù. Zhèxiē dōngxi yào jiāo

税吗？
shuì ma?

海关官员: 没有商业价值的广告和货样可以免税。超过两千元的
Méiyǒu shāngyè jiàzhí de guǎnggào hé huòyàng kěyǐ miǎnshuì. Chāoguò liǎngqiān yuán de

礼物需要交税，您的没问题！ 不过，您还是需要填一张
lǐwù xūyào jiāo shuì, nín de méi wèntí! Búguò, nín háishi xūyào tián yì zhāng

申报单。
shēnbàodān.

白琳: 哦，这是我们的海关申报单，我的护照和入境登记卡。
Ò, zhè shì wǒmen de hǎiguān shēnbàodān, wǒ de hùzhào hé rùjìng dēngjìkǎ.

海关官员: 那是什么？
Nà shì shénme?

白琳: 那是我的好朋友！
Nà shì wǒ de hǎo péngyou!

海关官员: 好朋友？
Hǎo péngyou?

白琳: 【笑】是呀，那是我的电脑。我们总是在一起，是最好的
[xiào] Shì ya, nà shì wǒ de diànnǎo. Wǒmen zǒngshì zài yìqǐ, shì zuì hǎo de

朋友！
péngyou!

海关官员: 【笑】你的中文真不错！
[xiào] Nǐ de Zhōngwén zhēn búcuò!

白琳: 哪里哪里！
Nǎli nǎli!

【税関で】

税関職員：こんにちは！ 旅行でいらっしゃったのですか？

スミス：いいえ、ビジネスで来ました。これは私のパスポートと入国カードです。

税関職員：この2つの荷物はあなたのですか？ こちらのスーツケースを開けてください。

スミス：はい、いいですよ。

税関職員：これらの物は何ですか？

スミス：製品の広告用品とサンプルで、こちらはお土産です。こうした物にも税金がかかりますか？

税関職員：商品価値のない広告用品やサンプルは免税扱いになります。2,000元を超えるお土産は税金を納めなければなりませんが、あなたのは問題ありません！ ただ、それでも申告書を記入していただかないといけません。

ベティ：ああ、これは私たちの税関申告書と私のパスポート、それと入国カードです。

税関職員：それは何ですか？

ベティ：私の親友です！

税関職員：親友って？

ベティ：【笑】そう、私のパソコンです。私たちはいつも一緒で、最高の友だちなんです！

税関職員：【笑】あなたの中国語はほんとうに素晴らしいですね！

ベティ：いえいえ、とんでもない。

## 【在机场出口】
【zài jīchǎng chūkǒu】

白琳: 看，那是李先生！【招手……】李先生，好久不见了，你
Kàn, nà shì Lǐ xiānsheng!【zhāoshǒu……】Lǐ xiānsheng, hǎojiǔ bú jiàn le, nǐ

好！
hǎo!

李信文: 你好，你好！白小姐，我们又见面了！欢迎，欢迎！
Nǐ hǎo, nǐ hǎo! Bái xiǎojiě, wǒmen yòu jiànmiàn le! Huānyíng, huānyíng!

白琳: 我来介绍一下儿。这位就是东方公司的副总经理李先生。
Wǒ lái jièshào yíxiàr. Zhè wèi jiù shì Dōngfāng Gōngsī de fù zǒngjīnglǐ Lǐ xiānsheng.

这位是我的老板，Mr. Smith。
Zhè wèi shì wǒ de lǎobǎn,

史强生: 您好！我是 Johnson Smith，我的中文名字叫史强生。
Nín hǎo! Wǒ shì　　　　　　　　　　　wǒ de Zhōngwén míngzi jiào Shǐ Qiángshēng.

李信文: 您好！我叫李信文，欢迎您来中国！
Nín hǎo! Wǒ jiào Lǐ Xìnwén, huānyíng nín lái Zhōngguó!

史强生: 谢谢！白琳常常跟我提起您，这次总算见面了！
Xièxie! Bái Lín chángcháng gēn wǒ tíqǐ nín, zhè cì zǒngsuàn jiànmiàn le!

白琳: 太好了！坐了十几个小时的飞机，总算到北京了！李
Tài hǎo le! Zuòle shí jǐ ge xiǎoshí de fēijī, zǒngsuàn dào Běijīng le! Lǐ

先生，谢谢你来机场接我们。
xiānsheng, xièxie nǐ lái jīchǎng jiē wǒmen.

李信文: 不客气，我们是老朋友了。你们的入境手续都办好了吗?
Bú kèqi, wǒmen shì lǎopéngyou le. Nǐmen de rùjìng shǒuxù dōu bànhǎo le ma?

白琳: 都办好了，一切都很顺利！
Dōu bànhǎo le, yíqiè dōu hěn shùnlì!

李信文: 好，那我们走吧，车就在外边。我先送你们去酒店，你们
Hǎo, nà wǒmen zǒu ba, chē jiù zài wàibian. Wǒ xiān sòng nǐmen qù jiǔdiàn, nǐmen

一定都累了吧?
yídìng dōu lèi le ba?

---

**日本語訳** ■ 出迎え

---

【空港の出口で】

ペティ: ほら見て、あの方が李さんです！【手を振って…】李さん、お久しぶりです、こんにちは。

李信文: こんにちは！ ペティさん、またお会いできましたね！ ようこそいらっしゃいました。

ペティ: ご紹介しましょう。こちらは東方公司の副社長の李さんです。こちらは私のボスのスミスです。

スミス: こんにちは！ 私はジョンソン・スミスです、中国語の名前は史強生といいます。

李信文: こんにちは！ 李信文といいます。ようこそ中国にいらっしゃいました！

スミス: ありがとうございます。ペティからいつもあなたのことは聞いていますが、今回やっとお目にかかれました！

ペティ: よかった！ 十数時間、飛行機に乗って、やっと北京に着きました。李さん、空港まで私たちを出迎えに来ていただき、ありがとうございます。

李信文: ご遠慮なく、私たちは老朋友（ラオポンヨウ）じゃないですか。入国手続きはすべて済みましたか？

ペティ: ぜんぶ終わりました、すべて順調でした！

李信文: では、行きましょうか、車は外です。まずお二人をホテルにお送りします。きっとお疲れでしょう。

| 新出単語 1 | | ◀)） 004 |
|---|---|---|
| 到达 | dàodá | 到着する |
| 国际 | guójì | 国際的な |
| 贸易 | màoyì | 貿易 |
| 公司 | gōngsī | 会社、公司（コンス） |
| 代表 | dàibiǎo | 代表、代表する |
| 生意 | shēngyi | ビジネス、商売 |
| 进出口 | jìnchūkǒu | 輸出入 |
| 进口 | jìnkǒu | 輸入、輸入する、入口 |
| 出口 | chūkǒu | 輸出、輸出する、出口 |
| 入境 | rùjìng | 入国する |
| 海关 | hǎiguān | 税関 |
| 官员 | guānyuán | （公的機関の）職員 |
| 护照 | hùzhào | パスポート |
| 登记卡 | dēngjìkǎ | 登録カード |
| 登记 | dēngjì | 登録、登録する |
| 卡 | kǎ | カード |

| | | |
|---|---|---|
| 行李 | xíngli | 荷物 |
| 箱子 | xiāngzi | スーツケース、箱 |
| 产品 | chǎnpǐn | 製品 |
| 广告 | guǎnggào | 広告、コマーシャル |
| 货样 | huòyàng | 商品サンプル |
| 交税 | jiāo shuì | 税金を支払う |
| 商业价值 | shāngyè jiàzhí | 商業的価値、コマーシャルバリュー |
| 商业 | shāngyè | 商業、取引、ビジネス |
| 价值 | jiàzhí | 価値 |
| 免税 | miǎnshuì | 免税とする、免税 |
| 超过 | chāoguò | 超過する |
| 填 | tián | 書き込む、空欄を埋める |
| 申报单 | shēnbàodān | 申告書 |
| 申报 | shēnbào | 申告、申告する |
| 单 | dān | リスト、フォーム |
| 招手 | zhāoshǒu | 手を振る、手を振って合図する、手招きをする |
| 副总经理 | fù zǒngjīnglǐ | 副社長、副本部長、副部長など<br>（企業の規模によって異なる） |
| 副 | fù | 副、副次的な |
| 总经理 | zǒngjīnglǐ | 社長、本部長、部長など<br>（企業の規模によって異なる） |
| 老板 | lǎobǎn | 上司、ボス（親しみを込めた呼び方） |
| 总算 | zǒngsuàn | やっと、どうにか |
| 手续 | shǒuxù | 手続き |
| 办手续 | bàn shǒuxù | 手続きを行う |
| 顺利 | shùnlì | 順調な |
| 酒店 | jiǔdiàn | ホテル |

## 固有名詞

| | | |
|---|---|---|
| 史强生 | Shǐ Qiángshēng | ジョンソン・スミス（人名） |
| 白琳 | Bái Lín | リーン・ペティ（人名） |
| 美国国际贸易公司 | Měiguó Guójì Màoyì Gōngsī | アメリカ国際貿易会社（会社名） |
| 台湾 | Táiwān | 台湾 |
| 东方进出口公司 | Dōngfāng Jìnchūkǒu Gōngsī | 東方輸出入公司（会社名） |
| 李信文 | Lǐ Xìnwén | 李信文（人名） |

## ▉ 是 ［来 / 去］～的

**⟹ ～するために［来た／行く］のだ**

※来る目的または行く目的を強調する表現。"是～的"の間に入る部分が強調される文型。

❶ 您是来旅行的吗?

あなたは旅行でいらっしゃったのですか? ※「旅行で来た」ということを強調して聞いている。

❷ 我是去中国做生意的。

私は中国に行ってビジネスをするのです。※中国に行く目的を強調している。

## ▉ ～真不错！

**⟹ ～はとても素晴らしい！**

❶ 您的中文真不错！

あなたの中国語はとても素晴らしいです！

❷ 机场的服务真不错！

空港のサービスはとてもいいです。

## ▉ 提起～

**⟹ ～はというと**

※「話題に出す、取り上げる、～に話が及ぶ」という表現。

❶ 白琳常常跟我提起您。

ペティはしょっちゅうあなたのことを話題にします。

❷ 提起这种产品，这次我带了一个货样。

この種の製品についていえば、今回私はサンプルを持参しました。

## ▉ 谢谢～

**⟹ ～してくれてありがとう**

※通常、"谢谢"のあとに主語＋述語の構造の文が続く。

❶ 谢谢你来机场接我们。

空港まで出迎えに来ていただきありがとうございます。

❷ 李先生，谢谢（您）帮我们订了酒店。

李さん、私たちのためにホテルを予約していただきありがとうございます。

在中国，说中文，会有很多好处。一句最简单的"你好"，
Zài Zhōngguó, shuō Zhōngwén, huì yǒu hěn duō hǎochù. Yí jù zuì jiǎndān de "nǐ hǎo",

常常使事情变得容易。"你好"让严肃的官员对你微笑，让紧张
chángcháng shǐ shìqing biàn de róngyì. "Nǐ hǎo" ràng yánsù de guānyuán duì nǐ wēixiào, ràng jǐnzhāng

的谈判变得轻松。不要担心你说中文说得不好。你会发现，当
de tánpàn biàn de qīngsōng. Búyào dānxīn nǐ shuō Zhōngwén shuō de bù hǎo. Nǐ huì fāxiàn, dāng

你说中文的时候，中国人总是非常高兴，也更乐意帮助你。
nǐ shuō Zhōngwén de shíhou, Zhōngguórén zǒngshì fēicháng gāoxìng, yě gèng lèyì bāngzhù nǐ.

说中文容易交朋友。有了好朋友，做生意、办事情都会有
Shuō Zhōngwén róngyì jiāo péngyou. Yǒule hǎo péngyou, zuò shēngyi、bàn shìqing dōu huì yǒu

很多方便。只要你每天都说中文，能说多少就说多少，你的
hěn duō fāngbiàn. Zhǐyào nǐ měi tiān dōu shuō Zhōngwén, néng shuō duōshao jiù shuō duōshao, nǐ de

中文就会越来越好。
Zhōngwén jiù huì yuèláiyuè hǎo.

---

**日本語訳** ■ 中国で中国語を話す

　中国で中国語を話すということは、たくさんのメリットがあります。簡単な
"你好"の一言が、ものごとを容易にしてくれることがしょっちゅうあります。
"你好"の一言で厳格な役人がほほえみかけ、張りつめた商談を和やかにさせて
くれます。中国語がじょうずでないことを心配する必要はありません。中国語を
話すと、中国人がきまってとても喜び、また喜んで助けてくれようとすることに
きっと気づくはずです。

　中国語を話せば容易に友だちを作ることができます。いい友だちがいれば、ビ
ジネスをしたりものごとを処理したりする際にとても都合がよくなります。毎日
中国語を話し、話せるだけ話せば、中国語はきっとますますじょうずになるで
しょう。

| 使 | shǐ | ～に…させる |
| 変得 | biàn de | ～に変わる、変化して～になる |
| 严肃 | yánsù | 厳しい、厳かな |
| 微笑 | wēixiào | ほほえみ、ほほえむ |
| 紧张 | jǐnzhāng | 緊張した、神経質な、張りつめた |
| 谈判 | tánpàn | 商談、交渉、商談をする、交渉する |
| 轻松 | qīngsōng | リラックスした、気分が軽い、和やかな |
| 担心 | dānxīn | 心配する、気にかける |
| 乐意 | lèyì | 喜んで～する |
| 交朋友 | jiāo péngyou | 友だちになる |
| 办事情 | bàn shìqing | 仕事や手続きなどをする |
| 越来越 | yuèláiyuè | ますます |

# 1 使 / 让

**➡ ～させる、～という状況を引き起こす**

❶ 一句最简单的"你好"，常常［使 / 让］事情变得容易。

最も簡単な"你好"の一言が、しょっちゅう状況を容易にしてくれるものです。

❷ 他说的话［使 / 让］那位官员很生气。

彼が言ったことが、その職員をとても怒らせてしまいました。

---

# 2 当～的时候

**➡ ～のときに**

❶ 当你说中文的时候，中国人总是非常高兴。

中国語を口にすると、中国人はいつもとても喜びます。

❷ 当我走到出口的时候，我看见李先生正在等我。

私が出口まで歩いていったときに、ちょうど李さんが私を待っているのが見えました。

---

# 3 只要～，就…

**➡ ～しさえすれば…だ、～でさえあれば…だ**

※条件関係を表す文型。前半の条件さえ満たせば、後半の結果が必ず生じるということを表す。"只有～才…"「～してこそはじめて…だ」の文型（p. 78）と混同しやすいので、きちんと区別して覚えることが肝要。

❶ 只要你每天都说中文，你的中文就会越来越好。

毎日中国語を話しさえすれば、中国語はきっとますますじょうずになるはずです。

❷ 只要我有时间，我就一定去飞机场接你。

時間さえあれば、私は必ずあなたを迎えに空港に行きます。

---

# 4 能～多少就～多少

**➡ ～できるだけ～する**

※～部分には動詞が入り、同じ動詞がくり返される。

❶ 你应该每天练习说中文，能说多少就说多少。

毎日中国語を話す練習をするべきです。話せるだけ話しなさい。

❷ 这些产品，我们能卖多少就卖多少。

これらの製品を私たちは売れるだけ売ります。

---

## 練習問題

**1** 下の日本語を参考に、単語の中から適切なものを選び、空欄を埋めて文を完成させなさい。ただし、単語はそれぞれ1回ずつしか使うことができません。

护照　行李　交税　免税　官员　手续　产品　货样　海关申报单　入境登记卡
到达　价值　超过

　　　当你＿＿＿＿＿＿中国的时候，你总是得办一些入境＿＿＿＿＿＿。例如，你应该准备好你的＿＿＿＿＿＿和＿＿＿＿＿＿；在海关，你还应该填写＿＿＿＿＿＿。你应该注意哪些东西要交税，哪些可以＿＿＿＿＿＿。比如，没有商业＿＿＿＿＿＿的＿＿＿＿＿＿广告和＿＿＿＿＿＿可以免税。价值＿＿＿＿＿＿两千元的礼品需要＿＿＿＿＿＿。如果你的＿＿＿＿＿＿很多，海关的＿＿＿＿＿＿也可能会问你一些问题。

　　　中国に到着したときには必ず入国手続きをしなければなりません。たとえばパスポートや入国カードを用意したり、税関で税関申告書を記入したりしなければなりません。どのようなものに課税されるのか、どのようなものが免税されるのか注意しましょう。たとえば、商業的価値のない製品広告やサンプルは免税になります。2,000元を超える贈答品は納税しなければなりません。荷物が多い場合も、税関の職員に質問をされるかもしれません。

**出入国カードの書き方**

　中国に出入国するときには出入国カードの記入が必要です。入国カードと出国カードは一体になっており、入国審査時に入国カードのみが回収され、出国カードは返却されます。出国カードは出国審査時に提出が必要ですので大切に保管しておきましょう。

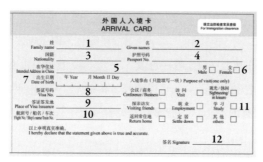

| | | |
|---|---|---|
| 1. 姓（ローマ字表記） | 5. 中国での滞在先 | 9. ビザ発給地 |
| 2. 名（ローマ字表記） | 6. 性別 | 10. 便名 |
| 3. 国籍 | 7. 生年月日 | 11. 訪問目的 |
| 4. パスポート番号 | 8. ビザ番号 | 12. 署名 |

　5番にはホテル名または滞在先の住所を記入します。ビザがない場合、8番と9番は記入不要です。出入国カードは英文で記入するのが基本ですが、中国語（簡体字）で記入してもかまいません。

# 第 2 課

## 在酒店

🔊 009

Zài jiǔdiàn

　　李信文为史强生和白琳在长城酒店预订了房间。这是一家五星级酒店，不但服务良好、设施完备，而且地点非常方便。白琳很喜欢这个地方，可是她也有很多问题。

## ホテルにて

　　李信文さんはスミスさんとペティさんのために長城ホテルの部屋を予約しました。ここは五つ星ホテルで、サービスがよいだけでなく設備も整っており、ロケーションも非常に便利です。ペティさんはここが気に入っていますが、質問もたくさんあるようです。

服务员：您好！
Nín hǎo!

李信文：您好！ 昨天我为这两位美国客人预订了房间。我姓李。
Nín hǎo! Zuótiān wǒ wèi zhè liǎng wèi Měiguó kèrén yùdìngle fángjiān. Wǒ xìng Lǐ.

麻烦您查一下儿。
Máfan nín chá yíxiàr.

服务员：您是东方公司的李先生吗？
Nín shì Dōngfāng Gōngsī de Lǐ xiānsheng ma?

李信文：对，我叫李信文。
Duì, wǒ jiào Lǐ Xìnwén.

服务员：请您的两位客人填一下旅客登记表。
Qǐng nín de liǎng wèi kèrén tián yíxià lǚkè dēngjìbiǎo.

李信文：我为你们预订的是一间标准间、一间套房。标准间一天
Wǒ wèi nǐmen yùdìng de shì yí jiàn biāozhǔnjiān、 yí jiàn tàofáng. Biāozhǔnjiān yì tiān

六百五十块，套房九百块。
liùbǎi wǔshí kuài, tàofáng jiǔbǎi kuài.

白琳：哇，比去年贵了不少啊！ 请问，我可以用英文填表吗？
Wā, bǐ qùnián guìle bù shǎo a! Qǐngwèn, wǒ kěyǐ yòng Yīngwén tián biǎo ma?

服务员：可以。不好意思，我需要看一下你们的护照。
Kěyǐ. Bù hǎoyìsi, wǒ xūyào kàn yíxià nǐmen de hùzhào.

李信文：客人需要先付房间押金吧？
Kèrén xūyào xiān fù fángjiān yājīn ba?

服务员：是的。可以付现金，也可以刷卡。
Shì de. Kěyǐ fù xiànjīn, yě kěyǐ shuākǎ.

史强生：我用信用卡吧。
Wǒ yòng xìnyòngkǎ ba.

服务员：好的。你们的房间在十九楼。这是房卡。电梯就在那边。
Hǎo de. Nǐmen de fángjiān zài shíjiǔ lóu. Zhè shì fángkǎ. Diàntī jiù zài nàbian.

谢谢！
Xièxie!

白琳：十九楼！ 太好了！ 那么高，风景一定不错！
Shíjiǔ lóu! Tài hǎo le! Nàme gāo, fēngjǐng yídìng búcuò!

従業員：こんにちは！

李信文：こんにちは！ 昨日、このお二人のアメリカ人のお客さんのために部屋を
　　　　予約しました。私は李です。お手数ですが調べてください。

従業員：東方公司の李様ですか？

李信文：そうです、李信文です。

従業員：お客さまお二人に旅客登記表へのご記入をお願いいたします。

李信文：お二人のためにスタンダードルームとスイートルームを予約しています。
　　　　スタンダードルームは1日650元、スイートルームは900元です。

ベティ：わぁ、去年よりもだいぶ高くなりましたね！ すみません、英語で記入し
　　　　てもいいですか？

従業員：はい、かまいません。すみません、お二人のパスポートを見せていただけ
　　　　ますか。

李信文：宿泊客は先に部屋代のデポジットを支払わないといけないのですよね？

従業員：そうなんです。現金でもお支払いいただけますし、クレジットカードでも
　　　　結構です。

スミス：クレジットカードにしましょう。

従業員：かしこまりました。お二人のお部屋は19階です。こちらがお部屋のカー
　　　　ドキーです。エレベーターはあちらにございます。ありがとうございます。

ベティ：19階！ それはよかった！ そんなに高いと景色もきっと素晴らしいでしょ
　　　　う。

白琳:你好，请问洗衣房在哪儿？
Nǐ hǎo, qǐngwèn xǐyīfáng zài nǎr?

服务员:自助洗衣房在二楼。如果您需要洗衣服务，您可以把脏
Zìzhù xǐyīfáng zài èr lóu. Rúguǒ nín xūyào xǐyī fúwù, nín kěyǐ bǎ zāng

衣服放在洗衣袋里交给我，也可以把洗衣袋留在房间里，
yīfu fàngzài xǐyīdài li jiāogěi wǒ, yě kěyǐ bǎ xǐyīdài liúzài fángjiān li,

等一会儿我就来拿。
děng yíhuìr wǒ jiù lái ná.

白琳:谢谢！ 请问，你们有"叫醒"服务吗？
Xièxie! Qǐngwèn, nǐmen yǒu "jiàoxǐng" fúwù ma?

服务员:有。您只要打一二三七，告诉服务台您需要几点起床就行
Yǒu. Nín zhǐyào dǎ yī èr sān qī, gàosu fúwùtái nín xūyào jǐ diǎn qǐchuáng jiù xíng

了。
le.

白琳:您知道哪儿可以用互联网吗？ 我得查一下我的邮件。
Nín zhīdào nǎr kěyǐ yòng hùliánwǎng ma? Wǒ děi chá yíxià wǒ de yóujiàn.

服务员:二楼的商务中心可以上网。如果您自己带了电脑的话，您
Èr lóu de shāngwù zhōngxīn kěyǐ shàngwǎng. Rúguǒ nín zìjǐ dàile diànnǎo dehuà, nín

的房间里就能免费上网，不需要密码。
de fángjiān li jiù néng miǎnfèi shàngwǎng, bù xūyào mìmǎ.

白琳:那可太好了！ 酒店里有健身房和游泳池吧？
Nà kě tài hǎo le! Jiǔdiàn li yǒu jiànshēnfáng hé yóuyǒngchí ba?

服务员:当然有。坐电梯到顶楼，健身中心和游泳池就在那儿。
Dāngrán yǒu. Zuò diàntī dào dǐnglóu, jiànshēn zhōngxīn hé yóuyǒngchí jiù zài nàr.

白琳:【有一点儿不好意思】还有……您知道哪儿可以换人民币
【yǒu yìdiǎnr bù hǎoyìsi】Hái yǒu……nín zhīdào nǎr kěyǐ huàn rénmínbì

吗？
ma?

服务员:外币兑换就在大厅的服务台。
Wàibì duìhuàn jiù zài dàtīng de fúwùtái.

史强生:【笑】不好意思，请问餐厅在几楼？ 这位小姐问了这么多
【xiào】Bù hǎoyìsi, qǐngwèn cāntīng zài jǐ lóu? Zhè wèi xiǎojiě wènle zhème duō

问题，肚子一定饿了！
wèntí, dùzi yídìng è le!

ベティ: すみません、ちょっとお尋ねしますがランドリールームはどちらですか？

従業員: セルフサービスのランドリールームでしたら2階にございます。もしランドリーサービスをご希望でしたら、洗濯物をランドリーバッグに入れて私に渡していただければ結構ですし、あるいはランドリーバッグを部屋の中に置いていただければ、のちほど私が取りに伺います。

ベティ: ありがとう。こちらにはモーニングコールのサービスはありますか？

従業員: ございます。1237番にかけてフロントに何時に起きないといけないかお伝えいただくだけで大丈夫です。

ベティ: どこでインターネットを使えるかわかりますか？ メールをチェックしないといけないのですが。

従業員: 2階のビジネスセンターでインターネットに接続することが可能です。もしご自分でパソコンをお持ちでしたら、お部屋でも無料でインターネットに接続可能ですし、パスワードも不要です。

ベティ: それはほんとうに助かります。ホテル内にはジムとプールがありますよね？

従業員: もちろんございます。エレベーターで最上階に行っていただければ、そこにジムとプールがございます。

ベティ: 【少し申し訳なさそうに】それから…どこで人民元に両替できるかご存知ですか？

従業員: 外貨両替はロビーのフロントで承ります。

スミス: 【笑】すみませんが、レストランは何階にありますか？ 彼女はこんなにたくさん質問するものですから、きっとおなかが空いたに違いありません！

| 新出単語 1 | | 🔊 012 |
|---|---|---|
| 预订 | yùdìng | 予約をする |
| 五星级 | wǔxīngjí | 五つ星の、五つ星 |
| 级 | jí | ランク、グレード、レベル |
| 良好 | liánghǎo | よい |
| 设施 | shèshī | 設備、施設 |
| 完备 | wánbèi | 完備された、完備している |
| 地点 | dìdiǎn | 場所、地点、位置 |
| 旅客 | lǚkè | 旅行客 |

| 客人 | kèrén | ゲスト、客人 |
| 标准间 | biāozhǔnjiān | スタンダードルーム |
| 标准 | biāozhǔn | 標準的な、典型的な |
| 套房 | tàofáng | スイートルーム |
| 哇 | wā | わぁ |
| 不好意思 | bù hǎoyìsi | 申し訳ない、きまりが悪い |
| 付 | fù | 支払う |
| 押金 | yājīn | デポジット |
| 现金 | xiànjīn | 現金、キャッシュ |
| 刷卡 | shuākǎ | カードで決済する |
| 信用卡 | xìnyòngkǎ | クレジットカード |
| 房卡 | fángkǎ | カードキー |
| 电梯 | diàntī | エレベーター |
| 洗衣房 | xǐyīfáng | ランドリールーム |
| 自助 | zìzhù | セルフサービス式の |
| 洗衣袋 | xǐyīdài | ランドリーバッグ |
| 袋 | dài | 袋、バッグ |
| 叫醒 | jiàoxǐng | 起こす　叫醒服务：モーニングコールサービス |
| 服务台 | fúwùtái | フロント、サービスカウンター |
| 互联网 | hùliánwǎng | インターネット |
| 邮件 | yóujiàn | 電子メール、郵便 |
| 商务中心 | shāngwù zhōngxīn | ビジネスセンター |
| 商务 | shāngwù | ビジネス、ビジネスの |
| 中心 | zhōngxīn | センター、中央、中心 |
| 上网 | shàngwǎng | インターネットにアクセスする |
| 免费 | miǎnfèi | 無料で〜する |
| 密码 | mìmǎ | パスワード |
| 健身房 | jiànshēnfáng | ジム、フィットネスルーム |
| 顶楼 | dǐnglóu | 最上階 |
| 人民币 | rénmínbì | 人民元 |
| 外币兑换 | wàibì duìhuàn | 外貨両替 |
| 外币 | wàibì | 外貨 |
| 兑换 | duìhuàn | 両替 |
| 大厅 | dàtīng | ロビー |

## 1 不但～而且… ⟹ ～だけでなく…でもある

※累加を表す文型。"不但"の代わりに"不仅"（p. 54）が使われることもあるが、"不仅"の方はや
や硬い表現なので、どちらかというと書き言葉として使われることが多い。

❶ 这家酒店不但服务良好、设施完备，而且地点非常方便。

このホテルは、サービスがよくて設備が完備されているだけでなく、場所もとても便利です。

❷ 白琳不但用了健身房，而且去洗衣房洗了衣服。

ペティはジムを利用しただけでなく、ランドリールームで衣類の洗濯もしました。

## 2 A 为 B ～ ⟹ A が B のために～する

❶ 昨天我为这两位美国客人预订了房间。

昨日、私はこちらのお二人のアメリカ人のお客さまのために部屋を予約しました。

❷ 请你为我们兑换一些人民币。

（私たちのために）いくらか人民元に両替してください。

## 3 A 比 B ＋〔形容詞〕＋〔具体的な数字／程度〕
### ⟹ A は B より〔どのくらい〕〔形容詞〕だ

※比較の表現。比較した結果の差の部分については、具体的な数字、たとえば「何センチ」、「何時
間」、「何キログラム」、「何キロメートル」という以外に、抽象的な表現もある。たとえば「とても
～だ」というふうに差の程度が大きい場合は"多了"、"得多"、逆に「少しだけ～だ」というふう
に差の程度が小さい場合は"一点儿"や"一些"という言い方をする。

❶ 哇，比去年贵了不少啊！

わぁ、去年より値段がとっても高いですね！

❷ 坐飞机比坐火车快了十个小时。

飛行機の方が列車より 10 時間も早いです。

## 4 如果～（的话），就… ⟹ もし～だったら…だ

※仮定を表す文型。"如果～，就…"の代わりに"假如～，就…"や"要是～，就…"が使われるこ
ともある。

❶ 如果您自己带了电脑的话，您的房间里就能免费上网。

もしご自身のパソコンをお持ちでしたら、お部屋で無料でインターネットをご利用いただけます。

❷ 如果不用信用卡，就得付现金。

もしクレジットカードを使わないのでしたら、現金で支払わないといけません。

在中国，旅馆又叫酒店、饭店或者宾馆。最好的旅馆是
Zài Zhōngguó, lǚguǎn yòu jiào jiǔdiàn、fàndiàn huòzhě bīnguǎn. Zuì hǎo de lǚguǎn shì

五星级旅馆，当然也是最贵的旅馆。像北京的王府井希尔顿
wǔxīngjí lǚguǎn, dāngrán yě shì zuì guì de lǚguǎn. Xiàng Běijīng de Wángfǔjǐng Xī'ěrdùn

酒店、上海的锦江饭店、广州的白云宾馆等等，都是这样的
Jiǔdiàn、Shànghǎi de Jǐnjiāng Fàndiàn、Guǎngzhōu de Báiyún Bīnguǎn děngděng, dōu shì zhèyàng de

大旅馆。一般来说，三星和三星以上的旅馆设施比较完备，通常
dà lǚguǎn. Yìbān lái shuō, sānxīng hé sānxīng yǐshàng de lǚguǎn shèshī bǐjiào wánbèi, tōngcháng

设有餐厅、礼品部、健身房、美容沙龙、洗衣房和商务中心等等。
shè yǒu cāntīng、lǐpǐnbù、jiànshēnfáng、měiróng shālóng、xǐyīfáng hé shāngwù zhōngxīn děngděng.

这些设施都很方便，尤其是商务中心。在那里你可以上网，发
Zhèxiē shèshī dōu hěn fāngbiàn, yóuqí shì shāngwù zhōngxīn. Zài nàlǐ nǐ kěyǐ shàngwǎng, fā

邮件，使用电脑、打印机和复印机。很多旅馆还提供外币兑换、
yóujiàn, shǐyòng diànnǎo、dǎyìnjī hé fùyìnjī. Hěn duō lǚguǎn hái tígōng wàibì duìhuàn、

订票、租车和当地游览等服务。如果你打算在中国住旅馆，最好
dìngpiào、zūchē hé dāngdì yóulǎn děng fúwù. Rúguǒ nǐ dǎsuàn zài Zhōngguó zhù lǚguǎn, zuìhǎo

请旅行社帮你预订或者直接上网预订。你也可以请朋友帮忙
qǐng lǚxíngshè bāng nǐ yùdìng huòzhě zhíjiē shàngwǎng yùdìng. Nǐ yě kěyǐ qǐng péngyou bāngmáng

或者自己给旅馆打电话。
huòzhě zìjǐ gěi lǚguǎn dǎ diànhuà.

---

**日本語訳** ■ 中国のホテル

　中国ではホテルのことを"旅馆"や"酒店"、"饭店"、"宾馆"などといいます。最もよいホテルは五つ星ホテルで、当然一番値段も高いホテルになります。たとえばヒルトン北京王府井、上海の錦江飯店、広州の白雲賓館など、どれも（このような）立派なホテルです。一般的に、三つ星や三つ星より上のホテルの設備は比較的完備されていて、通常、レストラン、ギフトショップ、ジム、美容サロン、ランドリールーム、ビジネスセンターなどがあります。こうした設備はとても便利で、とりわけビジネスセンターはそうです。そこでは、インターネットが利用可能で、電子メールを送ったり、パソコンやプリンター、コピー機を使ったりできます。多くのホテルはさらに外貨の両替やチケット予約、車のレンタルやご当地観光などのサービスも提供しています。もしも中国でホテルに宿泊するつもり

なら、旅行会社に頼んで予約してもらうか直接インターネットで予約するのがいいでしょう。また、友人に手伝ってもらったり自分でホテルに電話をしたりしてもいいでしょう。

新出単語 2 🔊》015

| 旅馆 | lǚguǎn | ホテル、旅館 |
|---|---|---|
| 宾馆 | bīnguǎn | ホテル |
| 最好 | zuìhǎo | 一番よい、〜する方がよい |
| 〜等等 | 〜děngděng | 〜など |
| 一般来说 | yìbān lái shuō | 一般的には |
| 一般 | yìbān | 普通の、普通に |
| 通常 | tōngcháng | 通常の、通常は |
| 设有 | shè yǒu | ある、備わっている |
| 礼品部 | lǐpǐnbù | （ホテル内の）ギフトショップ |
| 美容沙龙 | měiróng shālóng | ビューティサロン、美容室 |
| 尤其 | yóuqí | 特に、とりわけ |
| 使用 | shǐyòng | 使う、使用する |
| 打印机 | dǎyìnjī | プリンター |
| 复印机 | fùyìnjī | コピー機 |
| 提供 | tígōng | 提供する、供給する |
| 订票 | dìngpiào | チケットを予約する、チケット予約 |
| 租车 | zūchē | 車をレンタルする、レンタカー |
| 当地 | dāngdì | 当地、現地、その地方 |
| 游览 | yóulǎn | 観光する、遊覧する |
| 旅行社 | lǚxíngshè | 旅行社、トラベルエージェンシー |
| 帮忙 | bāngmáng | （何かをするのを）助ける、手伝う |

固有名詞

| 王府井希尔顿酒店 | Wángfǔjǐng Xī'ěrdùn Jiǔdiàn | ヒルトン北京王府井 |
|---|---|---|
| 锦江饭店 | Jǐnjiāng Fàndiàn | 锦江饭店（ジンジャンホテル） |
| 广州 | Guǎngzhōu | 広州 |
| 白云宾馆 | Báiyún Bīnguǎn | 白雲賓館（バイユンホテル） |

## 1 像〜等等
⟹ 〜など［のように／といった］

❶ 最好的旅馆是五星级旅馆，当然也是最贵的旅馆。像北京的王府井希尔顿酒店、上海的锦江饭店、广州的白云宾馆等等，都是这样的大旅馆。
一番いいのは五つ星ホテルで、当然のことながら一番値段が高いホテルでもあります。ヒルトン北京王府井、上海の錦江飯店、広州の白雲賓館などのように、どれも皆立派なホテルです。

❷ 这家旅馆提供很多服务，像外币兑换、订票、租车等等。
このホテルは外貨の両替、チケットの予約、ハイヤーの手配などといったたくさんのサービスを提供しています。

## 2 〜，尤其是…
⟹ ［とりわけ／特に］…は〜だ

※…部分には名詞または名詞句が入る。

❶ 这些设施都很方便，尤其是商务中心。
これらの設備は皆便利ですが、とりわけビジネスセンターが便利です。

❷ 他们入境的时候不太顺利，尤其是在海关申报的时候。
彼らが入国する際はあまり順調ではなく、とりわけ税関で申告するときがそうでした。

## 3 最好〜
⟹ 〜するのがよい、〜した方がよい

❶ 如果你打算住旅馆，最好请旅行社帮你预订或者直接上网预订。
もしホテルに宿泊するつもりなら、旅行会社に予約してもらうか、もしくは直接ネットで予約するといいです。

❷ 您最好使用信用卡。
クレジットカードを使った方がいいです。

## 4 请A帮（B）〜
⟹ Aに頼んで（Bが）〜してもらう、（Bが）〜するのをAに助けてもらう

❶ 你也可以请朋友帮忙或者自己给旅馆打电话。
友だちに手伝ってもらうか、あるいは自分でホテルに電話をするといいです。

❷ 请您帮我预订两张去上海的飞机票（吧）。
上海までの航空券を2枚予約していただけませんか。

# 練習問題

**1** 第2課で学習した文型を使い、空欄を埋めて文を完成させなさい。ただし、単語はそれぞれ1回ずつしか使うことができません。

为　的话　请　而且　不但　如果　尤其

1. _____您有信用卡_____，就可以刷卡。

2. 到达北京以后，他们_____要去谈生意，_____还打算游览故宫和长城。

3. _____你帮我们预订两张后天下午到上海的飞机票。

4. 我很喜欢吃中国菜，_____是北京烤鸭。

5. 我已经_____两位美国客人买好火车票了。

**2** 左側のヒントを読んで、それに対応する単語を線で結びなさい。

1. 早上打电话给你，让你起床的服务 •　　　　• a. 免费

2. 把一国的钱换成另一国的钱　　•　　　　• b. 房卡

3. 不用现金，用它付钱买东西　　•　　　　• c. 密码

4. 中国钱　　　　　　　　　　•　　　　• d. 外币兑换

5. 不需要付钱　　　　　　　　•　　　　• e. 人民币

6. 特别的号码，不可以让别人知道 •　　　　• f. 信用卡

7. 运动、锻炼身体的地方　　　•　　　　• g. 健身房

8. 住酒店的时候，用它开门进房间 •　　　　• h. 叫醒服务

## ホテルのデポジット

　中国の多くのホテルではチェックイン時、宿泊費のほかにデポジットの支払いを求められます。デポジットとは預かり金のことで、ホテル内のレストランやバーなど宿泊費に含まれないサービスを利用した際、または備品を壊してしまった際に、この中から代金が差し引かれます。宿泊費以外に支払いが発生しない場合は、デポジットは全額返金されます。

　支払いは一般的にクレジットカードや現金などで行われます。現金の場合は預かり証が渡されるので、チェックアウト時まできちんと保管しておきましょう。

　デポジットの金額はホテルのホームページや予約サイトに記載があるので、心配であれば事前に確認しておけば安心です。

## 預かり証の例

| 庭苑商务宾馆<br>TINGYUAN SHANGWU BINGUAN | 押 金 收 据<br>THE DEPOSIT RECEIPT | №0000001 |
|---|---|---|
| 订房电话: 0510-86019099 | | Date:<br>日期:　　年　月　日 |

Guest Name:　　　　　　　　Room No:　　　　　　　　Room rate:
宾馆姓名 _____　　　　房号 _____　　　房价 _____

Amount
押金金额（大写）　　万　仟　佰　拾　元整　　￥:

Received By:
收款人 _____

When check out, please return this deposit receipt to the reception desk.
退房时，请将此押金收条交给总台。
The guest within three months after departure, if did not deal with the balance refund, will be deemed to be abandoned automatically.
客人离店后三个月内，如一直没有办理余额退款，将被视为自动放弃。

一联存根（白）　二联客户（红）

# 第 3 課

## 正式见面
Zhēngshì jiànmiàn

🔊 017

　　今天是中美双方代表的第一次正式见面。王国安总经理代表东方进出口公司欢迎美国客人。史强生先生代表美国国际贸易公司向中方说明了这次访问的目的。

## 正式なミーティング

　　今日は米中双方の代表者による1回目の正式なミーティングの日です。王国安社長が東方輸出入公司を代表してアメリカの客人を歓迎します。スミスさんがアメリカ国際貿易会社を代表して中国側に今回の訪問の目的を説明します。

王国安: 欢迎，欢迎！ 欢迎光临。
Huānyíng, huānyíng! Huānyíng guānglín.

李信文: 让我来介绍一下儿。这位是美国国际贸易公司亚洲地区
Ràng wǒ lái jièshào yíxiàr. Zhè wèi shì Měiguó Guójì Màoyì Gōngsī Yàzhōu dìqū

总裁史强生先生；这位是他的助理，白琳小姐。这位是
zǒngcái Shǐ Qiángshēng xiānsheng; Zhè wèi shì tā de zhùlǐ, Bái Lín xiǎojiě. Zhè wèi shì

我们公司的总经理，王国安先生；这位是公共关系部
wǒmen gōngsī de zǒngjīnglǐ, Wáng Guó'ān xiānsheng; Zhè wèi shì gōnggòng guānxì bù

主任张红女士。
zhǔrèn Zhāng Hóng nǚshì.

史强生: 幸会，幸会！ 你们好！【握手】这是我的名片，请多指教。
Xìnghuì, xìnghuì! Nǐmen hǎo! 【wòshǒu】Zhè shì wǒ de míngpiàn, qǐng duō zhǐjiào.

王国安: 不敢当。这是我的名片，以后也请您多多指教！
Bùgǎndāng. Zhè shì wǒ de míngpiàn, yǐhòu yě qǐng nín duōduō zhǐjiào!

史强生: 哪里，哪里！
Nǎli, nǎli!

王国安: 我们坐下谈吧。【倒茶】请喝茶。昨天晚上休息得好吗？
Wǒmen zuòxià tán ba. 【dào chá】Qǐng hē chá. Zuótiān wǎnshang xiūxi de hǎo ma?

史强生: 休息得很好。旅馆很舒服，服务也很周到。谢谢贵公司的
Xiūxi de hěn hǎo. Lǚguǎn hěn shūfu, fúwù yě hěn zhōudào. Xièxie guì gōngsī de

安排。
ānpái.

王国安: 别客气。这是我们应该做的。在北京期间，如果你们有
Bié kèqi. Zhè shì wǒmen yīnggāi zuò de. Zài Běijīng qījiān, rúguǒ nǐmen yǒu

什么问题的话，请随时跟我或者李先生联系，或者告诉张
shénme wèntí dehuà, qǐng suíshí gēn wǒ huòzhě Lǐ xiānsheng liánxì, huòzhě gàosu Zhāng

红主任。
Hóng zhǔrèn.

张红: 这是我的名片。上边有我的办公室电话号码和手机的号码。
Zhè shì wǒ de míngpiàn. Shàngbian yǒu wǒ de bàngōngshì diànhuà hàomǎ hé shǒujī de hàomǎ.

史强生、白琳: 谢谢，谢谢！
Xièxie, xièxie!

李信文: 王总，白琳小姐是我们的老朋友了。去年夏天她来北京，
Wáng zǒng, Bái Lín xiǎojiě shì wǒmen de lǎopéngyou le. Qùnián xiàtiān tā lái Běijīng,

也住在长城酒店。
yě zhùzài Chángchéng Jiǔdiàn.

王国安: 太好了！ 白小姐，欢迎您再次来到中国！
Tài hǎo le! Bái xiǎojiě, huānyíng nín zàicì láidào Zhōngguó!

白琳: 谢谢！ 上次李先生给了我很多帮助，我们合作得很愉快。
Xièxie! Shàng cì Lǐ xiānsheng gěile wǒ hěn duō bāngzhù, wǒmen hézuò de hěn yúkuài.

我非常喜欢北京。
Wǒ fēicháng xǐhuan Běijīng.

## 日本語訳 ■ あいさつと紹介

**王国安:** ようこそ、よくいらっしゃいました。

**李信文:** ご紹介いたしましょう。こちらがアメリカ国際貿易会社アジア地区総裁のジョンソン・スミスさん、こちらはアシスタントのペティさんです。こちらは弊社の社長の王国安、こちらは公共関係部主任の張紅です。

**スミス:** お目にかかれて光栄です！ こんにちは！【握手をして】これは私の名刺です、どうぞよろしくお願いします。

**王国安:** おそれいります。私の名刺です、これからよろしくお願いします。

**スミス:** いやいや、こちらこそ。

**王国安:** 座って話しましょう。【お茶を注いで】どうぞお召し上がりください。昨日の夜はよく休めましたか？

**スミス:** よく休めました。ホテルは快適ですし、サービスも行き届いています。御社に手配していただいたおかげです。

**王国安:** どういたしまして。当然のことです。北京にいらっしゃる期間中にもしも何かお困りのことがありましたら、いつでも私か李さんにご連絡ください。それか、張紅主任にお伝えください。

**張紅:** これは私の名刺です。私のオフィスの電話番号と携帯の番号が書いてあります。

**スミス、ペティ:** ありがとうございます。

**李信文:** 王社長、ペティさんは私たちの老朋友です。去年の夏に北京にいらっしゃって、そのときも長城ホテルに宿泊されています。

**王国安:** それはよかった！ ペティさん、ようこそまた中国にいらっしゃいました！

**ペティ:** ありがとうございます。前回、李さんにはたいへん助けていただき、私たちの協力関係はうまくいっています。私は北京が大好きです！

史强生: 这次我们来中国的目的是想跟贵公司洽谈一下儿今年秋季
Zhè cì wǒmen lái Zhōngguó de mùdì shì xiǎng gēn guì gōngsī qiàtán yíxiàr jīnnián qiūjì

的新订单和签订代理合同的事情。另外，如果可能的话，
de xīn dìngdān hé qiāndìng dàilǐ hétóng de shìqing. Lìngwài, rúguǒ kěnéng dehuà,

我们也想参观几家工厂，看看生产情况。
wǒmen yě xiǎng cānguān jǐ jiā gōngchǎng, kànkan shēngchǎn qíngkuàng.

王国安: 好啊。我们想把第一次会谈安排在明天上午。参观工厂的
Hǎo a. Wǒmen xiǎng bǎ dì yī cì huìtán ānpáizài míngtiān shàngwǔ. Cānguān gōngchǎng de

事儿，李先生正在跟那边的主管联系。稍后让他把具体
shìr, Lǐ xiānsheng zhèngzài gēn nàbian de zhǔguǎn liánxì. Shāohòu ràng tā bǎ jùtǐ

安排告诉你们。
ānpái gàosu nǐmen.

白琳: 如果有时间的话，我们还希望能够去上海和深圳考察
Rúguǒ yǒu shíjiān dehuà, wǒmen hái xīwàng nénggòu qù Shànghǎi hé Shēnzhèn kǎochá

一下儿那儿的投资环境。
yíxiàr nàr de tóuzī huánjìng.

李信文: 我想这些都没有问题。今天下午我们就可以讨论一下儿
Wǒ xiǎng zhèxiē dōu méiyǒu wèntí. Jīntiān xiàwǔ wǒmen jiù kěyǐ tǎolùn yíxiàr

日程安排。
rìchéng ānpái.

史强生: 好的。我们很想把日程安排早一点儿确定下来。
Hǎo de. Wǒmen hěn xiǎng bǎ rìchéng ānpái zǎo yìdiǎnr quèdìng xialai.

张红: 今天晚上，王总打算请大家吃饭，欢迎史先生和白小姐。
Jīntiān wǎnshang, Wáng zǒng dǎsuàn qǐng dàjiā chīfàn, huānyíng Shǐ xiānsheng hé Bái xiǎojiě.

白小姐，晚上六点半我去酒店接你们，行吗?
Bái xiǎojiě, wǎnshang liù diǎn bàn wǒ qù jiǔdiàn jiē nǐmen, xíng ma?

白琳: 行！六点半我们在大厅等您。
Xíng! Liù diǎn bàn wǒmen zài dàtīng děng nín.

---

**日本語訳** ■ 訪問の目的を説明する

---

スミス: 今回私たちが中国に来た目的は、御社と今年の秋の新規のオーダーとエー
ジェント契約について協議することにあります。それから、もし可能であ
れば、いくつかの工場を見学して、生産状況を見てみたいと思っています。

王国安: いいですよ。われわれは第 1 回の話し合いを明日の午前でアレンジしたい

と考えています。工場を見学する件については、李さんがいま、先方の責任者と連絡をとっています。あとで彼から具体的な予定についてあなた方にお伝えするようにしましょう。

ペティ：もしも時間があれば、私たちは上海と深センにも行って、そこの投資環境についても視察したいと思っています。

李信文：皆問題ないと思います。今日の午後、スケジュールについて話し合いましょう。

スミス：わかりました。私たちはスケジュールを早めに確定させたいと思っています。

張紅：今晩、王社長が皆さんを食事に招待し、スミスさんとペティさんを歓迎いたします。ペティさん、今晩6時半にホテルにお迎えに参りますが、よろしいですか？

ペティ：オーケーです。6時半にロビーでお待ちしております。

| 新出単語 1 | | 🔊))020 |
|---|---|---|
| 正式 | zhèngshì | 正式な |
| 双方 | shuāngfāng | 双方 |
| 目的 | mùdì | 目的 |
| 问候 | wènhòu | あいさつ |
| 光临 | guānglín | ご来臨、ご光来（敬うべき人の来訪） |
| 地区 | dìqū | 地区 |
| 总裁 | zǒngcái | 総裁、CEO |
| 助理 | zhùlǐ | アシスタント |
| 主任 | zhǔrèn | 主任<br>（日本と異なり部門や組織全体の責任者を指す） |
| 女士 | nǚshì | ～さん、～様（女性に対する呼称）、女史 |
| 幸会 | xìnghuì | お目にかかれて光栄です |
| 名片 | míngpiàn | 名刺 |
| 指教 | zhǐjiào | 助言する、指導する |
| 不敢当 | bùgǎndāng | どういたしまして、おそれいります（相手からの過度な期待や誉め言葉に対する謙遜の表現） |
| 倒 | dào | 注ぐ、つぐ、逆さまにする |
| 周到 | zhōudào | 行き届いた、周到な |
| 期间 | qījiān | 期間 |

| | | |
|---|---|---|
| 随时 | suíshí | いつでも |
| 合作 | hézuò | 協力、提携、協力する、提携する |
| 洽谈 | qiàtán | 商談、交渉、商談をする |
| 秋季 | qiūjì | 秋、秋の |
| 订单 | dìngdān | 注文、注文書 |
| 签订 | qiāndìng | 締結する、調印する |
| 代理 | dàilǐ | エージェント、代理する |
| 合同 | hétóng | 契約、契約書 |
| 另外 | lìngwài | ほかに、それから |
| 会谈 | huìtán | 話し合う、会談する、面談 |
| 主管 | zhǔguǎn | 責任者、主管する、管轄する |
| 稍后 | shāohòu | あとで、あとから |
| 稍 | shāo | 少し、ちょっと |
| 具体 | jùtǐ | 具体的な |
| 考察 | kǎochá | 視察、視察する |
| 投资环境 | tóuzī huánjìng | 投資環境 |
| 投资 | tóuzī | 投資、投資する |
| 环境 | huánjìng | 環境 |
| 日程 | rìchéng | 日程、スケジュール |
| 确定 | quèdìng | 確定する、はっきり決める |

| 固有名詞 | | |
|---|---|---|
| 王国安 | Wáng Guó'ān | 王国安（人名） |
| 亚洲 | Yàzhōu | アジア |
| 公共关系部 | gōnggòng guānxì bù | 公共関係部（＝公関部） |
| 张红 | Zhāng Hóng | 張紅（人名） |
| 王总 | Wáng zǒng | 王社長<br>（社員や関係者が親しみを込めて呼ぶ際の呼称） |
| 深圳 | Shēnzhèn | 深セン |

## ❶ A 代表 B ～

**⟹ A が B を代表して～する、A が B に代わって～する**

❶ 王国安总经理代表东方进出口公司欢迎美国客人。
　王国安社長が東方輸出入公司を代表してアメリカからの客人を歓迎します。

❷ 史先生代表美方说明了这次访问的目的。
　スミスさんはアメリカ側を代表して今回の訪問の目的を説明しました。

## ❷ 让＋〔人〕＋（来）～

**⟹〔人〕が～する、〔人〕に～させる**

❶ 让我来介绍一下儿。
　私がご紹介しましょう。

❷ 等一会儿让他把具体安排告诉你们。
　このあと、彼に具体的なスケジュールについてあなた方に伝えさせます。

## ❸ 在～期间

**⟹ ～の期間、～の間**

❶ 在北京期间，如果你们有什么问题的话，请随时跟我或者李先生联系。
　北京にいらっしゃる間にもし何か問題がありましたら、いつでも私か李さんに連絡してください。

❷ 在这次访问期间，美国代表参观了四家工厂。
　今回の訪問の期間中、アメリカ側の代表は４つの工場を見学しました。

## ❹ （〔人〕＋〔動詞〕＋的）目的是～

**⟹（〔人〕が〔動詞〕する）目的は～だ**

❶ 这次我们来中国的目的是想跟贵公司洽谈一下儿今年秋季的新订单。
　今回私たちが中国にやって来た目的は、御社と今年の秋シーズンの新しいオーダーについて協議したいということです。

❷ 他去深圳的目的是考察投资环境。
　彼が深センに行く目的は投資環境を視察することにあります。

中国人总是习惯用握手来表示欢迎、感谢或者友好。宾主
Zhōngguórén zǒngshì xíguàn yòng wòshǒu lái biǎoshì huānyíng、gǎnxiè huòzhě yǒuhǎo. Bīnzhǔ

见面的时候，主人应该首先跟客人握手，表示问候。中国人不
jiànmiàn de shíhou, zhǔrén yīnggāi shǒuxiān gēn kèrén wòshǒu, biǎoshì wènhòu. Zhōngguórén bù

习惯互相拥抱。即使是老朋友，见面拥抱也会使中国人觉得不
xíguàn hùxiāng yōngbào. Jíshǐ shì lǎopéngyou, jiànmiàn yōngbào yě huì shǐ Zhōngguórén juéde bú

太舒服。
tài shūfu.

　宾主见面的礼仪当然也包括说一些表示问候和客气的话。
Bīnzhǔ jiànmiàn de lǐyí dāngrán yě bāokuò shuō yìxiē biǎoshì wènhòu hé kèqi de huà.

像"你好""您最近怎么样""很高兴见到你""幸会""久仰""请
Xiàng "nǐ hǎo" "nín zuìjìn zěnmeyàng" "hěn gāoxìng jiàndào nǐ" "xìnghuì" "jiǔyǎng" "qǐng

多指教"等等，都是常用的问候语和客套话。
duō zhǐjiào" děngděng, dōu shì chángyòng de wènhòuyǔ hé kètàohuà.

　很多中国人喜欢在初次见面的时候互相交换名片。别人
Hěn duō Zhōngguórén xǐhuan zài chūcì jiànmiàn de shíhou hùxiāng jiāohuàn míngpiàn. Biérén

给你名片的时候，你应该用两只手接，表示礼貌。名片既可以
gěi nǐ míngpiàn de shíhou, nǐ yīnggāi yòng liǎng zhī shǒu jiē, biǎoshì lǐmào. Míngpiàn jì kěyǐ

帮助你记住对方的姓名，又便于今后互相联系。顺便说一句，
bāngzhù nǐ jìzhù duìfāng de xìngmíng, yòu biànyú jīnhòu hùxiāng liánxì. Shùnbiàn shuō yí jù,

有些人喜欢在自己的名片上列出很多头衔。别担心，你只要
yǒuxiē rén xǐhuan zài zìjǐ de míngpiàn shang lièchū hěn duō tóuxián. Bié dānxīn, nǐ zhǐyào

记住他的第一个头衔就够了。一般来说，列在第一的头衔常常
jìzhù tā de dì yī ge tóuxián jiù gòu le. Yìbān lái shuō, lièzài dì yī de tóuxián chángcháng

是最重要的。
shì zuì zhòngyào de.

---

**日本語訳** ■ ゲストとホストが会う際のマナー

　中国人は握手で歓迎や感謝あるいは友好の気持ちを表現する習慣があります。
ゲストとホストが会う際は、ホスト側がまずゲストに握手をしてあいさつをしま
す。中国人は互いにハグするのには慣れていません。たとえ長年の友人であった
としても、会ってハグをするのは中国人にとってあまり気持ちのいいものではな
さそうです。

　ゲストとホストが会う際のマナーにはもちろんあいさつや丁寧な言葉遣いも含

まれます。「こんにちは」「最近いかがですか」「お会いできてうれしいです」「お目にかかれて光栄です」「お名前はかねてから伺っております」「どうぞよろしくご指導ください」などは、どれもよく使うあいさつ言葉であり決まり文句です。

多くの中国人は最初に会うときに名刺を交換したがります。誰かが名刺をくれたときには、両手で受け取り、礼儀を示すべきです。名刺は相手の氏名を覚えるのに役立つだけでなく、以後の連絡にも便利です。ちなみに、一部の人は自分の名刺にたくさんの肩書きを入れたがります。そんなときでも心配はいりません。その人の最初の肩書きだけ覚えればじゅうぶんです。一般的に、最初に書いてある肩書きが最も重要なものだからです。

| 新出単語 2 | | 🔊 023 |
|---|---|---|
| 宾主 | bīnzhǔ | ゲストとホスト、主客 |
| 礼仪 | lǐyí | 礼儀、マナー、エチケット |
| 主人 | zhǔrén | 主人、ホスト |
| 首先 | shǒuxiān | まず、最初に |
| 拥抱 | yōngbào | ハグをする、抱擁する |
| 即使 | jíshǐ | たとえ～であっても<br>（後ろによく"也"を置いて使われる） |
| 包括 | bāokuò | 含む |
| 久仰 | jiǔyǎng | お名前はかねてから伺っております<br>（＝久仰大名） |
| 客套 | kètào | 型どおりのあいさつ、決まったあいさつ |
| 初次 | chūcì | はじめて |
| 交换 | jiāohuàn | 交換する |
| 礼貌 | lǐmào | エチケット、礼儀、礼儀のある |
| 对方 | duìfāng | 相手 |
| 姓名 | xìngmíng | 姓名 |
| 便于 | biànyú | ～に便利な、～に都合のよい |
| 今后 | jīnhòu | 今後 |
| 顺便说一句 | shùnbiàn shuō yí jù | ちなみに、ついでに一言いう |
| 顺便 | shùnbiàn | ついでに |
| 列 | liè | 並べる、列記する |
| 头衔 | tóuxián | 肩書き |

## 1 习惯～
　⟹ ～することに慣れている、～する習慣がある

❶ 中国人总是习惯用握手来表示欢迎、感谢或者友好。
中国人は握手をすることによって歓迎や感謝あるいは友好の気持ちを表す習慣があります。

❷ 我习惯每天七点起床。
私は毎日 7 時に起床する習慣があります。

## 2 即使～也…
　⟹ たとえ～であっても…である

※仮定や譲歩を表す文型。"也"の代わりに"都"や"还"が使われることもある。

❶ 即使是老朋友，见面拥抱也会使中国人觉得不太舒服。
たとえ古い友人であっても、会ってハグすることに中国人はあまりいい気がしないでしょう。

❷ 即使你没有东西需要申报，也得填海关申报表。
たとえ申告すべき物を持っていないとしても、税関申告書に記入しなければなりません。

## 3 既～又…
　⟹ ～でもあり…でもある

※同じことを"又～又…"（p. 78）でも表現することができる。

❶ 名片既可以帮助你记住对方的姓名，又便于今后互相联系。
名刺は相手方の氏名を覚えるのに役立つつし、今後互いに連絡を取るときにも便利です。

❷ 服务台既收现金，又可以用信用卡。
フロントでは現金も受け取りますし、クレジットカードを使うこともできます。

## 4 ～，便于…
　⟹ …するのに便利なように～する

※日本語に訳す場合は、後半部分から訳して、そうすることが便利なように前半部分の動作行為をする、とすればよい。

❶ 我们互相交换一下名片，便于今后联系。
今後連絡を取るのに便利なように、名刺交換をしましょう。

❷ 请早一点儿告诉李先生您的打算，便于他做出日程安排。
李さんがスケジュールのアレンジをしやすいように、早めにご意向を彼に伝えてください。

# 練習問題

**1** 下の日本語を参考に、単語の中から適切なものを選び、空欄を埋めて文を完成させなさい。ただし、単語はそれぞれ1回ずつしか使うことができません。

宾主　考察　周到　投资　指教　安排　礼仪　名片　主管　拥抱　联系　环境

1. 我们休息得很好。您的_____非常_____。
   （私たちはゆっくり休めました。あなたの手配は非常に行き届いています。）

2. 我们计划去上海_____一下儿_____ _____。
   （われわれは上海に行って投资环境を視察しようと計画しています。）

3. 请问，这件事是谁_____？ 我应该跟谁_____？
   （すみません、この件は誰が管轄しているのですか？ 私は誰と連絡を取るべきでしょうか？）

4. 这是我的_____。请您多多_____。
   （これは私の名刺です。よろしくお願いします。）

5. 在中国，_____见面的_____是互相握手，不是互相_____。
   （中国において、ホストとゲストの対面のマナーはお互いに握手をすることであり、お互いにハグをすることではありません。）

**2** 第3課で学習した文型を使い、空欄を埋めて文を完成させなさい。ただし、単語はそれぞれ1回ずつしか使うことができません。

便于　又　也　代表　让　既　即使

1. 我_____我们公司全体职工欢迎各位来宾的光临。

2. 现在_____我来说明一下儿下星期的日程安排。

3. _____花两千块人民币，我_____想住那家五星级旅馆。

4. 请您填写一下您的手机号码，_____今后联系。

5. 这个商品_____便宜，_____实用。

═══ あ わ せ て 覚 え た い ═══

## 中国語の肩書き

中国語でよく使われる肩書きをまとめてみました。中国のクライアントと名刺交換をしたあとなどに確認してみましょう。

中国語の肩書きには、日本語と同じ漢字が使われていても、会社や組織によって職位が異なるものもあります。特に間違われやすいのは「専務」と「常務」です。大半の中国人は"专务董事"と"常务董事"では"常务董事"の方が上席だと考えます。それは中国語の"常务"には「筆頭」という意味合いがあるからです。また、「課長」と「主任」が同時に名刺を出した場合、中国語の"主任"は日本語の「主任」より相当上の役職に使うため、「主任」の方を上席だと誤解するかもしれません。商談や接待の場面などで、先方へ失礼がないように、肩書きを確認する際にはよく注意をしましょう。

## 会社の役職名

| | | |
|---|---|---|
| 董事长 | dǒngshìzhǎng | 代表取締役、会長、理事長 |
| 常务董事 | chángwù dǒngshì | 常務取締役、常任理事 |
| 董事 | dǒngshì | 取締役、理事、役員 |
| 总经理 | zǒngjīnglǐ | 社長、ゼネラルマネージャー |
| 总裁 | zǒngcái | 責任者、総裁 |
| 经理 / 主管 | jīnglǐ/zhǔguǎn | マネージャー、責任者 |
| 厂长 | chǎngzhǎng | 工場長 |
| 总工程师 | zǒng gōngchéngshī | チーフエンジニア、主任技師 |
| 工程师 | gōngchéngshī | エンジニア、技師 |
| 审计师 | shěnjìshī | 会計監査人、監査役 |
| 会计师 | kuàijìshī | 会計士 |

## 行政機関の役職名

| | | |
|---|---|---|
| 部长 | bùzhǎng | 大臣、閣僚 |
| 司长 / 厅长 / 局长 | sīzhǎng/tīngzhǎng/júzhǎng | 局長 |
| 处长 | chùzhǎng | 所長、部長 |
| 科长 | kēzhǎng | 課長 |

# 第 4 課

## 日程安排　🔊025
Rìchéng ānpái

　　史强生和白琳计划在中国逗留一个星期左右。除了要在北京跟中方洽谈业务和参观工厂以外，他们还打算去上海看商品交易会、去深圳考察工业园区和一家创业公司。现在，李信文先生要跟他们一起讨论这几天的日程安排。

## スケジュールのアレンジ

　　スミスさんとペティさんは中国に1週間程度滞在する予定です。北京で中国側と商談をして工場を見学する以外に、さらに上海に行って商品交易会を見たり、深センで工業団地と新興企業を視察したりするつもりです。いま、李信文さんが彼らとここ数日間のスケジュールを話し合っています。

李信文: 史先生、白小姐，现在我们一起来谈谈日程安排，怎么样？
Shǐ xiānsheng、Bái xiǎojiě, xiànzài wǒmen yìqǐ lái tántan rìchéng ānpái, zěnmeyàng?

史强生: 好啊。这次来中国，我们要办的事很多，想去的地方也不
Hǎo a. Zhè cì lái Zhōngguó, wǒmen yào bàn de shì hěn duō, xiǎng qù de dìfang yě bù

少，需要好好儿地计划一下儿。李先生，我们打算在中国
shǎo, xūyào hǎohāor de jìhuà yíxiàr. Lǐ xiānsheng, wǒmen dǎsuàn zài Zhōngguó

一共待八天，您看时间够吗？
yígòng dāi bā tiān, nín kàn shíjiān gòu ma?

李信文: 嗯，听起来时间确实有一点儿紧。不过，只要安排得合理，
Ng, tīng qilai shíjiān quèshí yǒu yìdiǎnr jǐn. Búguò, zhǐyào ānpái de hélǐ,

就应该没问题。
jiù yīnggāi méi wèntí.

白琳: 李先生安排日程非常有经验。去年我在北京，他把每天都
Lǐ xiānsheng ānpái rìchéng fēicháng yǒu jīngyàn. Qùnián wǒ zài Běijīng, tā bǎ měi tiān dōu

安排得满满的。上午洽谈业务，下午参观，晚上看表演，
ānpái de mǎnmǎn de. Shàngwǔ qiàtán yèwù, xiàwǔ cānguān, wǎnshang kàn biǎoyǎn,

连给男朋友打电话的时间都没有！【笑】
lián gěi nánpéngyou dǎ diànhuà de shíjiān dōu méiyǒu!【xiào】

李信文: 【笑】对不起，白小姐。这次我们一定给你专门留出打电话
【xiào】Duìbuqǐ, Bái xiǎojiě. Zhè cì wǒmen yídìng gěi nǐ zhuānmén liúchū dǎ diànhuà

的时间。
de shíjiān.

白琳: 没关系，不用了！ 反正现在我们已经吹了！
Méi guānxi, búyòng le! Fǎnzhèng xiànzài wǒmen yǐjīng chuī le!

**李信文**：スミスさん、ペティさん、これから一緒にスケジュールについて話し合いましょうか？

**スミス**：はい。今回中国に来て、私たちはやらないといけないことがたくさんあり、行きたいところも少なくはありませんから、きちんと計画しないといけません。李さん、私たちは中国に計8日間滞在する予定なのですが、時間は足りると思われますか？

**李信文**：う～ん、お聞きする限り、確かにちょっときついかもしれません。ただ、合理的に日程を組めば、問題ないはずです。

**ペティ**：李さんはスケジュールを組むことにとても経験がおありなんですよ。去年私が北京にいたときも、李さんは毎日ぎっしりスケジュールを組んでくれましたから。午前中は商談、午後は見学、そして夜はショーを見に行って、ボーイフレンドに電話をする時間もありませんでした！【笑】

**李信文**：【笑】それはすみませんでしたね、ペティさん。今回は必ずボーイフレンドに電話をする時間を特別に残しておきますから。

**ペティ**：いえいえ、その必要はありません。どうせ、私たちはもう別れましたから！

李信文：这次的日程，我想这样安排：前五天在北京，后三天，两
Zhè cì de rìchéng, wǒ xiǎng zhèyàng ānpái: Qián wǔ tiān zài Běijīng, hòu sān tiān, liǎng

天在上海，一天在深圳。你们觉得怎么样？
tiān zài Shànghǎi, yì tiān zài Shēnzhèn. Nǐmen juéde zěnmeyàng?

史强生：在深圳只待一天，时间是不是太短了？ 听说深圳的投资
Zài Shēnzhèn zhǐ dāi yì tiān, shíjiān shì bu shì tài duǎn le? Tīngshuō Shēnzhèn de tóuzī

环境很好，经济发展得很迅速，尤其是高新科技产业的
huánjìng hěn hǎo, jīngjì fāzhǎn de hěn xùnsù, yóuqí shì gāoxīn kējì chǎnyè de

发展。我很希望能有机会亲眼看看。
fāzhǎn. Wǒ hěn xīwàng néng yǒu jīhuì qīnyǎn kànkan.

李信文：如果这样的话，我们可以把计划修改成在北京四天，上海
Rúguǒ zhèyàng dehuà, wǒmen kěyǐ bǎ jìhuà xiūgǎichéng zài Běijīng sì tiān, Shànghǎi

和深圳各两天。行吗？
hé Shēnzhèn gè liǎng tiān. Xíng ma?

白琳：我觉得这样比较合适。李先生，请问在北京的活动是怎么
Wǒ juéde zhèyàng bǐjiào héshì. Lǐ xiānsheng, qǐngwèn zài Běijīng de huódòng shì zěnme

安排的？
ānpái de?

李信文：在北京，除了洽谈业务以外，还要参观一家服装厂、一家
Zài Běijīng, chúle qiàtán yèwù yǐwài, hái yào cānguān yì jiā fúzhuāngchǎng、yì jiā

玩具厂，游览故宫和长城。
wánjùchǎng, yóulǎn Gùgōng hé Chángchéng.

史强生：这样安排很好、很周到。李先生，让您费心了！
Zhèyàng ānpái hěn hǎo、hěn zhōudào. Lǐ xiānsheng, ràng nín fèixīn le!

李信文：没什么，这是我应该做的。另外，今天晚上七点是欢迎
Méi shénme, zhè shì wǒ yīnggāi zuò de. Lìngwài, jīntiān wǎnshang qī diǎn shì huānyíng

宴会；明天晚上，服装厂的钱厂长想邀请你们两位
yànhuì; Míngtiān wǎnshang, fúzhuāngchǎng de Qián chǎngzhǎng xiǎng yāoqǐng nǐmen liǎng wèi

吃饭；后天晚上我想请你们品尝著名的北京烤鸭……
chīfàn; Hòutiān wǎnshang wǒ xiǎng qǐng nǐmen pǐncháng zhùmíng de Běijīng kǎoyā……

史强生：李先生，您太客气了！
Lǐ xiānsheng, nín tài kèqi le!

白琳：【对史强生说】现在你知道为什么去年我胖了十磅吧？
[duì Shǐ Qiángshēng shuō] Xiànzài nǐ zhīdào wèi shénme qùnián wǒ pàng le shí bàng ba?

【笑】
[xiào]

李信文: 今回のスケジュールは、こういうふうにしようと思います。最初の5日間は北京、あとの3日間については、上海で2日、深センで1日。お二人はどう思われますか？

スミス: 深センで1日だけというのは時間が短すぎませんか？ 深センの投資環境は素晴らしく、経済の発展も速く、とりわけハイテク産業の発展は急速だと聞いています。私は自分の目で見てみる機会がほしいです。

李信文: そういうことでしたら、スケジュールを北京で4日間、上海と深センでそれぞれ2日間に変更できます。いかがでしょうか？

ベティ: 私はそうする方がいいと思います。李さん、北京での活動はどのようにアレンジされるのでしょうか？

李信文: 北京では商談をする以外に、服飾工場と玩具工場を見学し、故宮と万里の長城を観光しようと考えています。

スミス: そのようなスケジュールで結構ですよ。至れり尽くせりですね。李さん、お手数をおかけしました。

李信文: どういたしまして、当たり前のことです。それから、今晩7時に歓迎宴があります。明日の夜は、服飾工場の銭工場長が食事に招待したいそうです。明後日の夜は私がお二人に有名な北京ダックをご賞味いただきたいと考えています…

スミス: 李さん、気を遣いすぎですよ！

ベティ:【スミスさんに向かって】去年どうして私が10ポンドも太ったか、いま、おわかりになったでしょう？【笑】

| 新出単語 1 | | ■》) 028 |
|---|---|---|
| 逗留 | dòuliú | 滞在する |
| 左右 | zuǒyòu | 約〜、〜くらい、〜前後 |
| 业务 | yèwù | ビジネス、専門の仕事<br>（日本語の業務とはニュアンスが違うことに注意） |
| 商品 | shāngpǐn | 商品 |
| 交易会 | jiāoyìhuì | 交易会、トレードフェア |
| 交易 | jiāoyì | 交易、取引、取引する |
| 工业园区 | gōngyè yuánqū | 工業団地 |
| 创业公司 | chuàngyè gōngsī | 新興企業、ベンチャー企業 |

| | | |
|---|---|---|
| 创业 | chuàngyè | 起業する、事業を興す |
| 好好儿 | hǎohāor | しっかりと、きちんと |
| 待 | dāi | 滞在する |
| 嗯 | ǹg | うん、ええ |
| 听起来 | tīng qilai | 聞けば～だ |
| 合理 | hélǐ | 合理的な |
| 经验 | jīngyàn | 経験 |
| 专门 | zhuānmén | 特別に、専門的に、専門の |
| 反正 | fǎnzhèng | どうせ、どのみち、いずれにしても |
| 吹 | chuī | ふいになる、だめになる、吹く |
| 修改 | xiūgǎi | 修正する |
| 发展 | fāzhǎn | 発展、発展する |
| 迅速 | xùnsù | 急速な、スピードが速い |
| 高新科技 | gāoxīn kējì | ハイテクノロジー |
| 科技 | kējì | 科学技術 |
| 产业 | chǎnyè | 産業 |
| 亲眼 | qīnyǎn | 自分の目で、目の当たりに |
| 服装厂 | fúzhuāngchǎng | 服飾工場 |
| 服装 | fúzhuāng | 服装、衣装 |
| (工)厂 | (gōng) chǎng | 工場 |
| 玩具 | wánjù | 玩具 |
| 费心 | fèixīn | 面倒をかける、気を遣う、心配をかける |
| 没什么 | méi shénme | どういたしまして、何でもない、<br>何もたいしたことはない |
| 厂长 | chǎngzhǎng | 工場長 |
| 邀请 | yāoqǐng | 招待、招待する |
| 后天 | hòutiān | 明後日 |
| 品尝 | pǐncháng | 賞味する、味わう、試食する |
| 著名 | zhùmíng | 有名な |
| 磅 | bàng | (重さを表す量詞)ポンド |

| 固有名詞 | | |
|---|---|---|
| 故宫 | Gùgōng | 故宮 |
| 长城 | Chángchéng | 万里の長城 |
| 北京烤鸭 | Běijīng kǎoyā | 北京ダック |

## 1 除了～以外，还…

⟹ ～以外に…も、～に加えて…もまた

❶ 除了在北京洽谈业务以外，他们还打算去上海和深圳考察投资环境。
北京で商談をする以外に、彼らは上海と深センにも行って投資環境を視察するつもりです。

❷ 除了货样以外，他还带了几件礼物。
サンプル以外に、彼はいくつかのお土産も持参しました。

---

## 2 连～［都 / 也］…

⟹ ～さえも…する、～までも…する

❶（我）连给男朋友打电话的时间都没有！
（私は）ボーイフレンドに電話をする時間さえもありませんでした。

❷ 我连电脑也带来了。
私はパソコンまでも持参しました。

---

## 3 反正

⟹ いずれにしても、どうせ、どのみち

❶ 反正现在我们已经吹了！
いずれにしても、私たちはもう別れました！

❷ 没有带现金没关系，反正我有信用卡。
現金を持っていなくてもかまいません。どうせクレジットカードがあるのですから。

---

## 4 把＋〔もの〕＋〔動詞〕＋成～

⟹〔もの〕を～に〔動詞〕する

❶ 我们可以把计划修改成在北京四天，上海和深圳各两天。
私たちは計画を北京に4日間、上海と深センにそれぞれ2日間というふうに変更できます。

❷ 对不起，我把一百块看成十块了。
すみません、私は100元札を10元札だと思ってしまいました。

---

中国地大人多，交通繁忙。外国人在中国旅行，不仅会有
Zhōngguó dì dà rén duō, jiāotōng fánmáng. Wàiguórén zài Zhōngguó lǚxíng, bùjǐn huì yǒu

语言的问题，而且常常会遇到一些想不到的麻烦。如果你计划
yǔyán de wèntí, érqiě chángcháng huì yùdào yìxiē xiǎng bu dào de máfan. Rúguǒ nǐ jìhuà

去中国出差，一定要安排好你的旅行计划。你可以把想要参观、
qù Zhōngguó chūchāi, yídìng yào ānpáihǎo nǐ de lǚxíng jìhuà. Nǐ kěyǐ bǎ xiǎng yào cānguān、

访问、考察的地方通知你在中国的接待单位，请他们为你安排
fǎngwèn、kǎochá de dìfang tōngzhī nǐ zài Zhōngguó de jiēdài dānwèi, qǐng tāmen wèi nǐ ānpái

日程，预订旅馆、飞机票或者火车票。你也可以把你的日程表
rìchéng, yùdìng lǚguǎn、fēijīpiào huòzhě huǒchēpiào. Nǐ yě kěyǐ bǎ nǐ de rìchéngbiǎo

事先用邮件发给中方，便于他们做好接待准备。
shìxiān yòng yóujiàn fāgěi Zhōngfāng, biànyú tāmen zuòhǎo jiēdài zhǔnbèi.

　　无论你是去中国洽谈生意还是私人访问，游览和赴宴都是
Wúlùn nǐ shì qù Zhōngguó qiàtán shēngyi háishi sīrén fǎngwèn, yóulǎn hé fùyàn dōu shì

中国人日程安排中少不了的内容。尤其是频繁的请客吃饭，有
Zhōngguórén rìchéng ānpái zhōng shǎobuliǎo de nèiróng. Yóuqí shì pínfán de qǐngkè chīfàn, yǒu

时候甚至会成为一种负担。中国人觉得，请客吃饭有助于建立
shíhou shènzhì huì chéngwéi yì zhǒng fùdān. Zhōngguórén juéde, qǐngkè chīfàn yǒuzhù yú jiànlì

关系、发展友谊。请问，在吃了一顿丰盛的晚饭以后，有谁还
guānxi、fāzhǎn yǒuyì. Qǐngwèn, zài chīle yí dùn fēngshèng de wǎnfàn yǐhòu, yǒu shuí hái

能对主人说"不"呢？
néng duì zhǔrén shuō "bù" ne?

**日本語訳** ■ 食べてもよし、遊んでもよし、商談をしてもよし

　中国は国土が広く人口も多く、交通は混雑します。外国人が中国で旅行をする際、言葉の問題があるだけでなく、しょっちゅう思いもよらない面倒に遭遇するでしょう。もし中国に出張を予定しているなら、必ず旅程をしっかり立てないといけません。見学、訪問、視察したい場所を中国側の受け入れ先に知らせて、彼らに日程調整や、ホテルや航空券、列車の切符の予約をしてもらうといいでしょう。中国側の受け入れ準備がしやすいように、日程表を事前にメールで送っておくのもいいでしょう。

　中国に商談に行くにせよ、私的な訪問をするにせよ、観光と宴会は中国人が日程を組む際に欠くことのできない内容です。とりわけ頻繁な接待の食事会は、一

種の重荷にすらなる場合もあります。中国人は客人に食事をごちそうするのは、関係を作り、友情を発展させるのに役立つと思っています。どうです、豪華な晩餐をごちそうになったあとで、誰がホストに対して「ノー」と言えるでしょうか？

| 交通 | jiāotōng | 交通、コミュニケーション |
| 繁忙 | fánmáng | 忙しい |
| 仅 | jǐn | ただ、わずかに |
| 想不到 | xiǎng bu dào | 思いもよらない、想像もつかない |
| 出差 | chūchāi | 出張、出張する |
| 接待单位 | jiēdài dānwèi | 受け入れ側 |
| 接待 | jiēdài | 受け入れる、接待する |
| 单位 | dānwèi | 窓口、組織、会社 |
| 日程表 | rìchéngbiǎo | 日程表、スケジュール表 |
| 事先 | shìxiān | 事前に、まえもって |
| 无论 | wúlùn | たとえ〜であっても、〜にかかわらず |
| 私人 | sīrén | プライベートの、私人 |
| 赴宴 | fùyàn | 宴会に赴く、宴会に参加する |
| 少不了 | shǎobuliǎo | 欠くことができない、必要不可欠な |
| 频繁 | pínfán | 頻繁に |
| 请客 | qǐngkè | 客を（食事に）招待する、ごちそうする |
| 甚至 | shènzhì | 〜すら、ひどい場合は |
| 成为 | chéngwéi | 〜になる |
| 负担 | fùdān | 負担、重荷 |
| 有助于 | yǒuzhù yú | 〜に有用な、〜に役に立つ |
| 建立 | jiànlì | 築く、打ち立てる、確立する |
| 顿 | dùn | （食事の回数を数える量詞） |
| 丰盛 | fēngshèng | 盛大な、豪華な、豪勢な |

## 1 不仅～而且…

➡ ～だけでなく…でもある

※累加を表す文型。"不但～而且…"（p. 27）と同じ意味の文型。どちらかというと書き言葉の方で使われることが多い。

❶ 外国人在中国旅行，不仅会有语言的问题，而且常常会遇到一些想不到的麻烦。

外国人が中国を旅行すると、言葉の問題があるだけでなく、しょっちゅう思いもよらない面倒ごとに遭遇することもあります。

❷ 我们今年的旅行不仅玩儿得很好而且吃得非常好。

私たちの今年の旅行は、楽しく遊べただけでなく、食事もたいへん満足できました。

## 2 无论 A 还是 B，（～）都…

➡ A であろうが B であろうが、（～は）［いずれにしても／皆］…だ

※条件関係を表す文型。"无论"の代わりに"不管"を使って"不管 A 还是 B，（～）都…"とする文型もあり同じ意味になるが、どちらかというと"不管"は話し言葉に用いることが多い。

❶ 无论你是去中国洽谈生意还是私人访问，游览和赴宴都是中国人日程安排中少不了的内容。

商談のため中国に行こうがプライベートで訪問しようが、観光と宴会はいずれも中国人がスケジュールを組む際に欠くことができない内容です。

❷ 无论您要订单间还是套房，我们都有。

シングルルームの予約をご希望でもスイートルームでも、どちらにしても空きはございます。

## 3 ～有助于…

➡ ～は…するのに役に立つ

❶ 中国人觉得，请客吃饭有助于建立关系、发展友谊。

中国人は宴会に招いてごちそうすることが、コネクションを作り、友情を深めるのに役立つと考えています。

❷ 会说中文有助于跟中国人交朋友。

中国語を話すことができれば、中国人と仲良くなることに役立ちます。

**1** 第4課で学習した文型を使い、空欄を埋めて文を完成させなさい。ただし、単語はそれぞれ1回ずつしか使うことができません。

還是　有助于　連　都　還　除了　无论　不仅　而且　都

1. _____参观交易会以外，日本客户_____希望去看看厂家。

2. 今天工作太忙了，_____中午吃饭的时间_____没有！

3. _____是礼物_____产品货样，价值超过两千元的_____需要交税。

4. 参观工厂、考察企业_____了解中国制造业的技术水平。

5. 在今天的洽谈中，日中双方代表_____谈了价格问题，_____还谈到交货时间了。

**2** 下の日本語を参考に、ピンインの中から適切なものを選び、空欄の中に漢字を書きなさい。ただし、ピンインはそれぞれ1回ずつしか使うことができません。

xiūgǎi　qīnyǎn　fǎnzhèng　fèixīn　chuàngyè　dìngdān　kǎochá　chuī
gāoxīnkējì　hélǐ　xùnsù　dòuliú

1. 我打算在上海_____一个星期左右。
   （私は上海に1週間前後滞在する予定です。）

2. 谢谢您_____帮我们_____了旅行日程。现在的安排比较_____。
   （私たちの旅程の修正にお骨折りいただきありがとうございます。現在のスケジュールはかなり理にかなっています。）

3. 我想_____两家_____公司，_____看看中国_____产业的_____发展。
   （私はベンチャー企業を2社視察して、自分の目で中国のハイテク産業の急速な発展を見てみたいです。）

4. 真不顺利！那份_____已经_____了！
   （本当にうまくいかない！あのオーダーはもうダメになってしまいました。）

5. 没什么。_____我们还有另一家公司的合同。
   （たいしたことではありません。どのみちわれわれにはもう1社との契約があります。）

$$\text{あ わ せ て 覚 え た い}$$

**出張スケジュールの作成**

　出張で中国を訪れる場合はきちんと先方とスケジュールを共有しましょう。北京や上海などの大都市は、道路が頻繁に渋滞します。移動時間に余裕を持ってスケジュールを組みましょう。

**スケジュールの例**

### AA 贸易代表团访华日程表

| 日期 | 时间 | 活动安排 | 备注 |
|------|------|----------|------|
| 1月2日<br>（星期四） | 10:00 | 到达北京大兴国际机场 | 公司××副总经理前往接机 |
| | 11:00 | 入住北京饭店 | |
| | 12:00-13:30 | 午餐 | 饭店三楼 301 包间 |
| | 14:00-14:30 | 会见公司××总经理 | |
| | 14:30-16:00 | 与市场部会谈 | |
| | 18:30-20:00 | 欢迎宴会 | 全聚德烤鸭店 |
| 1月3日<br>（星期五） | 9:30-12:00 | 继续与市场部会谈 | |
| | 12:00-13:00 | 工作午餐 | |
| | 13:00-16:00 | 参观京华纺织厂 | 市场部主任××陪同 |
| | 18:00 | 晚餐 | 饭店一楼餐厅 |
| | 19:00-21:00 | 观看京剧演出 | |
| 1月4日<br>（星期六） | 9:00-11:30 | 游览颐和园 | ××副总经理陪同 |
| | 12:00 | 北海仿膳午餐 | |
| | 14:00 | 参观故宫 | |
| | 19:00 | 告别宴会 | 北京饭店小宴会厅 |
| 1月5日<br>（星期日） | 10:00 | 离开北京 | 市场部主任××送往机场 |

# 第 5 課

## 出席宴会 🔊 033
Chūxí yànhuì

　　王国安总经理代表东方进出口公司举行宴会，欢迎史强生先生和白琳小姐。外贸局的马局长也出席了宴会。史强生和白琳都觉得宴会非常丰盛。

## 宴会に出席する

　　王国安社長が東方輸出入公司を代表して宴会を催し、スミスさんとペティさんを歓迎します。対外貿易局の馬局長も宴会に出席しています。スミスさんとペティさんはいずれもこの宴会がとても盛大だと感じています。

**【在餐厅】**
【zài cāntīng】

王国安: 史先生、白小姐，你们到了！ 请进，请进！
Shǐ xiānsheng、Bái xiǎojiě, nǐmen dào le! Qǐng jìn, qǐng jìn!

史强生: 谢谢！
Xièxie!

白琳: 这家餐厅布置得可真漂亮！
Zhè jiā cāntīng bùzhì de kě zhēn piàoliang!

张红: 是啊，这是北京最有名的饭店之一，大家都喜欢到这儿来。
Shì a, zhè shì Běijīng zuì yǒumíng de fàndiàn zhīyī, dàjiā dōu xǐhuan dào zhèr lái.

王国安: 我来为你们介绍一下儿。这位是外贸局的马局长，这位是
Wǒ lái wèi nǐmen jièshào yíxiàr. Zhè wèi shì wàimàojú de Mǎ júzhǎng, zhè wèi shì

美国国际贸易公司的史先生，这位是白小姐。
Měiguó Guójì Màoyì Gōngsī de Shǐ xiānsheng, zhè wèi shì Bái xiǎojiě.

马局长: 欢迎，欢迎！ 欢迎两位来中国！【握手】这两天辛苦了
Huānyíng, huānyíng! Huānyíng liǎng wèi lái Zhōngguó!【wòshǒu】Zhè liǎng tiān xīnkǔ le

吧！
ba!

史强生: 还好，不太累。虽然有一点儿时差，但是昨天休息得很好。
Hái hǎo, bú tài lèi. Suīrán yǒu yìdiǎnr shíchā, dànshì zuótiān xiūxi de hěn hǎo.

王总为我们安排得非常周到。
Wáng zǒng wèi wǒmen ānpái de fēicháng zhōudào.

王国安: 各位请入席吧！ 史先生、白小姐，你们是客人，请坐这儿。
Gèwèi qǐng rùxí ba! Shǐ xiānsheng、Bái xiǎojiě, nǐmen shì kèrén, qǐng zuò zhèr.

这儿是上座。马局长，您请坐这儿！
Zhèr shì shàngzuò. Mǎ júzhǎng, nín qǐng zuò zhèr!

马局长: 你是主人，你应该陪客人坐一块儿呀！
Nǐ shì zhǔrén, nǐ yīnggāi péi kèrén zuò yíkuàir ya!

王国安: 不，不，不，您是领导，应该和贵宾坐一起。我坐您旁边。
Bù, bù, bù, nín shì lǐngdǎo, yīnggāi hé guìbīn zuò yìqǐ. Wǒ zuò nín pángbiān.

来，来，来，大家都请随便坐吧！
Lái, lái, lái, dàjiā dōu qǐng suíbiàn zuò ba!

【レストランにて】

**王国安:** スミスさん、ペティさん、いらっしゃい。どうぞ中へお入りください。

**スミス:** ありがとうございます。

**ペティ:** このレストランの装飾はほんとうに素晴らしいです！

**張紅:** ええ、ここは北京で最も有名なレストランの一つで、皆から気に入られているんです。

**王国安:** 皆さんにご紹介しましょう。こちらは対外貿易局の馬局長、こちらはアメリカ国際貿易会社のスミスさん、そしてこちらはペティさんです。

**馬局長:** ようこそ。お二人ともようこそ中国にいらっしゃいました。【握手をして】この２日間お疲れでしょう。

**スミス:** まあまあです、それほど疲れてはおりません。少し時差がありますが、昨日はとてもよく休めました。王社長が私たちのために万全な用意をしてくださいましたから。

**王国安:** さあ、皆さんどうぞお掛けください。スミスさん、ペティさん、お二人はお客さまですから、こちらにどうぞ。こちらが上座になります。馬局長はこちらにどうぞお掛けください。

**馬局長:** あなたがホストなのですから、客人と一緒に座るべきですよ。

**王国安:** いえいえ、馬局長あなたはお偉いさんなのですから、客人と一緒にお座りください。私はあなたの隣に座りますから。さあさあ、皆さんどうぞ気兼ねなさらずにお掛けくださいね！

王国安：今天晚上是为史先生、白小姐接风。大家先喝一点儿酒，
Jīntiān wǎnshang shì wèi Shǐ xiānsheng、Bái xiǎojiě jiēfēng. Dàjiā xiān hē yìdiǎnr jiǔ,

怎么样？ 史先生，您要茅台酒还是红葡萄酒？
zěnmeyàng? Shǐ xiānsheng, nín yào máotáijiǔ háishi hóngpútaojiǔ?

史强生：我听说茅台酒非常有名，我要茅台酒吧。
Wǒ tīngshuō máotáijiǔ fēicháng yǒumíng, wǒ yào máotáijiǔ ba.

王国安：白小姐，您呢？
Bái xiǎojiě, nín ne?

白琳：我不太会喝酒，我喝葡萄酒吧。
Wǒ bú tài huì hējiǔ, wǒ hē pútaojiǔ ba.

王国安：孔子说过："有朋自远方来，不亦乐乎？"来，为欢迎史
Kǒngzǐ shuōguo: "Yǒu péng zì yuǎnfāng lái, bú yì lè hū?" Lái, wèi huānyíng Shǐ

先生和白小姐，干杯！【大家干杯】
xiānsheng hé Bái xiǎojiě, gānbēi!【dàjiā gānbēi】

马局长：史先生，请吃菜。这些都是冷盘，等会儿还有大菜和汤。
Shǐ xiānsheng, qǐng chī cài. Zhèxiē dōu shì lěngpán, děng huìr hái yǒu dàcài hé tāng.

来，尝尝这个！【用公筷给史强生夹菜】
Lái, chángchang zhège!【yòng gōngkuài gěi Shǐ Qiángshēng jiā cài】

史强生：谢谢，谢谢！ 我自己来吧。
Xièxie, xièxie! Wǒ zìjǐ lái ba.

**【服务员上菜】**
【fúwùyuán shàng cài】

张红：今天的菜都是这家饭店的特色菜。白小姐，你尝尝。喜欢
Jīntiān de cài dōu shì zhè jiā fàndiàn de tèsècài. Bái xiǎojiě, nǐ chángchang. Xǐhuan

吗？
ma?

白琳：嗯，很好吃！
Ňg, hěn hǎochī!

张红：既然好吃，就多吃一些！ 你再尝尝这个。
Jìrán hǎochī, jiù duō chī yìxiē! Nǐ zài chángchang zhège.

白琳：【笑】谢谢。桌子上这么多菜，我都吃不过来了！
【xiào】Xièxie. Zhuōzi shang zhème duō cài, wǒ dōu chī bu guòlái le!

史强生：王先生，我敬您一杯，感谢您和各位的热情招待！
Wáng xiānsheng, wǒ jìng nín yì bēi, gǎnxiè nín hé gèwèi de rèqíng zhāodài!

王国安：好，我们一起干一杯。预祝我们的合作圆满成功！
Hǎo, wǒmen yìqǐ gān yì bēi. Yùzhù wǒmen de hézuò yuánmǎn chénggōng!

王国安：今晩はスミスさんとペティさんを歓迎するための食事会です。皆さんまず
　　　　はお酒をいかがでしょうか？　スミスさん、マオタイ酒にされますか、そ
　　　　れとも赤ワインにされますか？

スミス：マオタイ酒はとても有名だと伺っていますので、マオタイ酒をいただきま
　　　　しょう。

王国安：ペティさん、あなたはどうなさいますか？

ペティ：私はあまりお酒が飲めませんので、ワインをいただきましょう。

王国安：孔子はこう言いました「朋あり遠方より来たる、また楽しからずや」と。
　　　　さあ、（遠来の）スミスさんとペティさんを歓迎して、乾杯！【皆で乾杯
　　　　する】

馬局長：スミスさん、どうぞ召し上がってください。これらは前菜で、あとからメ
　　　　インディッシュとスープが出てきます。さあ、どうぞ召し上がってくださ
　　　　い。【取り箸でスミスさんに料理を取り分ける】

スミス：どうもありがとうございます。自分で取りますから。

【店員が料理を出す】

　張紅：今日の料理はどれもこのお店のお薦め料理なんです。ペティさん、召し上
　　　　がってみてください。お気に召しますか？

ペティ：ええ、とてもおいしいです！

　張紅：おいしかったら、たくさん食べてください。これもどうぞ。

ペティ：【笑】ありがとうございます。テーブルにこんなにたくさんの料理があって
　　　　もう食べきれません！

スミス：王さん、一献交わしましょう、王さんや皆さんの暖かいおもてなしにお礼
　　　　申し上げます。

王国安：では、一緒に乾杯しましょう。われわれの提携が成功を収めますように！

---

| 新出単語 1 | | 🔊 036 |
|---|---|---|
| 出席 | chūxí | 出席する |
| 挙行 | jǔxíng | 執り行う、挙行する |
| 局長 | júzhǎng | 局長 |
| 布置 | bùzhì | 装飾する、飾りつける、手配する |

| | | |
|---|---|---|
| 〜之一 | 〜zhīyī | 〜の一つ |
| 时差 | shíchā | 時差 |
| 入席 | rùxí | 着席する |
| 上座 | shàngzuò | 上座 |
| 陪 | péi | 付き添う |
| 领导 | lǐngdǎo | 指導者、上司、上役 |
| 贵宾 | guìbīn | 貴賓、賓客、ゲスト |
| 随便 | suíbiàn | 自由である、勝手である、くつろいだ |
| 干杯 | gānbēi | 乾杯、乾杯する |
| 接风 | jiēfēng | 歓迎会を開く、遠来の客を宴席でもてなす |
| 葡萄酒 | pútaojiǔ | ワイン |
| 有朋自远方来，不亦乐乎 | yǒu péng zì yuǎnfāng lái, bú yì lè hū | 「朋あり遠方より来たる、また楽しからずや」（『論語』の一節） |
| 冷盘 | lěngpán | 前菜、オードブル |
| 大菜 | dàcài | メインディッシュ、大きな皿に盛られた料理 |
| 尝 | cháng | 味わう、賞味する |
| 公筷 | gōngkuài | 取り箸 |
| 筷子 | kuàizi | 箸 |
| 夹菜 | jiā cài | 料理を取る |
| 上菜 | shàng cài | 料理を出す |
| 特色菜 | tèsècài | 名物料理、（店の）お薦めの料理 |
| 既然 | jìrán | 〜である以上は、〜するからには |
| 敬 | jìng | （飲み物などを）相手に勧める |
| 招待 | zhāodài | 接待する、もてなす |
| 预祝 | yùzhù | 祈る、〜しますように、〜でありますように |
| 圆满 | yuánmǎn | 円満な、満足のいく、滞りない |
| 成功 | chénggōng | 成功、成功する |

## 固有名詞

| | | |
|---|---|---|
| 外贸局 | wàimàojú | 対外貿易局 |
| 茅台酒 | máotáijiǔ | マオタイ酒 |
| 孔子 | Kǒngzǐ | 孔子 |

## **1** ～之一　⟹ ～の一つである

❶ 这是北京最有名的饭店之一。
　ここは北京で最も有名なレストランの一つです。

❷ 我们公司是中国有名的外贸公司之一。
　弊社は中国でも有名な対外貿易会社の一つです。

## **2** 虽然～［但是 / 可是］…
### ⟹ ～だけれども…だ、～であるがしかし…

※逆接関係を表す文型。

❶ 虽然有一点儿时差，但是昨天休息得很好。
　少し時差がありますが、昨日はよく休めました。

❷ 这家旅馆虽然很贵，可是服务非常好。
　このホテルは値段が高いですが、サービスはとてもいいです。

## **3** 既然～就…　⟹ ～である以上は…だ、～するからには…だ

❶ 既然好吃，就多吃一些！
　美味しいということでしたら、どうぞもっとたくさん召し上がってください。

❷ 既然累了，你就休息休息吧。
　疲れたということであれば、ゆっくりお休みください。

## **4** 这么多～＋（［我 / A］）＋都＋〔動詞〕＋不过来了
### ⟹ こんなにたくさんの～を（［私／A］は）〔動詞〕することはできない

※"〔動詞〕＋过来"は複合方向補語。この間に否定の"不"を入れると可能補語となり、時間・空間・
　数量の条件から「～できない」という意味になる。

❶ 这么多菜，我都吃不过来了！
　こんなにたくさんの料理を私は全部食べることはできません。

❷ 买了这么多东西，我们都拿不过来了！
　こんなにたくさんの品物を買って、私たちで全部持てるはずがないでしょ！

中国菜闻名世界，"吃在中国"自然也是一件非常重要的事。
Zhōngguócài wénmíng shìjiè, "chī zài Zhōngguó" zìrán yě shì yí jiàn fēicháng zhòngyào de shì.

中国人的宴会总是非常丰盛。据说著名的满汉全席有一百多
Zhōngguórén de yànhuì zǒngshì fēicháng fēngshèng. Jùshuō zhùmíng de Mǎn-Hàn Quánxí yǒu yìbǎi duō

道菜。就是普通的宴会，也有十多道菜。在宴会上，贵宾和
dào cài. Jiùshì pǔtōng de yànhuì, yě yǒu shí duō dào cài. Zài yànhuì shang, guìbīn hé

主人被安排在上座。一般来说，面对着门或入口的座位是上座。
zhǔrén bèi ānpáizài shàngzuò. Yìbān lái shuō, miànduìzhe mén huò rùkǒu de zuòwèi shì shàngzuò.

宴会当然少不了酒。"干杯"的意思是喝完你杯子里的酒。不过，
Yànhuì dāngrán shǎobuliǎo jiǔ. "Gānbēi" de yìsi shì hēwán nǐ bēizi li de jiǔ. Búguò,

如果你不想马上就醉，最好不要把酒一口气喝下去。因为
rúguǒ nǐ bù xiǎng mǎshàng jiù zuì, zuìhǎo búyào bǎ jiǔ yìkǒuqì hē xiaqu. Yīnwèi

中国人习惯先喝酒、吃菜，再吃饭、喝汤，所以上菜的次序是
Zhōngguórén xíguàn xiān hējiǔ, chī cài, zài chīfàn, hē tāng, suǒyǐ shàng cài de cìxù shì

先上冷盘，再上热炒和大菜，最后是米饭、汤和甜点。老一辈
xiān shàng lěngpán, zài shàng rèchǎo hé dàcài, zuìhòu shì mǐfàn, tāng hé tiándiǎn. Lǎoyíbèi

的中国人还有一个习惯，就是主人应该给客人夹菜。这既代表
de Zhōngguórén hái yǒu yí ge xíguàn, jiù shì zhǔrén yīnggāi gěi kèrén jiā cài. Zhè jì dàibiǎo

真诚，又说明主人好客。如果你不习惯这种做法，你可以对
zhēnchéng, yòu shuōmíng zhǔrén hàokè. Rúguǒ nǐ bù xíguàn zhè zhǒng zuòfǎ, nǐ kěyǐ duì

主人说："谢谢，让我自己来。"
zhǔrén shuō: "Xièxie, ràng wǒ zìjǐ lái."

---

**日本語訳** ■ 中国人の宴会

　中国料理は世界中に名を知られていて、「食は中国にあり」というのもまた当然ながらとても重要なことです。中国人の宴会はきまってとても豪勢です。聞くところによると、かの有名な満漢全席は 100 品以上の料理があるといいます。普通の宴会でも 10 品以上の料理があります。宴会ではゲストとホストは上座に座るように手配されます。一般的にはドアや入口に向かい合った席が上座とされます。宴会には当然のことながらお酒がなくてはなりません。"干杯"の意味はグラスの中のお酒を飲み干すということです。ただ、すぐに酔っぱらってしまいたくない場合は、お酒は一気飲みしない方がいいでしょう。というのも、中国人はまずお酒を飲み、おかずを食べ、それから主食を食べてスープを飲む習慣があ

るため、料理が出てくる順番はまず前菜、それから炒め物やメインディッシュ、最後にご飯、スープ、デザートと続くからです。上の世代の中国人にはさらにある習慣があり、それはホストがゲストに料理を取り分けないといけないというものです。これは真心を表すだけでなく、ホストがもてなし好きだということも表します。もしこのような作法に不慣れでしたら、ホストに対して「ありがとうございます、自分で取ります」と言ってもかまいません。

## 新出単語 2 ◀》039

| 闻名 | wénmíng | 有名である、よく知られている |
| --- | --- | --- |
| 自然 | zìrán | 当然である、当然 |
| 据说 | jùshuō | （聞くところによると）～だそうだ |
| 道 | dào | （料理を数えるときの量詞） |
| 普通 | pǔtōng | 普通の、一般的な |
| 面对 | miànduì | 面する、直面する |
| 入口 | rùkǒu | 入り口 |
| 座位 | zuòwèi | 座席 |
| 醉 | zuì | 酒に酔う、酒に酔った |
| 一口气 | yìkǒuqì | 一気に、一息に |
| 次序 | cìxù | 順序、順番 |
| 热炒 | rèchǎo | 炒め物 |
| 甜点 | tiándiǎn | デザート |
| 老一辈 | lǎoyíbèi | 一世代上の、前の世代の |
| 真诚 | zhēnchéng | 真心を込めた、誠実な、誠実さ |
| 好客 | hàokè | 客好きな |

## 固有名詞

| 满汉全席 | Mǎn-Hàn Quánxí | 満漢全席 |
| --- | --- | --- |

## 1 据说～

⟹ 聞くところによれば～だそうだ、（情報源）によると～だそうだ

※情報源が不明あるいは明かす必要がないというときは"据说"だけ、また情報源を表す際には下の
②の例文のように"据说"の間にその情報源を入れる。

❶ 据说著名的满汉全席有一百多道菜。

聞くところによれば、有名な満漢全席というのは100品以上の料理があるそうだ。

❷ 据王总说，美国贸易代表团明天要来我们公司参观。

王社長によれば、アメリカの貿易代表団は明日当社に見学にやってくるそうだ。

---

## 2 就是～也…

⟹ たとえ～［であっても／しても］…だ

※仮定関係を表す文型。

❶ 在中国，就是普通的宴会，也有十多道菜。

中国では、たとえ普通の宴会であっても、10品以上の料理が出ます。

❷ 就是你很忙，也应该给他打一个电话。

たとえ忙しくても、彼に電話の一つくらいするべきですよ。

---

## 3 把～一口气…

⟹ ～を一気に…する

※…部分には動詞と補語が入る。

❶ 你最好不要把酒一口气喝下去。

できればお酒を一気に飲み干さない方がいいですよ。

❷ 我们把这些事一口气做完了再休息，好不好？

私たちはこの仕事を一気に片付けてから休むことにしませんか？

---

## 4 先 A，再 B，最后 C

⟹ まず A して、それから B して、最後に C する

❶ 中国人习惯先喝酒、吃菜，再吃饭，最后喝汤。

中国人はまずお酒を飲み、おかずを食べて、次にご飯を食べて、最後にスープを飲みます。

❷ 明天的日程安排是先参观工厂，再参加宴会，最后看电影。

明日のスケジュールは、まず工場を見学し、次に宴会に出席して、最後に映画を見ます。

---

**１** 下のヒントに対応する第５課の新出単語を漢字で書きなさい。次にそのピンインをそれぞれのマスに書き込み、最終的に求められる第５課の新出単語を漢字で答えなさい。声調符号は無視してかまいません。

‖ヒント‖　　　　　　　　　　　　　　　　‖単語‖

1. レストラン独自のお薦め料理　　　　（　　　　　　　　）

2. 客をもてなす宴席での最上位の席　　（　　　　　　　　）

3. 中国人が食事の時に使うもの　　　　（　　　　　　　　）

4. 大切な客人、ゲスト　　　　　　　　（　　　　　　　　）

5. ２つの場所の時刻の差　　　　　　　（　　　　　　　　）

6. 申し分ない、十分満足できる　　　　（　　　　　　　　）

7. 遠方からの客人を食事でもてなす　　（　　　　　　　　）

答え（　　　　　　　　　）

**料理の名前**

　中華料理の名前の付け方には形状（"蚂蚁上树"「はるさめのひき肉炒め」まるで
アリが木に登っているように見えることから）や味（"酸辣汤"「サンラータン」）、
数字（"炒双冬"「どんこしいたけとタケノコの炒め物」"冬菇"と"冬笋"を炒める
ことから）、人名（"东坡肉"「豚の角煮」）、地名（"北京烤鸭"「北京ダック」）など
に由来するものもあります。しかし、一般的には「調理方法＋材料」の順序で表す
ものが多いです。餃子は"水饺"「水餃子」、"蒸饺"「蒸し餃子」、"锅贴"「焼き餃子」
など調理方法によって呼び方が変わってきます。ちなみに、宴会料理は縁起を担い
だ独特の名前が考案されるので、見ただけではわからないものも多いです。

　下に、日本でよく食べられている中華料理の名前をまとめてみました。チンジャ
オロースやチャーハンなどのように、中国語の読み方をベースに、日本で定着して
いる料理名もありますが、残念ながらそのまま発音しても中国の方には伝わりませ
ん。ピンインを参考に、きちんとした発音を覚えましょう。

| | | |
|---|---|---|
| 麻婆豆腐 | mápó dòufu | 麻婆豆腐 |
| 青椒肉丝 | qīngjiāo ròusī | チンジャオロース |
| 饺子 | jiǎozi | 餃子 |
| 小笼包 | xiǎolóngbāo | 小籠包 |
| 肉包子 | ròubāozi | 肉まん |
| 馄饨 | húntun | ワンタン |
| 炒饭 | chǎofàn | チャーハン |
| 回锅肉 | huíguōròu | ホイコーロー |
| 干烧虾仁 | gānshāo xiārén | エビチリ |
| 糖醋肉 / 咕老肉 | tángcùròu/gūlǎoròu | 酢豚 |

# 第 6 課

## 初步洽谈
🔊 041
Chūbù qiàtán

　　今天中美两家公司的代表要举行初步洽谈。东方进出口公司为这次洽谈做了很多准备。他们首先请美方看了产品的视频介绍，接着展示了产品货样。史强生和白琳对几款新设计特别感兴趣。

................................................................

## 初步的な商談

　　今日は、中国側とアメリカ側それぞれの企業の代表が初步的な商談を行っています。東方輸出入公司は今回の商談にあたってたくさんの準備をしました。彼らはまずアメリカ側に製品の紹介ビデオを見てもらい、続いて製品のサンプルを見せました。スミスさんとペティさんはいくつかの新しいデザインに特に興味を示したようです。

【在会议室】
【zài huìyìshì】

王国安: 史先生、白小姐，刚才我们一起看了产品视频。接下来由
Shǐ xiānsheng、Bái xiǎojiě, gāngcái wǒmen yìqǐ kànle chǎnpǐn shìpín. Jiē xialai yóu

李经理向两位具体介绍产品和价格的情况，你们看
Lǐ jīnglǐ xiàng liǎng wèi jùtǐ jièshào chǎnpǐn hé jiàgé de qíngkuàng, nǐmen kàn

怎么样？
zěnmeyàng?

史强生: 好啊，我们来的目的就是要谈生意的。我很想早点儿知道
Hǎo a, wǒmen lái de mùdì jiù shì yào tán shēngyi de. Wǒ hěn xiǎng zǎodiǎnr zhīdào

贵公司今年可以提供哪些东西。
guì gōngsī jīnnián kěyǐ tígōng nǎxiē dōngxi.

李信文: 这是我们今年的产品目录。请两位过目。
Zhè shì wǒmen jīnnián de chǎnpǐn mùlù. Qǐng liǎng wèi guòmù.

史强生: 李先生，这些都是今年的新设计吗？
Lǐ xiānsheng, zhèxiē dōu shì jīnnián de xīn shèjì ma?

李信文: 百分之八十都是新设计，只有列在最后的是我们保留的
Bǎi fēn zhī bāshí dōu shì xīn shèjì, zhǐyǒu lièzài zuìhòu de shì wǒmen bǎoliú de

传统产品。我还带来了一些货样，也请你们看一看。
chuántǒng chǎnpǐn. Wǒ hái dàiláile yìxiē huòyàng, yě qǐng nǐmen kàn yi kàn.

【拿货样】
【ná huòyàng】

白琳: 嗯，真漂亮！ 李先生，我非常喜欢这几款设计，尤其是这
Ńg, zhēn piàoliang! Lǐ xiānsheng, wǒ fēicháng xǐhuan zhè jǐ kuǎn shèjì, yóuqí shì zhè

件毛衣，颜色、式样都很好。
jiàn máoyī, yánsè、shìyàng dōu hěn hǎo.

李信文: 【笑】这件吗？ 这件是听了您上次的建议设计的。白小姐，
【xiào】Zhè jiàn ma? Zhè jiàn shì tīngle nín shàng cì de jiànyì shèjì de. Bái xiǎojiě,

您忘了吗？
nín wàngle ma?

白琳: 【笑】是吗？ 这么说，你准备怎么谢我呢？
【xiào】Shì ma? Zhème shuō, nǐ zhǔnbèi zěnme xiè wǒ ne?

【会議室で】

**王国安:** スミスさん、ペティさん、さきほど私たちは一緒に製品のビデオを見ました。続いて、李副社長からお二人に製品と価格について具体的に紹介してもらいたいと思いますが、いかがでしょうか？

**スミス:** はい、いいですね。私たちが来た目的はまさに商談をすることです。私は早く御社が今年どのような品物を供給できるのかを知りたいと思っています。

**李信文:** これがわれわれの今年の製品カタログです。どうぞお二人でご覧ください。

**スミス:** 李さん、これらはすべて今年の新しいデザインですか？

**李信文:** 80 パーセントは新しいデザインですが、最後の方に載せたのはわれわれが残してきた従来からの製品です。少しサンプルも持参していますので、それもご覧ください。【サンプルを持つ】

**ペティ:** う〜ん、とってもきれいです！ 李さん、私はこのいくつかのデザインがとっても気に入っています。特にこのセーターは色といいスタイルといい、とても素晴らしいです。

**李信文:**【笑】これですか？ これは前回のあなたの提案を聞いてデザインしたものなんですよ。ペティさん、お忘れですか？

**ペティ:**【笑】そうでしたか？ だとしたら、李さん、私にどう感謝するおつもりですか？

**史强生:** 王总，贵公司今年推出的产品很有吸引力，尤其是这些新
Wáng zǒng, guì gōngsī jīnnián tuīchū de chǎnpǐn hěn yǒu xīyǐnlì, yóuqí shì zhèxiē xīn

设计。请问，在目录上列出的价格是零售价还是批发价？
shèjì. Qǐngwèn, zài mùlù shang lièchū de jiàgé shì língshòujià háishi pīfājià?

**王国安:** 目录上的价格都是零售价。批发价要低百分之十五到
Mùlù shang de jiàgé dōu shì língshòujià. Pīfājià yào dī bǎi fēn zhī shíwǔ dào

百分之二十五。另外，部分新产品有特别的促销价。
bǎi fēn zhī èrshiwǔ. Lìngwài, bùfen xīn chǎnpǐn yǒu tèbié de cùxiāojià.

**白琳:** 李先生，我注意到有些产品在目录上没有列出价格。您
Lǐ xiānsheng, wǒ zhùyìdào yǒuxiē chǎnpǐn zài mùlù shang méiyou lièchū jiàgé. Nín

可以告诉我它们的价格吗？
kěyǐ gàosu wǒ tāmen de jiàgé ma?

**李信文:** 没有列出价格的都是试销品。【指着目录】像这条牛仔裤，
Méiyou lièchū jiàgé de dōu shì shìxiāopǐn. 【zhǐzhe mùlù】 Xiàng zhè tiáo niúzǎikù,

这几款毛衣都是厂家试生产的。如果贵公司感兴趣，价格
zhè jǐ kuǎn máoyī dōu shì chǎngjiā shìshēngchǎn de. Rúguǒ guì gōngsī gǎn xìngqù, jiàgé

可以参照同类产品目前的市场价另议。
kěyǐ cānzhào tónglèi chǎnpǐn mùqián de shìchǎngjià lìng yì.

**史强生:** 按照我了解到的情况，贵公司西装的价格好像比其他几家
Ànzhào wǒ liǎojiědào de qíngkuàng, guì gōngsī xīzhuāng de jiàgé hǎoxiàng bǐ qítā jǐ jiā

公司的同类产品高一些。这是为什么？
gōngsī de tónglèi chǎnpǐn gāo yìxiē. Zhè shì wèi shénme?

**李信文:** 我想我们的价格稍高跟产品的质量和设计有关系，尤其是
Wǒ xiǎng wǒmen de jiàgé shāo gāo gēn chǎnpǐn de zhìliàng hé shèjì yǒu guānxi, yóuqí shì

这个品牌的，很受客户欢迎。您可以再比较比较。
zhège pǐnpái de, hěn shòu kèhù huānyíng. Nín kěyǐ zài bǐjiaobǐjiao.

**史强生:** 好吧，我想把这些资料带回去，再仔细看看。
Hǎo ba, wǒ xiǎng bǎ zhèxiē zīliào dài huíqu, zài zǐxì kànkan.

**王国安:** 【看手表】啊，已经十二点多了。我看我们先吃中饭，然后
【kàn shǒubiǎo】 À, yǐjīng shí'èr diǎn duō le. Wǒ kàn wǒmen xiān chī zhōngfàn, ránhòu

再继续谈吧。
zài jìxù tán ba.

**白琳:** 【开玩笑】我同意。我的肚子已经在跟我谈判了！
【kāi wánxiào】 Wǒ tóngyì. Wǒ de dùzi yǐjīng zài gēn wǒ tánpàn le!

**スミス**：王社長、御社が今年市場に出そうとされている商品はとても魅力的ですね、とりわけこれらの新デザインは。カタログに書かれている価格は小売価格ですか、それとも卸売価格ですか？

**王国安**：カタログ上の価格はどれも小売価格です。卸売価格はそれより 15 パーセントから 25 パーセント安くなります。また、一部の新製品については特別なプロモーション価格を設定しています。

**ベティ**：李さん、いくつかの製品はカタログに価格が書かれていないことに気がつきました。それらの製品の価格を教えていただけませんか？

**李信文**：価格を列記していないのはすべて試験販売品です。【カタログを指さして】たとえばこのジーンズとこれらのセーターは皆メーカーが試験的に生産したものなんです。もし御社が興味をお持ちでしたら、値段については同類の製品のいまの市場価格に照らし合わせて別途相談できます。

**スミス**：私が承知しているところによりますと、御社のスーツの価格はほかの数社の同類の製品と比べて少し高いようです。これはどうしてでしょうか？

**李信文**：弊社の価格がやや高めなのは製品の品質やデザインと関係があると思っています、とりわけこのブランドの製品は顧客からたいへん喜ばれています。もう一度よく比べてみてください。

**スミス**：わかりました、これらの資料を持ち帰って、再度詳しく見てみます。

**王国安**：【腕時計を見て】あっ、もう 12 時を過ぎました。まず昼食を食べてからまた引き続き話しましょう。

**ベティ**：【冗談で】賛成です。私のおなかはさっきからずっと私に交渉しているんですよ！

| 新出単語 1 | | 🔊 044 |
|---|---|---|
| 初步 | chūbù | 初歩的な |
| 视频 | shìpín | ビデオ |
| 展示 | zhǎnshì | 展示する、見せる |
| 款 | kuǎn | （衣料品などのデザインを数えるときの量詞） |
| 设计 | shèjì | デザイン、デザインする |
| 兴趣 | xìngqù | 興味、趣味 |
| 由 | yóu | 〜から、〜より |

| | | |
|---|---|---|
| 价格 | jiàgé | 価格、値段 |
| 目录 | mùlù | カタログ |
| 过目 | guòmù | 目を通す |
| 百分之～ | bǎi fēn zhī～ | ～パーセント |
| 只有 | zhǐyǒu | ～してこそ（…だ）<br>（後ろに"才"を置くことが多い） |
| 保留 | bǎoliú | 残しておく、保存する、保つ |
| 传统 | chuántǒng | 伝統的な、従来からの |
| 式样 | shìyàng | スタイル、型 |
| 建议 | jiànyì | 提案、提案する |
| 询问 | xúnwèn | 尋ねる、聞く |
| 推出 | tuīchū | 世に出す、発表する、押し出す |
| 吸引力 | xīyǐnlì | 魅力、吸引力 |
| 吸引 | xīyǐn | 引きつける、魅了する |
| 零售价 | língshòujià | 小売価格 |
| 批发价 | pīfājià | 卸売価格 |
| 促销价 | cùxiāojià | プロモーション価格、販売促進価格 |
| 试销品 | shìxiāopǐn | 試験販売品 |
| 牛仔裤 | niúzǎikù | ジーンズ |
| 厂家 | chǎngjiā | メーカー、製造業者 |
| 试生产 | shìshēngchǎn | 試験生産する、パイロット生産 |
| 参照 | cānzhào | 参照する、照らし合わせる |
| 同类 | tónglèi | 同種の、同類 |
| 市场价 | shìchǎngjià | 市場価格 |
| 市场 | shìchǎng | 市場、マーケット |
| 另议 | lìng yì | 別途協議する |
| 按照 | ànzhào | ～に照らし合わせて、～に基づいて |
| 西装 | xīzhuāng | スーツ |
| 质量 | zhìliàng | 品質 |
| 品牌 | pǐnpái | ブランド |
| 客户 | kèhù | クライアント、顧客 |
| 资料 | zīliào | 資料、データ |
| 仔细 | zǐxì | 注意深く、細かく |
| 开玩笑 | kāi wánxiào | 冗談を言う、～をからかう |

## 1 对～感兴趣 ⟹～に［興味／関心］がある

❶ 我对这些新设计特别感兴趣。
　私はこれらの新しいデザインに特に興味があります。

❷ 美国代表团对今年的交易会很感兴趣。
　アメリカの代表団は今年の取引に関心を持っているでしょう。

## 2 由＋〔人〕＋〔動詞〕＋〔もの〕
### ⟹〔人〕から〔もの〕を〔動詞〕する、〔人〕が〔もの〕を〔動詞〕する

※日本語の「から」に相当する前置詞には“由”のほかに“从”があり、いずれも場所や時間の起点
　を表す。“由”はそれ以外に、例文のように動作・行為の主体（者）を導く使い方をする。

❶ 今天由李经理向美国代表介绍产品和价格的情况。
　今日は李副社長からアメリカ側の代表に製品と価格の状況について説明します。

❷ 明天由张小姐去酒店接你们。
　明日は張さんがホテルへ皆さんを迎えに行きます。

## 3 按照～ ⟹～に照らして、～のとおりに

❶ 按照我了解到的情况，贵公司西装的价格好像比其他几家公司的同类产
　品高一些。
　私の知っている状況に照らすと、御社のスーツの値段はほかの何社かの同種の製品と比べていく
　ぶん高いようです。

❷ 按照贵公司的建议，我们保留了几种传统的设计。
　御社のご提案のとおり、私たちはいくつかの伝統的なデザインを残しています。

## 4 跟～有关系 ⟹～と関係がある

❶ 这种产品的价格跟质量和设计有关系。
　これらの製品の価格は品質やデザインと関係があります。

❷ 每天都这么忙跟我们的日程安排有关系。
　毎日こんなにも忙しいのは、私たちのスケジュールと関係があります。

无论是买东西，还是做生意，价格都是买主和卖主最关心
Wúlùn shì mǎi dōngxi, háishi zuò shēngyi, jiàgé dōu shì mǎizhǔ hé màizhǔ zuì guānxīn

的事之一。中国有句老话，叫做"货比三家不吃亏"。意思是
de shì zhīyī. Zhōngguó yǒu jù lǎohuà, jiàozuò "huò bǐ sān jiā bù chīkuī". Yìsi shì

如果你想买东西，最好多去几家商店，比较比较它们的价钱和
rúguǒ nǐ xiǎng mǎi dōngxi, zuìhǎo duō qù jǐ jiā shāngdiàn, bǐjiaobǐjiao tāmen de jiàqián hé

质量。只有这样才不会吃亏上当，才能买到又便宜又满意的好
zhìliàng. Zhǐyǒu zhèyàng cái bú huì chīkuī shàngdàng, cái néng mǎidào yòu piányi yòu mǎnyì de hǎo

东西。
dōngxi.

自从 1979 年实行改革开放政策以后，中国的市场经济有了
Zìcóng yī jiǔ qī jiǔ nián shíxíng Gǎigé Kāifàng Zhèngcè yǐhòu, Zhōngguó de shìchǎng jīngjì yǒule

很大的发展。在商品的价格、质量和品种上，顾客都有了更多
hěn dà de fāzhǎn. Zài shāngpǐn de jiàgé、zhìliàng hé pǐnzhǒng shang, gùkè dōu yǒule gèng duō

的选择。市场竞争一方面带来了更多的机会，一方面也带来了
de xuǎnzé. Shìchǎng jìngzhēng yì fāngmiàn dàiláile gèng duō de jīhuì, yì fāngmiàn yě dàiláile

更多的挑战。如果你打算到中国去做生意，一定要事先了解
gèng duō de tiǎozhàn. Rúguǒ nǐ dǎsuàn dào Zhōngguó qù zuò shēngyi, yídìng yào shìxiān liǎojiě

中国的市场行情，充分掌握有关信息。《孙子兵法》上说，
Zhōngguó de shìchǎng hángqíng, chōngfèn zhǎngwò yǒuguān xìnxī. 《Sūnzǐ Bīngfǎ》 shang shuō,

"知己知彼"，才能成功。做生意也是这样。
"zhījǐ-zhībǐ", cái néng chénggōng. Zuò shēngyi yě shì zhèyàng.

---

**日本語訳** ■ 何軒もの店の品物を比較すれば損はしない

　商品を買う場合でもビジネスをする場合でも、価格というのは買い手と売り手
が最も関心のある事柄の一つです。中国にはこんな古い言葉があります、「商品
を買うときは何軒もの店の値段を見比べれば損をすることはない」と。もし何か
品物を買おうという場合、何軒かの店に行ってそれぞれの値段と品質を比べてみ
る方がよいという意味です。このようにしてこそはじめて損をしたり騙されたり
しなくて済むし、安くて満足のいくよい品物を買うことができるのです。

　1979 年に改革開放政策が実行されてから、中国の市場経済は大きく発展しま
した。商品の価格や品質、種類において、顧客はさらに多くの選択肢を持つこと
ができるようになりました。市場の競争はより多くのチャンスをもたらした一方

で、同時により多くの挑戦をももたらしました。もしも中国に行って商売をしたいと考えているなら、まずは必ず中国のマーケットの相場を理解し、関連する情報をじゅうぶん把握することが重要です。『孫子の兵法』には「己を知り敵を知って」はじめて成功するとあります。ビジネスをするのも同様ですね。

| 货 | huò | 品物、商品 |
|---|---|---|
| 吃亏 | chīkuī | 損をする |
| 买主 | mǎizhǔ | 買い手 |
| 卖主 | màizhǔ | 売り手 |
| 老话 | lǎohuà | 古い話、古い言い伝え、よく言われる言葉 |
| 价钱 | jiàqián | 値段 |
| 上当 | shàngdàng | 騙される、ペテンにかかる |
| 自从 | zìcóng | (過去を起点として) 〜から |
| 实行 | shíxíng | 実行、実行する |
| 改革 | gǎigé | 改革、改革する |
| 开放 | kāifàng | 開放、開放する |
| 政策 | zhèngcè | 政策 |
| 市场经济 | shìchǎng jīngjì | 市場経済 |
| 品种 | pǐnzhǒng | 種類 |
| 顾客 | gùkè | 顧客 |
| 选择 | xuǎnzé | 選択、選択する |
| 竞争 | jìngzhēng | 競争、競争する |
| 一方面 | yì fāngmiàn | 一方で |
| 挑战 | tiǎozhàn | 挑戦、挑戦する |
| 行情 | hángqíng | 市況、相場動向 |
| 充分 | chōngfèn | じゅうぶんに |
| 有关 | yǒuguān | 〜に関係する |
| 信息 | xìnxī | 情報 |
| 知己知彼 | zhījǐ-zhībǐ | 己を知り敵を知る |

固有名詞

| 改革开放政策 | Gǎigé Kāifàng Zhèngcè | 改革開放政策 |
|---|---|---|
| 孙子兵法 | Sūnzǐ Bīngfǎ | 孫子の兵法 |

## 1 只有～才… ⟹ ～してこそ…だ

※条件関係を表す文型。前半部分の唯一の条件を満たしてはじめて後半部分の結果が生じるということを表す。"只要～就…""「～しさえすれば…だ」(p. 18)の文型と混同しやすいので、きちんと区別して覚えることが肝要。

❶ 只有这样才不会吃亏上当。
このようにしてこそ、損をしたり騙されたりしないのです。

❷ 只有看了货样以后，我们才能做出决定。
サンプルを見てからでないと、私たちは結論を出すことができません。

## 2 又～又… ⟹ ～でもあり…でもある

※同じことを"既～又…"(p. 42)でも表現することができる。

❶ 多去几家商店，比较比较它们的价钱，你才能买到又便宜又满意的好东西。
さらにいくつかの店に行ってその値段を比べてみて、あなたはようやく安くて満足のいくよい品物を買うことができるのです。

❷ 这次来中国，我们又要谈生意，又要参观考察。
今回中国に来て、私たちは商談もしないといけませんし、見学や視察もしなければなりません。

## 3 自从～以后 ⟹ ～して以降、～してから（というもの）

❶ 自从实行改革开放政策以后，中国的市场经济有了很大的发展。
改革開放政策を実行して以降、中国の市場経済には大きな発展が見られました。

❷ 自从来到中国以后，史先生每天都说中文。
中国に来てから（というもの）、スミスさんは毎日中国語を話しています。

## 4 一方面～，一方面… ⟹ 一方では～、一方では…

❶ 市场竞争一方面带来了更多的机会，一方面也带来了更多的挑战。
市場競争は一方でより多くのチャンスをもたらし、もう一方ではより多くのチャレンジももたらしました。

❷ 今年我们一方面保留了一些传统产品，一方面也推出了一些新设计。
今年、私たちは一方で伝統的な製品をいくらか残しましたが、一方ではいくつかの新しいデザインも打ち出しました。

**1** 第6課で学習した文型を使い、空欄を埋めて文を完成させなさい。ただし、単語はそれぞれ1回ずつしか使うことができません。

---

一方面　才　感兴趣　对　一方面　自从　只有　按照

---

1. 我_____中国的传统式样很_____，所以想去看看服装厂。

2. _____中国人的习惯，收到礼物的时候可以当面打开看。

3. _____多说，_____能提高你的汉语口语水平。

4. _____引进先进的生产设备以后，我们工厂的生产能力就提高了一倍。

5. 2001年中国加入世界贸易组织（WTO），_____带来了更多的机会，
_____也带来了更多的挑战。

**2** 左側のヒントを読んで、それに対応する単語を線で結びなさい。

1. 西方式样的衣服　　　　　　　　　•　　•　a. 另议

2. 在商店里看到的价格　　　　　　　•　　•　b. 批发价

3. 向人提出自己的看法、意见　　　　•　　•　c. 过目

4. 不放在一起讨论　　　　　　　　　•　　•　d. 试销品

5. 大量［买／卖］一种产品时的价格　•　　•　e. 西装

6. 试着卖的新产品　　　　　　　　　•　　•　f. 建议

7. 相同的一种　　　　　　　　　　　•　　•　g. 同类

8. 把东西交给对方看一看或检查一下儿 •　　•　h. 零售价

### "三"の意味

　中国語の"三"という言葉には、数字の「3」という意味以外に「何度も、たびたび」という意味があります。たとえば、"三思"という言葉は「3回考える」ということではなく、「何度も考える」つまり「熟考する」という意味を表します。

　この課の短文読解のタイトル"货比三家不吃亏"もそのまま訳すと「3軒の品物を比べれば損をしない」となりますが、この"三"も具体的な数を示しているというよりも、「何軒もの」という意味でとらえることができます。

　このような"三"の使われ方は成語においてよく見られます。いくつか例を見てみましょう。"举一反三"は「一つのことから多くのことを類推する」という意味です。また"一日三秋"という成語は、「1日が非常に長く感じられること」という意味で、日本語でも「一日千秋」という四字熟語があります。

　このような観点から意味をとらえていくことは、より深く単語を理解する手助けになるかもしれません。

# 第 7 課

## 参观工厂 🔊》049
Cānguān gōngchǎng

中美双方的第一次洽谈结束以后，张红陪史强生和白琳去参观了一家玩具工厂。他们公司上次订购的一批玩具就是在这儿制造的。玩具厂的管理水平和生产效率给了他们很深刻的印象。

## 工場を見学する

米中双方が第1回の商談を終えたのち、張紅さんがスミスさんとペティさんを案内して玩具工場を見学しました。彼らの会社が前回買い付けた玩具はこの工場が製造したものでした。玩具工場の管理水準と生産効率は、彼らに強い印象を与えたようです。

张红: 陈厂长，您的客人到了！
Chén chǎngzhǎng, nín de kèrén dào le!

陈厂长: 欢迎，欢迎！ 欢迎光临本厂！ 我来自我介绍一下儿吧。
Huānyíng, huānyíng! Huānyíng guānglín běnchǎng! Wǒ lái zìwǒ jièshào yíxiàr ba.

我叫陈大方，是这儿的厂长。您一定就是美国国际贸易
Wǒ jiào Chén Dàfāng, shì zhèr de chǎngzhǎng. Nín yídìng jiù shì Měiguó Guójì Màoyì

公司的史先生了！
Gōngsī de Shǐ xiānsheng le!

史强生: 对，我是史强生。这位是我的助理，白琳小姐。
Duì, wǒ shì Shǐ Qiángshēng. Zhè wèi shì wǒ de zhùlǐ, Bái Lín xiǎojiě.

白琳: 您好，陈厂长！ 听张主任说，我们去年订购的一批玩具就
Nín hǎo, Chén chǎngzhǎng! Tīng Zhāng zhǔrèn shuō, wǒmen qùnián dìnggòu de yì pī wánjù jiù

是在这儿生产的，是吗？
shì zài zhèr shēngchǎn de, shì ma?

陈厂长: 对、对、对，我记得那批玩具是赶在圣诞节前交货的。史
Duì、duì、duì, wǒ jìde nà pī wánjù shì gǎnzài Shèngdàn Jié qián jiāohuò de. Shǐ

先生、白小姐，贵公司对那批产品满意吗？
xiānsheng、Bái xiǎojiě, guì gōngsī duì nà pī chǎnpǐn mǎnyì ma?

史强生: 非常满意。我们这次来，一是要对贵厂表示感谢，二是想
Fēicháng mǎnyì. Wǒmen zhè cì lái, yī shì yào duì guìchǎng biǎoshì gǎnxiè, èr shì xiǎng

亲眼看看贵厂的生产情况。
qīnyǎn kànkan guìchǎng de shēngchǎn qíngkuàng.

陈厂长: 史先生，您太客气了！ 这样吧，我们先一起看一个视频，
Shǐ xiānsheng, nín tài kèqi le! Zhèyàng ba, wǒmen xiān yìqǐ kàn yí ge shìpín,

大致了解一下儿我们厂的情况，然后我再陪各位去生产区
dàzhì liǎojiě yíxiàr wǒmen chǎng de qíngkuàng, ránhòu wǒ zài péi gèwèi qù shēngchǎnqū

各个车间看看。张主任，您说怎么样？
gègè chējiān kànkan. Zhāng zhǔrèn, nín shuō zěnmeyàng?

张红: 行啊！【对史强生和白琳】您二位如果有什么问题，可以
Xíng a! 【duì Shǐ Qiángshēng hé Bái Lín】 Nín èr wèi rúguǒ yǒu shénme wèntí, kěyǐ

随时向陈厂长提出来。他在这儿已经十多年了，非常了解
suíshí xiàng Chén chǎngzhǎng tí chulai. Tā zài zhèr yǐjīng shí duō nián le, fēicháng liǎojiě

厂里各方面的情况。
chǎng li gè fāngmiàn de qíngkuàng.

史强生、白琳: 好！
Hǎo!

　張紅: 陳工場長、お客さまがいらっしゃいました！

陳工場長: ようこそ、ようこそ。よくこちらの工場にお越しいただきました。自己紹介いたしましょう。私は陳大方といいます。ここの工場長です。きっとあなたがアメリカ国際貿易会社のスミスさんですね！

　スミス: そうです、私がジョンソン・スミスです。こちらはアシスタントのリーン・ペティです。

　ペティ: 陳工場長、こんにちは！ 張主任に伺ったのですが、私たちが去年買い付けたおもちゃはこちらで生産されたものだったそうですね？

陳工場長: そうそう、そうですよ。あのおもちゃは確かクリスマス前に間に合うように引き渡したのだったと記憶しています。スミスさん、ペティさん、御社はあのときの製品にご満足いただけたでしょうか？

　スミス: とても満足しております。今回参りましたのは、一つにはこちらの工場に感謝申し上げるため、そしてもう一つはこちらの生産状況を自分の目で確かめることにあります。

陳工場長: スミスさん、それはご丁寧に。こうしましょう、私たちはまず一緒にビデオを見て、工場の状況をおおよそご理解いただいたうえで、生産エリアのそれぞれの作業現場を見に皆さまをご案内しましょう。張主任、いかがですか？

　張紅: オーケーですよ！【スミスさんとペティさんに対して】お二人がもし何かご質問がおありでしたら、いつでも陳工場長に質問してください。彼はここでもう10年以上になりますから、工場の各方面の状況をよくご存知です。

スミス、ペティ: はい！

陈厂长: 这儿是我们厂的组装车间。产品在这儿组装好以后，再送
Zhèr shì wǒmen chǎng de zǔzhuāng chējiān. Chǎnpǐn zài zhèr zǔzhuānghǎo yǐhòu, zài sòng

到成品车间通过质量检验。
dào chéngpǐn chējiān tōngguò zhìliàng jiǎnyàn.

白琳: 陈厂长，你们的车间不但管理得很好，而且设备也很先进
Chén chǎngzhǎng, nǐmen de chējiān búdàn guǎnlǐ de hěn hǎo, érqiě shèbèi yě hěn xiānjìn

啊！
a!

陈厂长: 哪里，哪里。我们去年从国外引进了这两条组装线。现在
Nǎli, nǎli. Wǒmen qùnián cóng guówài yǐnjìnle zhè liǎng tiáo zǔzhuāngxiàn. Xiànzài

产量比两年前增加了三倍，不但成本降低了，而且质量也
chǎnliàng bǐ liǎng nián qián zēngjiāle sān bèi, búdàn chéngběn jiàngdī le, érqiě zhìliàng yě

提高了。
tígāo le.

史强生: 这些正在组装的卡通玩具是要出口的吗？
Zhèxiē zhèngzài zǔzhuāng de kǎtōng wánjù shì yào chūkǒu de ma?

陈厂长: 对。这些玩具都是为迪士尼公司生产的。他们计划在今年
Duì. Zhèxiē wánjù dōu shì wèi Díshìní gōngsī shēngchǎn de. Tāmen jìhuàzài jīnnián

秋季投放市场，所以催得很紧。
qiūjì tóufàng shìchǎng, suǒyǐ cuī de hěn jǐn.

白琳: 这些玩具太可爱了！我想它们一定会很受欢迎！
Zhèxiē wánjù tài kě'ài le! Wǒ xiǎng tāmen yídìng huì hěn shòu huānyíng!

史强生: 陈厂长，你们的工厂给我的印象非常好。我希望今后我们
Chén chǎngzhǎng, nǐmen de gōngchǎng gěi wǒ de yìnxiàng fēicháng hǎo. Wǒ xīwàng jīnhòu wǒmen

能有更多的合作。
néng yǒu gèng duō de hézuò.

陈厂长: 那太好了！我们以后多多联系！
Nà tài hǎo le! Wǒmen yǐhòu duōduō liánxì!

---

**日本語訳** ■ 生産エリアで

陳工場長: ここが当工場の組み立て現場です。製品はここで組み立てられたのち、
最終製品作業場に送られて品質検査を受けることになります。

ペティ: 陳工場長、こちらの作業場は管理がしっかりしているだけでなく、設備
も先進的ですね。

陳工場長：いえいえ。われわれは去年海外からこの２本の組み立てラインを導入しました。いまでは生産量は２年前と比べて４倍になり、生産コストが下がっただけでなく、品質も向上しました。

スミス：現在組み立て中のこれらのアニメのおもちゃは輸出用ですか？

陳工場長：そうです。これらのおもちゃはすべてディズニー社のために生産しているんです。彼らは今年の秋にマーケットに供給する計画ですから、催促が厳しくて。

ベティ：これらのおもちゃはとても可愛いです！　きっとよく売れると思います。

スミス：陳工場長、御社の工場はとても印象深かったです。今後、私たちにはさらに多くの提携の機会があるよう希望しています。

陳工場長：それはよかったです！　これからも連絡を取り合いましょう。

| 新出単語 1 | | 🔊》052 |
|---|---|---|
| 订购 | dìnggòu | オーダーする、買い付ける |
| 批 | pī | （まとまった数量を数える量詞）<br>（商品の）ロット |
| 制造 | zhìzào | 製造、製造する |
| 管理 | guǎnlǐ | 管理、管理する |
| 生产效率 | shēngchǎn xiàolǜ | 生産効率 |
| 效率 | xiàolǜ | 効率 |
| 深刻 | shēnkè | 深い、奥深い |
| 印象 | yìnxiàng | 印象 |
| 会客室 | huìkèshì | レセプションルーム、応接室 |
| 本厂 | běnchǎng | 当工場、この工場 |
| 自我 | zìwǒ | 自身、自分で |
| 记得 | jìde | 覚えている |
| 赶 | gǎn | 間に合う、急ぐ、駆けつける |
| 交货 | jiāohuò | 商品を引き渡す、納品する |
| 大致 | dàzhì | だいたい、おおまかに、おおまかな |
| 车间 | chējiān | 作業場、職場 |
| 提出来 | tí chulai | 申し出る、提起する |
| 生产区 | shēngchǎnqū | 生産区域、製造エリア |
| 组装 | zǔzhuāng | 組み立て、組み立てる |
| 成品 | chéngpǐn | 最終製品、完成品 |

| 通过 | tōngguò | ～を通じて |
| --- | --- | --- |
| 检验 | jiǎnyàn | 検査、検査する |
| 设备 | shèbèi | 設備 |
| 先进 | xiānjìn | 先進的な |
| 国外 | guówài | 外国の、外国 |
| 引进 | yǐnjìn | （外部や外国から）導入する |
| 组装线 | zǔzhuāngxiàn | 組み立てライン |
| 产量 | chǎnliàng | 生産高、生産量 |
| 成本 | chéngběn | コスト |
| 降低 | jiàngdī | 下がる、下げる |
| 卡通 | kǎtōng | アニメ、漫画 |
| 投放 | tóufàng | （市場に商品を）供給する、投げ入れる |
| 催 | cuī | 催促する、促す |
| 可爱 | kě'ài | かわいい |

| 固有名詞 | | |
| --- | --- | --- |
| 圣诞节 | Shèngdàn Jié | クリスマス |
| 迪士尼 | Díshìní | ディズニー |

═══════ あ わ せ て 覚 え た い ═══════

**倍数表現**

　中国語の倍数表現は日本語と異なるので注意が必要です。"增加了三倍"は「もと
の数量に比べて3倍分増加した」つまり「4倍になった」という意味です。日本語
の表現と同じように、直接的に「もとの数量に比べて4倍になった」と表す場合は
"增加到四倍了"といいます。また、少し難しいですが、"翻了两番"という表現も「4
倍になった」という意味になります。

# **1** A 给 B ～的印象 / A 给 B 的印象～

⟹ A は B に～という印象を残した／ A が B に与えた印象は～だ

❶ 玩具厂的管理水平和生产效率给了他们很深刻的印象。
玩具工場の管理水準と生産効率は彼らにとても深い印象を残しました。

❷ 你们的工厂给我的印象非常好。
あなた方の工場はとてもよい印象を与えてくれました。

# **2** 对～满意

⟹ ～に満足する

❶ 贵公司对那批产品满意吗?
御社はあの製品に満足されましたか？

❷ 客户对交货时间不太满意。
取引先は納期にあまり満足していません。

# **3** 赶在～前…

⟹ ～までに間に合うように…する

❶ 我记得那批玩具是赶在圣诞节前交货的。
私は、あの玩具はクリスマスに間に合うように納品するものだったと記憶しています。

❷ 我得赶在十点以前到达飞机场。
私は 10 時までに空港に到着しないといけません。

# **4** A 比 B ＋〔動詞〕＋〔具体的な数量／およその数量〕

⟹ A は B より〔どれくらい〕〔動詞〕する

❶ 现在的产量比两年前增加了三倍。
現在の生産量は 2 年前より 3 倍分増加しました（→元の 4 倍になった）。

❷ 今年的质量比去年提高了不少！
今年の品質は去年よりだいぶよくなりました。

中国的企业大致可以分为国有企业、民营企业和外资企业
Zhōngguó de qǐyè dàzhì kěyǐ fēnwéi guóyǒu qǐyè、mínyíng qǐyè hé wàizī qǐyè

几种。国有企业由中央政府或当地政府投资并进行管理。因为
jǐ zhǒng. Guóyǒu qǐyè yóu zhōngyāng zhèngfǔ huò dāngdì zhèngfǔ tóuzī bìng jìnxíng guǎnlǐ. Yīnwèi

有国家的支持，国有企业在资金、原料、技术和销售上都有
yǒu guójiā de zhīchí, guóyǒu qǐyè zài zījīn、yuánliào、jìshù hé xiāoshòu shang dōu yǒu

一定的优势，但是也有不少国有企业管理不善、长期亏损。
yídìng de yōushì, dànshì yě yǒu bù shǎo guóyǒu qǐyè guǎnlǐ bú shàn、chángqī kuīsǔn.

中国的民营企业在最近二三十年里得到了迅速的发展，成为
Zhōngguó de mínyíng qǐyè zài zuìjìn èr sānshí nián li dédàole xùnsù de fāzhǎn, chéngwéi

国有企业有力的竞争对手。目前，中国政府正在积极推动国有
guóyǒu qǐyè yǒulì de jìngzhēng duìshǒu. Mùqián, Zhōngguó zhèngfǔ zhèngzài jījí tuīdòng guóyǒu

企业的改革，鼓励个人或私有企业承包、租赁、兼并或者购买
qǐyè de gǎigé, gǔlì gèrén huò sīyǒu qǐyè chéngbāo、zūlìn、jiānbìng huòzhě gòumǎi

那些效益不好的国有企业。在这一改革过程中，民营企业逐渐
nàxiē xiàoyì bù hǎo de guóyǒu qǐyè. Zài zhè yì gǎigé guòchéng zhōng, mínyíng qǐyè zhújiàn

发展成国有民营和私有民营两种类型。在中国的外资企业主要
fāzhǎnchéng guóyǒu mínyíng hé sīyǒu mínyíng liǎng zhǒng lèixíng. Zài Zhōngguó de wàizī qǐyè zhǔyào

包括外商独资企业和中外合资企业两种。很多世界五百强企业
bāokuò wàishāng dúzī qǐyè hé zhōngwài hézī qǐyè liǎng zhǒng. Hěn duō Shìjiè Wǔbǎi Qiáng qǐyè

在中国都有投资。
zài Zhōngguó dōu yǒu tóuzī.

中国政府的经济政策对企业有很大的影响。国有企业也好，
Zhōngguó zhèngfǔ de jīngjì zhèngcè duì qǐyè yǒu hěn dà de yǐngxiǎng. Guóyǒu qǐyè yě hǎo,

民营企业也好，都需要按照政府的经济政策调整自己的发展
mínyíng qǐyè yě hǎo, dōu xūyào ànzhào zhèngfǔ de jīngjì zhèngcè tiáozhěng zìjǐ de fāzhǎn

计划。因为得到中国政府改革开放政策的鼓励，许多国有企业
jìhuà. Yīnwèi dédào Zhōngguó zhèngfǔ Gǎigé Kāifàng Zhèngcè de gǔlì, xǔduō guóyǒu qǐyè

和民营企业都在积极寻求与外国企业的合作。这也是进入中国
hé mínyíng qǐyè dōu zài jījí xúnqiú yǔ wàiguó qǐyè de hézuò. Zhè yě shì jìnrù Zhōngguó

市场的一个大好机会。
shìchǎng de yí ge dàhǎo jīhuì.

　中国の企業はおおまかに国有企業、民営企業、外資系企業といった数種類に分けることができます。国有企業は中央政府または地方政府が投資し管理しています。国家の支援があるため、国有企業は資金、原料、技術ならびに販売のいずれの面でも一定のアドバンテージを有していますが、少なからぬ国有企業は管理がよくなく、長期的に赤字経営となっているということもあります。中国の民営企業はここ20〜30年の間に急速な発展を遂げており、国有企業の有力なライバルになっています。目下、中国政府は積極的に国有企業の改革を推し進めており、個人や私有企業がそうした採算がよくない国有企業を引き受けたり、リースしたり合併したり、あるいは買収したりすることを奨励しています。この改革の過程において、民営企業は徐々に国有の民営と私有の民営という2つのタイプに発展してきています。中国国内の外資系企業には主として外資単独資本と中外合弁企業という2種類があります。多くの「世界500強」企業が中国に投資をしています。

　中国政府の経済政策は企業に大きな影響を及ぼします。国有企業も民営企業も皆政府の経済政策に応じてみずからの発展計画を調整しなければなりません。中国政府の改革開放政策による奨励を得ているので、多くの国有企業と民営企業はいずれも外国企業との提携を積極的に追い求めています。これはまた中国市場に食い込む絶好の機会ともいえるでしょう。

### 新出単語2　🔊 055

| 企業 | qǐyè | 企業 |
|---|---|---|
| 分为 | fēnwéi | 〜に分かれる、〜に分ける |
| 国有 | guóyǒu | 国有、国有の |
| 民営 | mínyíng | 民営、民営の |
| 外资企業 | wàizī qǐyè | 外資系企業 |
| 外资 | wàizī | 外資 |
| 中央 | zhōngyāng | 中央 |
| 政府 | zhèngfǔ | 政府 |
| 并 | bìng | かつ、しかも |
| 支持 | zhīchí | 支持、支持する |
| 资金 | zījīn | 資金、ファンド |

| | | |
|---|---|---|
| 原料 | yuánliào | 原料 |
| 销售 | xiāoshòu | 販売、販売する |
| 优势 | yōushì | 優勢な、優位 |
| 不少 | bù shǎo | 多くの、たくさんの |
| 不善 | bú shàn | よくない |
| 长期 | chángqī | 長期、長期の |
| 亏损 | kuīsǔn | 赤字、損失 |
| 有力 | yǒulì | 有力な |
| 对手 | duìshǒu | ライバル、相手 |
| 积极 | jījí | 積極的な |
| 推动 | tuīdòng | 推し進める |
| 鼓励 | gǔlì | 奨励する、激励する、励ます |
| 个人 | gèrén | 個人 |
| 私有 | sīyǒu | 私有する、私有の |
| 承包 | chéngbāo | 請け負う、引き受ける |
| 租赁 | zūlìn | リースする、レンタルする |
| 兼并 | jiānbìng | 合併、合併する |
| 购买 | gòumǎi | 買う |
| 效益 | xiàoyì | 効率と利益、利益 |
| 过程 | guòchéng | 過程 |
| 逐渐 | zhújiàn | 徐々に、次第に |
| 独资企业 | dúzī qǐyè | 独資企業、単独出資企業 |
| 合资企业 | hézī qǐyè | 合弁企業 |
| 类型 | lèixíng | タイプ、類型 |
| 调整 | tiáozhěng | 調整する |
| 寻求 | xúnqiú | 探し求める、追い求める |
| 进入 | jìnrù | 入る、参入する |

固有名詞

| | | |
|---|---|---|
| 世界五百强（企业） | Shìjiè Wǔbǎi Qiáng (qǐyè) | 世界500強企業<br>※アメリカの雑誌『フォーチュン』が毎年1回発表している世界の大企業の総収益ランキングベスト500社のこと |

## 1 ～分［为／成］… ⟹ ～は…に分類される

❶ 中国的企业大致可以分为国有企业、民营企业和外资企业几种。

中国の企業はおおまかに国有企業、民営企業そして外資系企業といった数種類に分類できます。

❷ 中国的宾馆分成二星、三星、四星和五星级几种。

中国のホテルは二つ星、三つ星、四つ星そして五つ星という数種類に分類されます。

## 2 ～对…有影响 ⟹ ～は…に影響を［与える／及ぼす］

❶ 中国政府的经济政策对企业有很大的影响。

中国政府の経済政策は企業に対して大きな影響力を及ぼします。

❷ 从国外引进的这条组装线对产品质量有很大的影响。

海外から導入したこの組み立てラインは製品の品質に大きな影響を与えます。

## 3 在～过程中 ⟹ ～の過程において

❶ 在这一改革过程中，民营企业逐渐发展成国有民营和私有民营两种类型。

この改革の過程において、民営企業は徐々に国有下の民営と私有下の民営という2つのタイプに発展していきました。

❷ 美方代表在谈判过程中提出了新的要求。

アメリカ側の代表は商談の過程において、新たな要求を提示してきました。

## 4 ～也好，…也好
### ⟹ ～にしても…にしても、～にせよ…にせよ

❶ 国有企业也好，民营企业也好，都需要按照政府的经济政策调整自己的发展计划。

国有企業にしても民営企業にしても、皆政府の経済政策に照らし合わせてみずからの発展プランを調整しなければなりません。

❷ 新设计的产品也好，传统产品也好，我们都生产。

新しいデザインの製品にせよ、従来からの製品にせよ、私たちはどちらも生産しています。

**❶** 下の日本語を参考に、単語の中からそれぞれ適切なものを選び、空欄を埋めて文を完成させなさい。ただし、単語はそれぞれ1回ずつしか使うことができません。

1.

---

检验　催　车间　批　赶　成品　投放

---

　　参观了组装＿＿＿＿＿以后，我们又参观了＿＿＿＿＿车间。陈厂长告诉我们，正在＿＿＿＿＿的这＿＿＿＿＿产品要＿＿＿＿＿在新年前＿＿＿＿＿市场，所以客户＿＿＿＿＿得很紧。

> 　　組み立て部を見学したあと、私たちは完成品部も見学しました。陳工場長は、現在検収している製品は年明け前に間に合うよう市場に供給しなければならないので、クライアントの催促が厳しいと言いました。

2.

---

效率　引进　进入　先进　印象　迅速　逐渐　寻求　亏损　管理　成本

---

　　过去，因为我们公司的＿＿＿＿＿不善，所以长期＿＿＿＿＿。自从公司从＿＿＿＿＿国家＿＿＿＿＿最新技术以后，我们的生产＿＿＿＿＿就开始提高了，＿＿＿＿＿也＿＿＿＿＿降低了。因为我们给客户的＿＿＿＿＿越来越好了，所以订单也就＿＿＿＿＿增加了。最近不但有外国公司＿＿＿＿＿和我们合作的机会，而且我们也成功地＿＿＿＿＿了国际市场。

> 　　以前、私たちの会社の管理が悪かったので長期的な損失を出しました。会社が先進国から最新の技術を導入してから、私たちの生産効率は上がり始め、コストも急速に低下しました。クライアントからの印象もどんどんよくなったため、オーダーも次第に増加してきました。このごろ海外の企業が提携の機会を求めてくるだけでなく、私たちは国際市場にうまく進出することに成功しました。

# 第 8 課

## 价格谈判 🔊 057
Jiàgé tánpàn

　　今天，中美两家公司要就今年秋季的订单进行谈判。其中，进货的价格和数量是双方谈判的关键。今天的谈判也是史强生和白琳这次来中国的主要目的之一。

## 価格交渉

　　今日、米中双方の会社は今年の秋のオーダーについて交渉を行います。その中で、輸入貨物の価格と数量は双方の交渉のキーポイントになります。今日の商談もまたスミスさんとペティさんが中国にやってきた主な目的の一つです。

史强生: 王总，这两天参观了你们的工厂，也看了不少产品。现在
Wáng zǒng, zhè liǎng tiān cānguānle nǐmen de gōngchǎng, yě kànle bù shǎo chǎnpǐn. Xiànzài
我想听听你们的报盘。
wǒ xiǎng tīngting nǐmen de bàopán.

王国安: 好啊！不知道您对哪些产品感兴趣？
Hǎo a! Bù zhīdào nín duì nǎxiē chǎnpǐn gǎn xìngqù?

史强生: 我想知道贵公司的毛衣和牛仔裤的价格。
Wǒ xiǎng zhīdào guì gōngsī de máoyī hé niúzǎikù de jiàgé.

李信文: 毛衣的价格是每打三百六十美元，牛仔裤每打二百四十
Máoyī de jiàgé shì měi dá sānbǎi liùshí měiyuán, niúzǎikù měi dá èrbǎi sìshí
美元。
měiyuán.

史强生: 您说的价格包括运费吗？
Nín shuō de jiàgé bāokuò yùnfèi ma?

李信文: 是的，价格包括成本和运费。
Shì de, jiàgé bāokuò chéngběn hé yùnfèi.

白琳: 李先生，毛衣的报盘似乎比去年高了百分之十。这是为
Lǐ xiānsheng, máoyī de bàopán sìhū bǐ qùnián gāole bǎi fēn zhī shí. Zhè shì wèi
什么？
shénme?

李信文: 毛衣是我们的新设计。式样和质量都有很大的改进，成本
Máoyī shì wǒmen de xīn shèjì. Shìyàng hé zhìliàng dōu yǒu hěn dà de gǎijìn, chéngběn
也比去年高。我们不得不适当提高价格。
yě bǐ qùnián gāo. Wǒmen bùdébù shìdàng tígāo jiàgé.

白琳: 即使是这样，三百六十美元一打还是贵了一些。我们是
Jíshǐ shì zhèyàng, sānbǎi liùshí měiyuán yì dá háishi guìle yìxiē. Wǒmen shì
老客户了，能不能低一点儿，给百分之五的折扣？
lǎokèhù le, néng bu néng dī yìdiǎnr, gěi bǎi fēn zhī wǔ de zhékòu?

王国安: 百分之五恐怕不行。不过，如果贵公司订购一千打以上，
Bǎi fēn zhī wǔ kǒngpà bùxíng. Búguò, rúguǒ guì gōngsī dìnggòu yìqiān dá yǐshàng,
我们可以给百分之二点五的折扣。
wǒmen kěyǐ gěi bǎi fēn zhī èr diǎn wǔ de zhékòu.

史强生: 嗯，这个价格可以考虑。另外，我认为贵公司的牛仔裤
Ňg, zhège jiàgé kěyǐ kǎolǜ. Lìngwài, wǒ rènwéi guì gōngsī de niúzǎikù
价格也高了一点儿。目前生产牛仔裤的厂家很多，市场
jiàgé yě gāole yìdiǎnr. Mùqián shēngchǎn niúzǎikù de chǎngjiā hěn duō, shìchǎng

竞争很激烈。如果按这个价格进货，我们几乎就没有利润
jìngzhēng hěn jīliè. Rúguǒ àn zhège jiàgé jìnhuò, wǒmen jīhū jiù méiyǒu lìrùn

了。
le.

**李信文:** 可是我们的产品质量是国际公认的，在市场上是有竞争力
Kěshì wǒmen de chǎnpǐn zhìliàng shì guójì gōngrèn de, zài shìchǎng shang shì yǒu jìngzhēnglì

的。
de.

**史强生:** 对！ 正是这个原因，我们才希望从贵公司进货。这样吧，
Duì! Zhèng shì zhège yuányīn, wǒmen cái xīwàng cóng guì gōngsī jìnhuò. Zhèyàng ba,

毛衣和牛仔裤我们各订购两千打，都给百分之三的折扣，
máoyī hé niúzǎikù wǒmen gè dìnggòu liǎngqiān dá, dōu gěi bǎi fēn zhī sān de zhékòu,

怎么样?
zěnmeyàng?

**王国安:** 行！ 这个价格和数量都可以接受。薄利多销嘛。我们一言
Xíng! Zhège jiàgé hé shùliàng dōu kěyǐ jiēshòu. Bólì-duōxiāo ma. Wǒmen yìyán-

为定!
wéidìng!

---

**日本語訳 ■ 交涉成功**

---

**スミス:** 王社長、この2日間あなた方の工場を見学し、多くの製品も見ました。ここであなた方から見積をお伺いしたいのですが。

**王国安:** いいですよ。どちらの製品に関心をお持ちでしょうか？

**スミス:** 御社のセーターとジーンズの価格を知りたいのですが。

**李信文:** セーターの価格は1ダースあたり360ドルで、ジーンズは1ダースあたり240ドルになります。

**スミス:** いまおっしゃった値段はフレート（運賃）込みですか？

**李信文:** そうです。価格はCFR（コスト＋フレート）です。

**ベティ:** 李さん、セーターのオファーは去年より10パーセント高いようです。これはどうしてですか？

**李信文:** セーターはわれわれの新しいデザインです。スタイルと品質を大きく改良し、コストも去年より高くなっています。当方としましてもしかるべき価格に上げざるを得ないのです。

ペティ：そうだとしても、1ダース360ドルというのはやはりちょっと高いですね。私たちは前々からの得意先でしょう、もう少し安くできませんか、5パーセント値引いていただけないでしょうか？

王国安：5パーセントはおそらく無理でしょう。ただ、もし御社が1,000ダース以上発注されるとしたら、2.5パーセントの値引きはできます。

スミス：うん、その値段は考えてみてもいいですね。それと、御社のジーンズの値段もちょっと高いですね。現在、ジーンズを生産しているメーカーさんは多いので、市場の競争も熾烈です。もしこの値段で仕入れたとしたら、私たちにはほとんど利益が残らなくなってしまいます。

李信文：しかし、われわれの製品の品質は国際的にも認められていますから、マーケットでも競争力はありますよ。

スミス：そのとおり！ だからこそ、私たちは御社から仕入れたいと希望しているんです。こうしましょう、セーターとジーンズを私たちはそれぞれ2,000ダースずつオーダーしますから、すべてに3パーセントの値引きをしていただくというのはどうですか？

王国安：いいでしょう。この価格と数量はすべて了承できます。薄利多売ですね。これで決まりです！

白琳：李先生，请问这种皮夹克的报价是多少？
Lǐ xiānsheng, qǐngwèn zhè zhǒng pí jiākè de bàojià shì duōshao?

李信文：皮夹克是我们今年的试销品。为了打开销路，我们准备按
Pí jiākè shì wǒmen jīnnián de shìxiāopǐn. Wèile dǎkāi xiāolù, wǒmen zhǔnbèi àn

每打一千八百美元的特价出售。
měi dá yìqiān bābǎi měiyuán de tèjià chūshòu.

白琳：李先生，您大概不太清楚国际市场目前的行情。您的这个
Lǐ xiānsheng, nín dàgài bú tài qīngchu guójì shìchǎng mùqián de hángqíng. Nín de zhège

价格跟一些世界名牌产品的价格几乎差不多了！
jiàgé gēn yìxiē shìjiè míngpái chǎnpǐn de jiàgé jīhū chàbuduō le!

李信文：白小姐，我相信我们产品的设计和质量不比某些世界名牌
Bái xiǎojiě, wǒ xiāngxìn wǒmen chǎnpǐn de shèjì hé zhìliàng bùbǐ mǒuxiē shìjiè míngpái

产品差。上个月我们和一家日本公司就是按这个价格
chǎnpǐn chà. Shàng ge yuè wǒmen hé yì jiā Rìběn gōngsī jiù shì àn zhège jiàgé

签订了合同。不过，在没有建立知名度以前，我们愿意
qiāndìngle hétong. Búguò, zài méiyou jiànlì zhīmíngdù yǐqián, wǒmen yuànyì

适当降低我们的报价。请问，您的还盘是多少呢？
shìdàng jiàngdī wǒmen de bàojià. Qǐngwèn, nín de huánpán shì duōshao ne?

白琳：如果每打在一千二百美元，我们可以考虑订购一千打。
Rúguǒ měi dá zài yìqiān èrbǎi měiyuán, wǒmen kěyǐ kǎolǜ dìnggòu yìqiān dá.

李信文：一千二百美元一打我们太吃亏了！我们最多降价两百块，
Yìqiān èrbǎi měiyuán yì dá wǒmen tài chīkuī le! Wǒmen zuì duō jiàngjià liǎngbǎi kuài,

一千六百美元一打，怎么样？
yìqiān liùbǎi měiyuán yì dá, zěnmeyàng?

白琳：还是太贵了！如果销路不好，我们就要赔本了。我说，
Háishi tài guì le! Rúguǒ xiāolù bù hǎo, wǒmen jiù yào péiběn le. Wǒ shuō,

咱们双方再各让价两百，一千四百美元一打，好不好？
zánmen shuāngfāng zài gè ràngjià liǎngbǎi, yìqiān sìbǎi měiyuán yì dá, hǎo bu hǎo?

李信文：对不起，一千六是我们的底价，不能再低了。
Duìbuqǐ, yìqiān liù shì wǒmen de dǐjià, bù néng zài dī le.

白琳：真遗憾！看来我们只好另找货源了。
Zhēn yíhàn! Kànlái wǒmen zhǐhǎo lìng zhǎo huòyuán le.

**ベティ:** 李さん、お尋ねしますが、このレザージャケットのオファーはおいくらですか?

**李信文:** レザージャケットはわれわれの今年の試験販売品です。販路を切り開くため、1ダースあたり1,800ドルという特別価格で売り出す予定です。

**ベティ:** 李さん、あなたはおそらく国際マーケットの現在の相場をよくご存知ないのかもしれませんね。この値段では世界の有名ブランド品の値段とほとんど差がありません!

**李信文:** ベティさん、われわれの製品のデザインと品質は世界のいくつかの有名ブランドの製品に劣らないと信じております。先月、われわれは日本のある会社とこの価格で契約を結びました。ただ、知名度を確立するまでは、適度に見積価格を下げたいと思います。そちらのビッドはいくらをお考えですか?

**ベティ:** もしも1ダースあたり1,200ドルだとしたら、1,000ダースのオーダーを考えてもいいのですが。

**李信文:** 1ダースあたり1,200ドルではわれわれは大損をくらってしまいます。最大で200ドル値引きし1,600ドルにできますが、どうでしょうか?

**ベティ:** やっぱり高すぎますよ! もし売れ行きがよくなければ、採算割れになってしまいます。双方がさらに互いに200ドルずつ譲歩して、1ダースあたり1,400ドルというのはいかがですか?

**李信文:** すみません、1,600ドルはわれわれのボトムプライスですから、それ以上は下げられません。

**ベティ:** ほんとうに残念です! どうやら私たちは別のサプライソースを探すほかないようです。

| 新出単語 1 | | | ◀)) 060 |
|---|---|---|---|
| 其中 | qízhōng | その中で | |
| 进货 | jìnhuò | 商品を仕入れる | |
| 数量 | shùliàng | 数量、数 | |
| 关键 | guānjiàn | キーポイント、(要となる)鍵 | |
| 报盘 | bàopán | オファー、見積、値段を提示する | |
| 打 | dá | (数量を表す量詞)ダース ※発音は第2声 | |

| 运费 | yùnfèi | 運賃、フレート |
|---|---|---|
| 改进 | gǎijìn | 改良する、改善する、改良、改善 |
| 不得不 | bùdébù | ～せざるを得ない |
| 适当 | shìdàng | 適当な、適切な |
| 折扣 | zhékòu | 値引き、ディスカウント |
| 恐怕 | kǒngpà | （否定的な結果を予測して）おそらく |
| 不行 | bùxíng | だめだ、いけない、許されない |
| 以上 | yǐshàng | ～以上、～より上 |
| 考虑 | kǎolǜ | 考慮する |
| 激烈 | jīliè | 激烈な、熾烈な |
| 几乎 | jīhū | ほとんど、（数量や状況等が）～ に近い |
| 利润 | lìrùn | 利潤、利益 |
| 公认 | gōngrèn | 公認する、皆が認める |
| 竞争力 | jìngzhēnglì | 競争力 |
| 接受 | jiēshòu | 受け入れる |
| 薄利多销 | bólì-duōxiāo | 薄利多売 |
| 一言为定 | yìyán-wéidìng | これで決まりです、<br>一度約束したからには反故にしない |
| 失败 | shībài | 失敗、失敗する |
| 皮夹克 | pí jiākè | レザージャケット |
| 报价 | bàojià | オファー、値段を提示する |
| 销路 | xiāolù | 販路、売れ行き |
| 特价 | tèjià | 特価、特別価格 |
| 出售 | chūshòu | 販売する、売り出す |
| 名牌 | míngpái | 有名ブランド |
| 差不多 | chàbuduō | ほとんど同じである |
| 某些 | mǒuxiē | ある種の、いくつかの、いくらかの |
| 某 | mǒu | ある、特定の |
| 知名度 | zhīmíngdù | 知名度 |
| 还盘 | huánpán | ビッド、カウンターオファー |
| 降价 | jiàngjià | 値段を下げる |
| 赔本 | péiběn | 元手を割る、採算割れ |
| 让价 | ràngjià | 値を下げる、値引きする |
| 底价 | dǐjià | 底値、ボトムプライス |
| 遗憾 | yíhàn | 残念である、遺憾である |
| 货源 | huòyuán | サプライソース、仕入れ先 |

## 1 就〜［进行 / 举行］［谈判 / 会谈 / 洽谈］
➡️ 〜について［交渉／会談／商談］をする

❶ 今天，中美两家公司要就今年秋季的订单进行谈判。
今日、米中双方の会社は今年の秋シーズンのオーダーについて交渉をしなければなりません。

❷ 中美政府就两国关系举行了会谈。
米中両政府は両国関係について会談を行いました。

## 2 不得不〜 ➡️ 〜せざるを得ない、〜しないわけにはいかない

❶ 我们不得不适当提高价格。
私たちは適度に値段を上げざるを得ません。

❷ 你们的报盘太高，我们不得不另找货源。
貴方のオファーは高すぎますから、われわれは別のサプライソースを見つけなくてはなりません。

## 3 即使〜还是… ➡️ たとえ〜であってもやはり…だ

※仮定や譲歩を表す文型。前半部分の条件があったとしても、結果はやはり後半部分だという意味。

❶ 即使是这样，三百六十美元一打还是贵了一些。
たとえそうであっても、1ダースあたり360ドルという値段はやはり少し高いです。

❷ 即使有百分之三的折扣，这个价格还是不便宜。
たとえ3パーセントの値引きがあったとしても、この値段はやはり安くありません。

## 4 A 不比 B 〜
➡️ AはBより〜だというわけでもない、AはBとたいして変わらない

※この中国語の表現は比較的難しい。通常、〜の部分には形容詞が入るが、肯定的な意味合いよりも否定的な意味合いのものが多い。

❶ 我们产品的设计和质量不比某些世界名牌产品差。
私たちの製品のデザインと品質はどこかの世界的ブランドと比べて劣っているというわけではありません（→同じくらいのレベルだ）。

❷ 那家公司的报价不比我们的低。
あの会社の見積価格は弊社より安いというわけではありません（→さほど安くはない）。

　　做生意、谈买卖总是要讨价还价。"漫天要价"的说法固然
Zuò shēngyi、tán mǎimai zǒngshì yào tǎojià-huánjià. "Màntiān-yàojià" de shuōfǎ gùrán
有一点儿夸张，不过它的确说明了中国人讨价还价的本领。
yǒu yìdiǎnr kuāzhāng, búguò tā díquè shuōmíngle Zhōngguórén tǎojià-huánjià de běnlǐng.
　　一场商业谈判的成功，常常取决于细心和耐心。开始谈判
Yì cháng shāngyè tánpàn de chénggōng, chángcháng qǔjué yú xìxīn hé nàixīn. Kāishǐ tánpàn
以前，认真调查市场行情，细心比较各种商品的价格，做好
yǐqián, rènzhēn diàochá shìchǎng hángqíng, xìxīn bǐjiào gèzhǒng shāngpǐn de jiàgé, zuòhǎo
谈判的一切准备，这些都是取得成功的基本条件。不过，
tánpàn de yíqiè zhǔnbèi, zhèxiē dōu shì qǔdé chénggōng de jīběn tiáojiàn. Búguò,
外国人到中国做生意，常常会遇到一些想不到的问题。这不但
wàiguórén dào Zhōngguó zuò shēngyi, chángcháng huì yùdào yìxiē xiǎng bu dào de wèntí. Zhè búdàn
是因为文化和习惯的不同，也是因为社会制度、经济制度的
shì yīnwèi wénhuà hé xíguàn de bù tóng, yě shì yīnwèi shèhuì zhìdù, jīngjì zhìdù de
不同。一个善于谈判的好手非得有耐心不可。只要你愿意理解
bù tóng. Yí ge shànyú tánpàn de hǎoshǒu fēi děi yǒu nàixīn bùkě. Zhǐyào nǐ yuànyì lǐjiě
对方，耐心地和对方交流、沟通，总能找到解决问题的办法。
duìfāng, nàixīn de hé duìfāng jiāoliú, gōutōng, zǒng néng zhǎodào jiějué wèntí de bànfǎ.
你在中国的生意也一定会成功。
Nǐ zài Zhōngguó de shēngyi yě yídìng huì chénggōng.

---

**日本語訳** ■ 値段の駆け引き

　取引をしたり、商談をしたりするというのは、つまるところは値段の駆け引き
をするということです。「法外な値段を吹きかける」という言い方は少し誇張で
はありますが、これは確かに中国人の値段の駆け引きの腕前を説明しています。
　一つの商談の成功は常に注意深さと忍耐力にかかっています。商談を始める前
に、真剣に市場の相場を調査し、注意深くさまざまな商品の価格を比較し、商談
の一切の準備をしっかりしておくこと、これらは皆成功を勝ち取る基本的な条件
です。ただ、外国人が中国で商売をする際、しょっちゅう予想もしない問題にぶ
つかるでしょう。これは文化や習慣が異なるからという理由だけではなく、社会
制度や経済制度が異なるからでもあります。商談に長けたやり手は忍耐力を持っ
ていなければいけません。相手方を理解したいと願い、辛抱強く相手と交流し
て意思の疎通を図れば、きっと問題を解決する方法を見つけ出すことができるで
しょう。中国におけるビジネスもきっと成功するに違いありません。

| 讨价还价 | tǎojià-huánjià | 値段の駆け引きをする |
|---|---|---|
| 买卖 | mǎimai | 売買、商売 |
| 漫天要价 | màntiān-yàojià | 法外な値段を吹きかける（＝漫天讨价） |
| 说法 | shuōfǎ | 言い方 |
| 固然 | gùrán | 確かに、もとより |
| 夸张 | kuāzhāng | 誇張、誇張する |
| 的确 | díquè | 確かに |
| 本领 | běnlǐng | 腕前、才能、能力 |
| 取决 | qǔjué | 〜によって決まる、〜にかかっている（よく"取决于"という形で使う） |
| 细心 | xìxīn | 注意深さ、細心である |
| 耐心 | nàixīn | 辛抱強さ、忍耐力、辛抱強い |
| 调查 | diàochá | 調査をする、調査 |
| 制度 | zhìdù | 制度 |
| 善于 | shànyú | 〜に長けた、〜に秀でた |
| 好手 | hǎoshǒu | やり手、腕利き |
| 非〜不可 | fēi〜bùkě | 〜でなければならない、〜しなければならない |
| 理解 | lǐjiě | 理解する |
| 交流 | jiāoliú | 交流する、考えや情報を交換する |
| 沟通 | gōutōng | 意思を疎通させる |

# 1 固然～不过…

### ⟹ 確かに～ではあるが…だ、むろん～ではあるが…だ

※前半部分の内容を肯定・承認したうえで、後半部分でそれとは違う見方・評価をする言い方。

❶ 这种说法固然有一点儿夸张，不过它的确说明了中国人讨价还价的本领。

このような言い方は確かに少し誇張ではありますが、それは中国人の値段の駆け引きの腕前を的確に説明しています。

❷ 您的产品固然不错，不过价格贵了一些。

あなたの製品は確かに素晴らしいですが、値段はやはりちょっと高いです。

# 2 取决于～ ⟹ ～によって決まる、～次第だ

❶ 一场商业谈判的成功，常常取决于细心和耐心。

一つの商談の成否は、しばしば注意深さと忍耐力によって決まります。

❷ 我们这次能订购多少，完全取决于市场行情。

私たちが今回どのくらい発注できるかは、完全にマーケットの市況次第です。

# 3 善于～ ⟹ ～に長けた、～がじょうずだ

❶ 一个善于谈判的好手非得有耐心不可。

商談に長けたやり手には忍耐力がなければなりません。

❷ 李经理非常善于跟外国人做生意。

李副社長は外国人とビジネスをするのがとてもじょうずです。

# 4 非～不可 ⟹ ～でなければならない、～しなければならない

※上の 3 の例文①のように"非得～不可"という言い方もできる。

❶ 如果你想买到又便宜又好的东西，你非得多看几家商店不可。

もし安くて品質のよい物を買いたいと思うなら、いくつものお店を見て回らなければなりません。

❷ 明天我非要问他这个问题不可！

明日私は彼にこのことを問い詰めなければなりません！

## 練習問題

**1** 第8課で学習した文型を使い、空欄を埋めて文を完成させなさい。ただし、単語はそれぞれ1回ずつしか使うことができません。

> 取决于　非　不得不　即使　不可　固然

1. _____贵公司的产品是世界知名品牌，价格还是贵了一些。

2. 如果想要让对方多订购一些我们的产品，我们_____降低价格_____。

3. _____这种产品的式样和质量都有了改进，不过价格贵了一些。

4. 怎样建立产品的知名度，常常_____电视广告的内容。

5. 因为贵公司的报价太高，我们_____选择其他厂商。

**2** 下の日本語を参考に、単語の中から適切なものを選び、空欄を埋めて文を完成させなさい。ただし、単語はそれぞれ1回ずつしか使うことができません。

> 让价　底价　漫天要价　讨价还价　赔本　报价　特价　货源　行情　竞争力

1. 这些名牌今天都是_____，我们快去买吧。
（これらの有名ブランドが今日はすべて特別価格なので、早く買いに行きましょうよ。）

2. 有人很会_____，使商人不得不给他打折。
（ある人は値段の駆け引きが得意で、商人にも値引きせざるを得なくさせます。）

3. 王经理，这是我们的_____了。如果再_____的话，我们就要_____了！
（王社長、これは私たちのボトムプライスです。もしさらに値引きをしたら私たちは採算割れになります！）

4. 按国际市场这种产品的_____，贵公司的_____完全没有_____。
（国際市場でのこのような製品の相場に基づくと、御社のオファーはまったく競争力がありません。）

5. 如果您这样_____的话，我们只好另找_____了。
（あなたがそのように値段を吹っかけてくるなら、私たちはほかのサプライソースを探すしかありません。）

# 第 9 課

## 交货和付款 🔊 065
Jiāohuò hé fùkuǎn

　　通过前两天的洽谈，中美双方已经初步商定了新订单。现在，交货时间和付款方式是他们最关心的问题。今天上午双方要就这些问题举行进一步的会谈。

## デリバリーと支払い

　　ここ 2 日間の商談を通じて、米中双方はすでに新しいオーダーについて初歩的な取り決めをしました。今は納期と支払い方式が彼らの最も気がかりな問題です。今日の午前中に双方はこれらの問題についてさらに話し合いをしなければなりません。

史强生: 我想今天我们应该讨论这批订单的交货时间问题。
Wǒ xiǎng jīntiān wǒmen yīnggāi tǎolùn zhè pī dìngdān de jiāohuò shíjiān wèntí.

李信文: 好。不知道您对交货时间有什么具体要求?
Hǎo. Bù zhīdào nín duì jiāohuò shíjiān yǒu shénme jùtǐ yāoqiú?

史强生: 您知道服装的季节性很强。这次我们向贵公司订购的毛衣
Nín zhīdào fúzhuāng de jìjiéxìng hěn qiáng. Zhè cì wǒmen xiàng guì gōngsī dìnggòu de máoyī

和牛仔裤,都要在今年秋季投放市场。李先生,您能在
hé niúzǎikù, dōu yào zài jīnnián qiūjì tóufàng shìchǎng. Lǐ xiānsheng, nín néng zài

八月上旬交货吗?
bāyuè shàngxún jiāohuò ma?

李信文: 八月上旬? 史先生,您不是开玩笑吧? 去年我们是九月
Bāyuè shàngxún? Shǐ xiānsheng, nín bú shì kāi wánxiào ba? Qùnián wǒmen shì jiǔyuè

才交货的。我们目前的生产计划已经安排满了。
cái jiāohuò de. Wǒmen mùqián de shēngchǎn jìhuà yǐjīng ānpáimǎn le.

史强生: 【认真地】不是开玩笑。九月、十月是毛衣的销售旺季。
【rènzhēn de】Bú shì kāi wánxiào. Jiǔyuè、shíyuè shì máoyī de xiāoshòu wàngjì.

去年我们的商品比别人晚进入市场两个星期,结果吃了亏。
Qùnián wǒmen de shāngpǐn bǐ biérén wǎn jìnrù shìchǎng liǎng ge xīngqī, jiéguǒ chī le kuī.

今年我可不想再错过机会了。
Jīnnián wǒ kě bù xiǎng zài cuòguò jīhuì le.

李信文: 可是要我们马上调整生产计划、增加产量确实有困难。
Kěshì yào wǒmen mǎshàng tiáozhěng shēngchǎn jìhuà、zēngjiā chǎnliàng quèshí yǒu kùnnan.

白琳: 李先生,我知道这个交货时间的确是紧了一些,可是我们
Lǐ xiānsheng, wǒ zhīdào zhège jiāohuò shíjiān díquè shì jǐn le yìxiē, kěshì wǒmen

也有我们的难处啊。李先生,咱们是老朋友了,请您
yě yǒu wǒmen de nánchù a. Lǐ xiānsheng, zánmen shì lǎopéngyou le, qǐng nín

帮帮忙、想想办法吧。
bāngbangmáng、xiǎngxiang bànfǎ ba.

李信文: 白小姐,我是想帮您的忙,也想帮自己的忙,可是要提前
Bái xiǎojiě, wǒ shì xiǎng bāng nín de máng, yě xiǎng bāng zìjǐ de máng, kěshì yào tíqián

一个多月交货实在不太容易。
yí ge duō yuè jiāohuò shízài bú tài róngyì.

白琳: 我有一个想法。我们能不能把这些服装分成两次交货?
Wǒ yǒu yí ge xiǎngfǎ. Wǒmen néng bu néng bǎ zhèxiē fúzhuāng fēnchéng liǎng cì jiāohuò?

八月上旬交一半,九月上旬交另外一半。Johnson, 你觉得
Bāyuè shàngxún jiāo yíbàn, jiǔyuè shàngxún jiāo lìngwài yíbàn.　　　　nǐ　juéde

行吗？
xíng ma?

史强生：嗯，这是一个解决的办法。李先生，您说呢？
Ng, zhè shì yí ge jiějué de bànfǎ. Lǐ xiānsheng, nín shuō ne?

李信文：让我考虑考虑……我得给王总打个电话。我们先休息一下儿
Ràng wǒ kǎolükǎolü……wǒ děi gěi Wáng zǒng dǎ ge diànhuà. Wǒmen xiān xiūxi yíxiàr

吧？
ba?

史强生、白琳：好！
Hǎo!

---

**日本語訳 ■ 納期**

---

スミス：今日、私たちは今回のオーダーの納期について話し合わないといけないと思います。

李信文：わかりました。そちらには納期について具体的な要求がおありですか？

スミス：ファッションは季節性が強いことをよくご存知でしょう。今回私たちが御社に発注するセーターとジーンズは、すべて今年の秋にマーケットに投入する予定です。李さん、8月上旬に引き渡していただくことはできますか？

李信文：8月上旬ですか？ スミスさん、冗談をおっしゃっているんじゃないでしょうね。去年、われわれは9月にようやく引き渡しができたんですよ。われわれの現在の生産計画はすでにいっぱいです。

スミス：【真面目に】冗談を言っているわけではありません。9月、10月はセーターの販売シーズンです。去年、私たちの商品はほかの会社より市場に入れるのが2週間遅かった結果、損をしてしまいました。今年こそはもうチャンスを逃したくないのです。

李信文：しかし、すぐに生産計画を調整して生産量を増やすことは、ほんとうに難しいんですよ。

ベティ：李さん、この納期がちょっときついということは私も承知していますが、私たちにも私たちなりの苦労があるんです。李さん、私たちは老朋友でしょ、助けてくださいよ、何か方法を考えていただけないでしょうか？

**李信文**：ペティさん、私はあなたを助けたいと思っているし、自分自身も助けたいと思っていますが、1カ月以上も繰り上げて引き渡すというのはほんとうに簡単なことじゃないんです。

**ペティ**：私に一つアイデアがあります。これらの衣料品を2回に分けてデリバリーできないでしょうか？8月の上旬に半分を引き渡し、9月上旬に残りの半分を引き渡すというのは。ジョンソン、大丈夫だと思いますか？

**スミス**：うん。これは問題解決の一つの方法ですね。李さん、どうです？

**李信文**：ちょっと考えさせてください…王社長に電話をしてみないといけません。このへんでまずはちょっと休憩しませんか？

**スミス、ペティ**：そうしましょう。

════════════ あ わ せ て 覚 え た い ════════════

## 重要な専門用語①

**信用証：L/C、信用状**

　　そのまま「エル・シー」と呼ばれることが一般的です。輸入者側の銀行（開設銀行）から輸出者側の銀行（通知銀行）に対して発行するレターによって輸出業者（シッパー）は輸出代金を回収することができます。

**付款交単：D/P**

　　通常「ディー・ピー」と呼ばれます。輸入者は、荷為替手形に対して代金を支払うことで船積み書類を入手します。この決済方法だと輸出者にとっては代金回収リスクが小さいため安心です。逆に輸入者にとっては商品を引き取る前に代金を支払う必要があるため、資金的に負担のかかる決済方法となります。

**承兑交単：D/A**

　　通常「ディー・エー」といわれています。荷為替手形の引き受けによって船積み書類を引き渡す条件です。輸入者が支払いを約束した時点で船積み書類を渡します。輸入者にとっては有利ですが、輸出者にとっては輸入者が結果的に代金を支払わないまま商品だけ受け取ってしまうというリスクが存在します。そのため、輸出者は輸入者がよほど信頼できる相手でない限りこの条件は飲みません。

李信文: 对不起，让你们久等了。刚才我跟王总联系了一下儿。
Duìbuqǐ, ràng nǐmen jiǔděng le. Gāngcái wǒ gēn Wáng zǒng liánxìle yíxiàr.

我们可以接受分两次交货的安排……
Wǒmen kěyǐ jiēshòu fēn liǎng cì jiāohuò de ānpái……

史强生: 那太好了！ 谢谢！
Nà tài hǎo le! Xièxie!

李信文: 不过，我必须说明我们对付款方式的要求。
Búguò, wǒ bìxū shuōmíng wǒmen duì fùkuǎn fāngshì de yāoqiú.

史强生: 当然，我也很关心这个问题。请问，贵公司打算采用哪种
Dāngrán, wǒ yě hěn guānxīn zhège wèntí. Qǐngwèn, guì gōngsī dǎsuàn cǎiyòng nǎ zhǒng

方式？
fāngshì?

李信文: 我们一般采用信用证付款方式。但是这次贵方要求提前
Wǒmen yìbān cǎiyòng xìnyòngzhèng fùkuǎn fāngshì. Dànshì zhè cì guìfāng yāoqiú tíqián

交货，这对我们的资金周转有一定影响，所以我们要求贵
jiāohuò, zhè duì wǒmen de zījīn zhōuzhuǎn yǒu yídìng yǐngxiǎng, suǒyǐ wǒmen yāoqiú guì

公司预付百分之三十的货款，其余的货款采用即期信用证。
gōngsī yùfù bǎi fēn zhī sānshí de huòkuǎn, qíyú de huòkuǎn cǎiyòng jíqī xìnyòngzhèng.

史强生: 百分之三十的预付货款，我可以通过美国花旗银行电汇给
Bǎi fēn zhī sānshí de yùfù huòkuǎn, wǒ kěyǐ tōngguò Měiguó Huāqí Yínháng diànhuì gěi

您。 其余的货款，我们是不是可以采用承兑交单或者其他
nín. Qíyú de huòkuǎn, wǒmen shì bu shì kěyǐ cǎiyòng chéngduì jiāodān huòzhě qítā

的分期付款方式？
de fēnqī fùkuǎn fāngshì?

李信文: 很抱歉，我们目前不接受这些付款方式。为了不影响交货
Hěn bàoqiàn, wǒmen mùqián bù jiēshòu zhèxiē fùkuǎn fāngshì. Wèile bù yǐngxiǎng jiāohuò

时间，请您务必在装运前三十天开出信用证。
shíjiān, qǐng nín wùbì zài zhuāngyùn qián sānshí tiān kāichū xìnyòngzhèng.

白琳: 李先生，您可真厉害！ 说到钱，您一点儿情面也不讲！
Lǐ xiānsheng, nín kě zhēn lìhai! Shuōdào qián, nín yìdiǎnr qíngmiàn yě bù jiǎng!

李信文: 【笑】您没听过这样一句中国话吗？ "亲兄弟，明算账"
【xiào】Nín méi tīngguo zhèyàng yí jù Zhōngguóhuà ma? "Qīn xiōngdì, míng suàn zhàng"

嘛！
ma!

白琳: 【笑】不对！ 您这是"一手交钱，一手交货"！
【xiào】Bú duì! Nín zhè shì "yì shǒu jiāo qián, yì shǒu jiāohuò"!

**李信文:** すみません、お待たせしました。たったいま、王社長と連絡を取りました。2回に分けて商品を引き渡す手配をすることをお引き受けしましょう。

**スミス:** それはよかった！ ありがとうございます！

**李信文:** ただ、どうしても支払い方式に対する要求を提示しなければなりません。

**スミス:** 当然です、私もその問題について気になっています。御社はどのような方式を採用されるおつもりでしょうか？

**李信文:** われわれは一般にL/Cを採用しています。しかし今回貴方は引き渡しの前倒しを要求されていますので、そのことがわれわれの資金繰りに一定の影響を及ぼすことになります。そこで当方としましては、御社が商品代金の30パーセントを前払いし、残りの商品代金についてはL/C at Sightを採用されることを要求したいと思います。

**スミス:** 30パーセントの前払い金については、アメリカのシティバンクを通じて電信送金できます。残りの商品代金については、D/Aあるいはそのほかの分割支払い方式を採用することはできないでしょうか？

**李信文:** 申し訳ありませんが、目下そのような支払い方式を引き受けることはできません。納期に影響が出ないよう、必ず船積みの30日前までにL/Cをオープンしてください。

**ペティ:** 李さん、あなたはほんとうにやり手ですね！ いざお金のことになると、ちっとも情に左右されないんですね！

**李信文:** 【笑】こういう中国語をお聞きになったことはありませんか？「実の兄弟でも勘定は赤の他人」ってね。

**ペティ:** 【笑】いえ、あなたのやり方は「片手でお金を受け取って片手で物を渡す（お金と引き換えでないと品物は渡さない）」ですね。

| 新出単語 1 | | | ◀)) 068 |
|---|---|---|---|
| 付款 | fùkuǎn | 決済、支払い、決済する | |
| 商定 | shāngdìng | 話し合いを経て決める | |
| 方式 | fāngshì | 方式、方法 | |
| 进一步 | jìnyíbù | さらに、いっそう | |
| 季节性 | jìjiéxìng | 季節性、シーズンの | |
| 季节 | jìjié | 季節 | |
| 强 | qiáng | 強い | |

| | | |
|---|---|---|
| 上旬 | shàngxún | 上旬 |
| 旬 | xún | 毎月の 10 日間の区切り |
| 旺季 | wàngjì | 盛んな時期、忙しい時期、最盛期 |
| 错过 | cuòguò | （チャンスを）逃す、（人と）すれ違う |
| 难处 | nánchù | 困難、苦労、悩み |
| 提前 | tíqián | 前もって、早める、繰り上げる |
| 实在 | shízài | ほんとうに |
| 想法 | xiǎngfǎ | 考え、考え方 |
| 分成 | fēnchéng | 〜に分ける |
| 采用 | cǎiyòng | 採用する |
| 信用证 | xìnyòngzhèng | L/C（Letter of Credit）、信用状 |
| 信用 | xìnyòng | 信用 |
| 资金周转 | zījīn zhōuzhuǎn | 資金繰り |
| 预付 | yùfù | 前払い、前払いする |
| 货款 | huòkuǎn | 商品代金 |
| 其余 | qíyú | そのほかの、残りの |
| 即期信用证 | jíqī xìnyòngzhèng | L/C at Sight |
| 电汇 | diànhuì | 電信為替、T/T Remittance |
| 承兑交单 | chéngduì jiāodān | D/A（Document against Acceptance） |
| 分期付款 | fēnqī fùkuǎn | 分割払い |
| 抱歉 | bàoqiàn | 申し訳なく思う |
| 务必 | wùbì | 必ず、きっと〜しなければならない |
| 装运 | zhuāngyùn | 船積みする、積み込んで輸送する |
| 开出 | kāichū | L/C をオープンする、<br>（手形や小切手を）振り出す |
| 厉害 | lìhai | ひどい、手ごわい、すごい |
| 说到 | shuōdào | 〜に話が及ぶ（と）、〜について言えば |
| 不讲情面 | bù jiǎng qíngmiàn | 情に左右されない、相手の気持ちを考慮しない |
| 情面 | qíngmiàn | よしみ、相手の顔 |
| 亲兄弟，明算账 | qīn xiōngdì, míng suàn zhàng | 実の兄弟でも勘定は赤の他人 |
| 一手交钱，一手交货 | yì shǒu jiāo qián, yì shǒu jiāo huò | 代金を入手したときにはじめて商品を引き渡す |

| 固有名詞 | | |
|---|---|---|
| 花旗银行 | Huāqí Yínháng | シティバンク |

## ■1 （你）对～有什么要求？

**⟹（あなたは）～に対してどのような要求がありますか？**

**❶ 您对交货时间有什么具体要求？**
あなたは納期についてどのような具体的な要求がございますか？

**❷ 请问，贵公司对我们的产品质量还有什么要求？**
お尋ねしますが、御社ではわれわれの製品の品質に対してさらにどのようなご要望がおありですか？

--------------------------------------------

## ■2 （你）不是～吧？

**⟹（あなたは）～ではないでしょうね？**

**❶ 您不是开玩笑吧？**
あなたはご冗談をおっしゃっているのではないでしょうね？

**❷ 那家公司不是把我们的订单忘了吧？**
あの会社はわれわれのオーダーのことを忘れてしまったのではないでしょうね？

--------------------------------------------

## ■3 A 比 B［早／晚］＋〔動詞〕＋〔時間〕

**⟹ A は B よりも〔時間〕［早く／遅く］〔動詞〕する**

**❶ 去年我们的商品比别人晚进入市场两个星期。**
去年、われわれの商品は他社よりも 2 週間遅くマーケットに投入されました。

**❷ 对不起，日本公司的报盘比您的报盘早到了几天，我们已经签订了合同。**
すみません、日本の企業からのオファーの方があなたよりも数日早く来ましたので、われわれはすでに契約を取り交わしてしまいました。

--------------------------------------------

## ■4 把～分成…

**⟹～を…に分ける**

※～の部分には対象となる目的語が入る。

**❶ 我们能不能把这些服装分成两次交货？**
われわれはこれらの衣料品を 2 回に分けて納品することはできないでしょうか。

**❷ 我们可以采用分期付款的方式，把这批货款分成六个月付。**
われわれは、分割払い方式を採用し、この商品代金を 6 カ月に分けて支払うことができます。

--------------------------------------------

中国的国家中央银行是中国人民银行。全国性的商业
Zhōngguó de guójiā zhōngyāng yínháng shì Zhōngguó Rénmíng Yínháng. Quánguóxìng de shāngyè

银行主要分成两大类型：一类是国有商业银行，它们是中国
yínháng zhǔyào fēnchéng liǎng dà lèixíng: Yí lèi shì guóyǒu shāngyè yínháng, tāmen shì Zhōngguó

工商银行、中国建设银行、中国农业银行和中国银行，
Gōngshāng Yínháng, Zhōngguó Jiànshè Yínháng, Zhōngguó Nóngyè Yínháng hé Zhōngguó Yínháng,

又称"四大行"；另一类是股份制商业银行，重要的有招商
yòu chēng "sì dà háng"; Lìng yí lèi shì gǔfènzhì shāngyè yínháng, zhòngyào de yǒu Zhāoshāng

银行、交通银行、浦发银行等等。外国人到中国做生意，往往
Yínháng, Jiāotōng Yínháng, Pǔfā Yínháng děngděng. Wàiguórén dào Zhōngguó zuò shēngyi, wǎngwǎng

都会跟这些银行中的某一家打交道。
dōu huì gēn zhèxiē yínháng zhōng de mǒu yì jiā dǎ jiāodao.

中国的法定货币是人民币。它的单位分为元、角、分三种。
Zhōngguó de fǎdìng huòbì shì rénmínbì. Tā de dānwèi fēnwéi yuán, jiǎo, fēn sān zhǒng.

一元等于十角，一角等于十分。人民币的面值一共有十三种：
Yì yuán děngyú shí jiǎo, yì jiǎo děngyú shí fēn. Rénmínbì de miànzhí yígòng yǒu shísān zhǒng:

分为一百元、五十元、二十元、十元、五元、二元、一元、五角、
Fēnwéi yìbǎi yuán, wǔshí yuán, èrshí yuán, shí yuán, wǔ yuán, èr yuán, yì yuán, wǔ jiǎo,

二角、一角、五分、二分和一分。不过有些面值的人民币已经
èr jiǎo, yì jiǎo, wǔ fēn, èr fēn hé yì fēn. Búguò yǒuxiē miànzhí de rénmínbì yǐjīng

很少使用了。目前，人民币仅限于中国国内流通使用。在对外
hěn shǎo shǐyòng le. Mùqián, rénmínbì jǐn xiànyú Zhōngguó guónèi liútōng shǐyòng. Zài duìwài

贸易中，中外双方一般使用美元、日元、欧元、英镑等国际
màoyì zhōng, zhōngwài shuāngfāng yìbān shǐyòng měiyuán, rìyuán, ōuyuán, yīngbàng děng guójì

通行的硬通货进行结算；使用汇付、托收、信用证等国际通行
tōngxing de yìngtōnghuò jìnxíng jiésuàn; Shǐyòng huìfù, tuōshōu, xìnyòngzhèng děng guójì tōngxing

的方式支付货款。2001 年，中国正式加入世界贸易组织。随着
de fāngshì zhīfù huòkuǎn. Èr líng líng yī nián, Zhōngguó zhèngshì jiārù Shìjiè Màoyì Zǔzhī. Suízhe

经济的迅速发展和金融改革，中国开始尝试在国际贸易中用
jīngjì de xùnsù fāzhǎn hé jīnróng gǎigé, Zhōngguó kāishǐ chángshì zài guójì màoyì zhōng yòng

人民币结算。不少中国商业银行都已进入了海外金融市场。
rénmínbì jiésuàn. Bù shǎo Zhōngguó shāngyè yínháng dōu yǐ jìnrùle hǎiwài jīnróng shìchǎng.

2015 年国际货币基金组织宣布人民币成为它的国际储备货币。
Èr líng yī wǔ nián Guójì Huòbì Jījīn Zǔzhī xuānbù rénmínbì chéngwéi tā de guójì chǔbèi huòbì.

人民币国际化的步伐正在逐渐加快。
Rénmínbì guójìhuà de bùfá zhèngzài zhújiàn jiākuài.

中国の中央銀行は中国人民銀行です。全国的な商業銀行は大きく2種類に分けられます。一つは国有の商業銀行で、中国工商銀行、中国建設銀行、中国農業銀行、中国銀行があり、「四大銀行」とも呼ばれます。もう一つは株式制の商業銀行で、重要なものとして招商銀行、交通銀行、浦東発展銀行などがあります。外国人が中国でビジネスをする場合、往々にしてこれらの銀行の中のどこかと付き合うことになるでしょう。

中国の法定通貨は人民元です。その単位は元、角、分の3種類です。1元は10角、1角は10分に相当します。人民元の額面は全部で13種類あり、それぞれ100元、50元、20元、10元、5元、2元、1元、5角、2角、1角、5分、2分、1分です。ただ、一部の額面の人民元は、すでにあまり使われなくなりました。現在、人民元は中国国内においてのみ流通しています。国際貿易においては、中国側と外国側はどちらも一般に米ドル、日本円、ユーロ、ポンドなどの国際的に通用しているハードカレンシーで決済を行っています。その方法としては、送金や代金取り立て、L/C決済など国際的に通用する方式で商品代金の支払いを行っています。2001年に中国は正式に世界貿易機関（WTO）に加盟しました。経済の急速な発展と金融改革に従って、中国は国際貿易において人民元での決済を試行し始めました。多くの中国の商業銀行はすでに海外の金融市場に参入しています。2015年国際通貨基金（IMF）は人民元をその国際準備通貨にすることを宣言しました。人民元の国際化のステップは現在次第に加速しています。

| 新出単語 2 | | 🔊 071 |
|---|---|---|
| 全国性 | quánguóxìng | 全国的な |
| 类 | lèi | タイプ、種類 |
| 称 | chēng | ～と称する、～と呼ぶ |
| 股份制 | gǔfènzhì | 株式制 |
| 往往 | wǎngwǎng | 往々にして |
| 打交道 | dǎ jiāodao | 付き合う、関係を持つ |
| 法定 | fǎdìng | 法定、法定の |
| 货币 | huòbì | 通貨、貨幣 |
| 单位 | dānwèi | （度量衡の）単位 |
| 等于 | děngyú | ～に等しい |

| 面值 | miànzhí | 額面、額面価格 |
| 限于 | xiànyú | 限られる、限定される |
| 国内 | guónèi | 国内、国内の |
| 流通 | liútōng | 通用する、流通する |
| 对外 | duìwài | 対外的な、対外的に |
| 日元 | rìyuán | 日本円 |
| 欧元 | ōuyuán | ユーロ |
| 英镑 | yīngbàng | ポンド |
| 通行 | tōngxíng | 通用する |
| 硬通货 | yìngtōnghuò | ハードカレンシー、国際決済通貨 |
| 结算 | jiésuàn | 決済、決済する、決算する |
| 汇付 | huìfù | （外国送金方式による）支払い、<br>（外国送金方式によって）支払う |
| 托收 | tuōshōu | 代金の取り立て |
| 支付 | zhīfù | 支払い、支払う |
| 加入 | jiārù | 加盟する、加入する |
| 随着 | suízhe | ～するに従って、～につれて |
| 金融 | jīnróng | 金融 |
| 尝试 | chángshì | 試行する、試してみる |
| 海外 | hǎiwài | 海外、海外の |
| 宣布 | xuānbù | 宣言する |
| 储备 | chǔbèi | 備蓄する、蓄える |
| 储备货币 | chǔbèi huòbì | 準備通貨 |
| 国际化 | guójìhuà | 国際化 |
| 步伐 | bùfá | 足取り、テンポ、ステップ |
| 加快 | jiākuài | 速める、スピードを上げる |

**固有名詞**

| 中国人民银行 | Zhōngguó Rénmíng Yínháng | 中国人民銀行 |
| 中国工商银行 | Zhōngguó Gōngshāng Yínháng | 中国工商銀行 |
| 中国建设银行 | Zhōngguó Jiànshè Yínháng | 中国建設銀行 |
| 中国农业银行 | Zhōngguó Nóngyè Yínháng | 中国農業銀行 |

| | | |
|---|---|---|
| 中国银行 | Zhōngguó Yínháng | 中国銀行 |
| 招商银行 | Zhāoshāng Yínháng | 招商銀行 |
| 交通银行 | Jiāotōng Yínháng | 交通銀行 |
| 浦发银行 | Pǔfā Yínháng | 上海浦東発展銀行（＝上海浦东发展银行） |
| 世界贸易组织 | Shìjiè Màoyì Zǔzhī | 世界貿易機関（WTO）（＝世贸组织） |
| 国际货币基金组织 | Guójì Huòbì Jījīn Zǔzhī | 国際通貨基金（IMF） |

======== あ わ せ て 覚 え た い ========

**重要な専門用語②**

主な外国送金の方法には下の3種類があります。

电汇：T/T 送金、電信送金

　　T/T は Telegraphic Transfer の略です。輸入者が自国と相手国の銀行を通じ
て輸出者に代金を支払う方法です。銀行間のやり取りが電信で行われるため、輸
入者はすぐに代金を受け取ることができます。

信汇：M/T 送金、普通送金

　　M/T は Mail Transfer の略です。T/T 送金と同じ仕組みですが、銀行間のやり
取りを電信ではなく郵便で行うため、手数料は安い反面、輸出者が代金を入手す
るまでに時間がかかります。

票汇：D/D、送金小切手

　　D/D は Demand Draft の略です。輸入者は銀行で送金小切手を交付してもら
い、それを輸出者に郵送します。輸出者は受け取った小切手を銀行に持ち込んで
現金化します。

## **1** 跟～打交道

⟹ **～と取引をする、～と付き合う**

❶ 外国人到中国做生意，往往都会跟这些银行中的某一家打交道。
外国人が中国でビジネスをする場合、しばしばこれらの銀行のどこかと取引をすることになります。

❷ 跟这家公司打交道常常让我头疼。
この会社とお付き合いするのは、私にとってしょっちゅう悩みの種になります。

## **2** 仅限于～

⟹ **～に限る、～に限定される**

❶ 目前人民币仅限于中国国内流通使用。
現在、人民元は中国国内に限って流通しています。

❷ 信用证付款方式仅限于我们的老客户。
L/C による支払い方式は私たちの得意先に限定されます。

## **3** 在～中

⟹ **～において、～の中で**

❶ 在对外贸易中，双方一般使用美元、日元、欧元、英镑等国际通行的硬通货进行结算。
対外貿易においては、双方は一般に米ドル、日本円、ユーロ、ポンドなどといった国際的に通用するハードカレンシーによって決済します。

❷ 在昨天的会谈中，我们讨论了很多问题。
昨日の会談において、私たちは多くの問題を討議しました。

## **4** 随着～

⟹ **～するに従って、～につれて**

❶ 近年来随着经济的发展和金融改革，中国开始尝试在国际贸易中用人民币结算。
近年、経済の発展と金融改革に従って、中国は国際貿易において人民元で決済することを試みるようになりました。

❷ 随着出口的增加，我们公司的生意越来越好。
輸出が増加するにつれて、われわれの会社のビジネスもますます好調になっています。

# 練習問題

**1** 下の日本語を参考に、単語の中から適切なものを選び、空欄部分を埋めて文を完成させなさい。ただし、単語はそれぞれ1回ずつしか使うことができません。

---

通过　申请　分期　货款　开出　信用证　采用　合同　另　承兑交单　方式

---

1. 按照_____规定的时间，分几次付_____，这种付款_____叫做_____付款。

   （契約が定める時期に従い、何回かに分けて商品代金を支払う決済方式を分割払いといいます。）

2. 买方向银行_____ _____信用证，保证_____银行向卖方付款。这就是国际贸易常_____的_____付款方式。

   （買い手は銀行に信用状を開設するよう申請し、銀行を通じて売り手に支払いを保証します。これは国際貿易でよく採用されているL/C決済です。）

3. _____是国际贸易采用的_____一种付款方式。

   （D/Aは国際貿易で採用されているもう一つの決済方式です。）

**2** 第9課で学習した文型を使い、空欄を埋めて文を完成させなさい。ただし、単語はそれぞれ1回ずつしか使うことができません。

---

仅限于　打　比　跟　随着

---

1. 参加明天会议的人_____局长以上的官员。

2. _____一系列优惠政策的实行，这个地区吸引了越来越多的外资企业和厂商入驻。

3. 我们公司订购的秋季毛衣_____他们公司订购的早进入市场三个星期。

4. 到中国做生意的外国人常常要_____市政府的外事办公室_____交道。

# 第10課

## 销售代理
Xiāoshòu dàilǐ

🔊 073

　　中美双方刚刚就交货时间和付款方式达成了协议。史强生和白琳对此都非常满意。现在双方要就东方公司作为美方在中国的销售代理问题继续进行洽谈。

## 販売代理

　　米中双方は納期と支払い方式について合意に達したばかりです。スミスさんとペティさんはこの結果に非常に満足しています。現在、双方は東方公司を、アメリカ側の中国における販売代理店とする問題について引き続き協議をしています。

王国安：史先生、白小姐，李经理告诉我，今天上午你们就今年
Shǐ xiānsheng、Bái xiǎojiě、Lǐ jīnglǐ gàosu wǒ, jīntiān shàngwǔ nǐmen jiù jīnnián

秋季的新订单达成了协议。我非常高兴。请问，贵公司对
qiūjì de xīn dìngdān dáchéngle xiéyì. Wǒ fēicháng gāoxìng. Qǐngwèn, guì gōngsī duì

此满意吗？
cǐ mǎnyì ma?

史强生：我们对协议非常满意，尤其是我们双方能够顺利地解决了
Wǒmen duì xiéyì fēicháng mǎnyì, yóuqí shì wǒmen shuāngfāng nénggòu shùnlì de jiějuéle

交货时间的问题，这对我们非常重要。王总经理，谢谢您
jiāohuò shíjiān de wèntí, zhè duì wǒmen fēicháng zhòngyào. Wáng zǒngjīnglǐ, xièxie nín

的关照！
de guānzhào!

王国安：您别客气！贵公司是我们的老客户，我们应该尽力满足您
Nín bié kèqi! Guì gōngsī shì wǒmen de lǎokèhù, wǒmen yīnggāi jìnlì mǎnzú nín

的要求。
de yāoqiú.

白琳：【笑】王总经理，这次我们公司可是购买了您四百多万
[xiào] Wáng zǒngjīnglǐ, zhè cì wǒmen gōngsī kěshì gòumǎile nín sìbǎi duō wàn

美元的东西。您打算跟我们买点儿什么呢？
měiyuán de dōngxi. Nín dǎsuàn gēn wǒmen mǎidiǎnr shénme ne?

李信文：【笑】白小姐，我看您才是真厉害。告诉您，今天下午王
[xiào] Bái xiǎojiě, wǒ kàn nín cái shì zhēn lìhai. Gàosu nín, jīntiān xiàwǔ Wáng

总就是来谈在中国经销贵公司产品这件事的。
zǒng jiù shì lái tán zài Zhōngguó jīngxiāo guì gōngsī chǎnpǐn zhè jiàn shì de.

王国安：是这样的。今年我们东方公司第一次代理销售贵公司的
Shì zhèyàng de. Jīnnián wǒmen Dōngfāng Gōngsī dì yī cì dàilǐ xiāoshòu guì gōngsī de

节能空调、环保洗衣机等家用电器产品，市场销路很好。
jiénéng kōngtiáo、huánbǎo xǐyījī děng jiāyòng diànqì chǎnpǐn, shìchǎng xiāolù hěn hǎo.

我们希望进一步扩大在这方面的合作。
Wǒmen xīwàng jìnyíbù kuòdà zài zhè fāngmiàn de hézuò.

史强生：好啊，这也是我们这次来中国的目的之一。王先生，您有
Hǎo a, zhè yě shì wǒmen zhè cì lái Zhōngguó de mùdì zhīyī. Wáng xiānsheng, nín yǒu

什么具体的打算？
shénme jùtǐ de dǎsuàn?

王国安：我们希望成为贵公司在中国的独家代理。
Wǒmen xīwàng chéngwéi guì gōngsī zài Zhōngguó de dújiā dàilǐ.

史强生：您知道我们目前跟广东的一家公司也有代理销售空调的
Nín zhīdào wǒmen mùqián gēn Guǎngdōng de yì jiā gōngsī yě yǒu dàilǐ xiāoshòu kōngtiáo de

把独家代理权给你们恐怕会影响我们跟那家公司的
xiéyì. Bǎ dújiā dàilǐquán gěi nǐmen kǒngpà huì yǐngxiǎng wǒmen gēn nà jiā gōngsī de

其他生意。
qítā shēngyi

李信文：史先生，我们公司在国内各地都有很好的销售网点。如果
Shǐ xiānsheng, wǒmen gōngsī zài guónèi gèdì dōu yǒu hěn hǎo de xiāoshòu wǎngdiǎn. Rúguǒ

我们有独家代理权，一定会做得更好！
wǒmen yǒu dújiā dàilǐquán, yídìng huì zuò de gèng hǎo!

史强生：这样吧，我们可以把洗衣机的独家代理权给你们。另外，
Zhèyàng ba, wǒmen kěyǐ bǎ xǐyījī de dújiā dàilǐquán gěi nǐmen. Lìngwài,

我们还有一种节能家用洗碗机，打算在中国市场试销。
wǒmen hái yǒu yì zhǒng jiénéng jiāyòng xǐwǎnjī, dǎsuàn zài Zhōngguó shìchǎng shìxiāo.

如果你们愿意的话，也想请贵公司独家代理。王先生、李
Rúguǒ nǐmen yuànyì dehuà, yě xiǎng qǐng guì gōngsī dújiā dàilǐ. Wáng xiānsheng、Lǐ

先生，你们看怎么样？
xiānsheng, nǐmen kàn zěnmeyàng?

王国安、李信文：行！一言为定！
Xíng! Yìyán-wéidìng!

---

**日本語訳** ■独占代理店

王国安：スミスさん、ペティさん、李副社長によると今日の午前中に今年の秋向け
の新しいオーダーについて合意に達したそうですね。私はとてもうれしく
感じています。御社の方はこれに満足されていますか？

スミス：私たちは合意に非常に満足しております。とりわけ、双方が納期の問題を
順調に解決できたということは、私たちにとって非常に重要なことです。
王社長、ご配慮いただきありがとうございました。

王国安：どういたしまして。御社はわれわれの得意先ですから、全力を尽くしてご
要望にお応えするのは当然のことです。

ペティ：【笑】王社長、今回弊社は御社から実に400万ドルあまりの品物を買い付
けました。あなたの方では私たちからどのような品物をお買い上げになる
おつもりですか？

**李信文:**【笑】ペティさん、どうやらあなたの方こそやり手ですね。実はですね、今日の午後、王社長はまさに中国で御社の製品を取次販売することについて話し合うために来たんですよ。

**王国安:** そうなんです。今年、はじめて東方公司は御社の省エネ型エアコンや環境配慮型洗濯機などの家電製品を代理販売し、市場での売れ行きは好調です。われわれとしてはさらにいっそうこの方面での提携を拡大したいと希望しております。

**スミス:** それはいいですね。これもまた今回私たちが中国にやってきた目的の一つです。王さん、何か具体的なお考えはおありですか?

**王国安:** われわれは御社の中国における独占代理店になりたいと願っております。

**スミス:** ご存知と思いますが、現在私たちは広東省のある会社ともエアコンの代理販売の取り決めがあります。独占代理権を御社に与えるとなると、私たちとその会社のほかの取引に影響が出るのではないかが懸念されます。

**李信文:** スミスさん、弊社は国内の各地に良好な販売網を持っております。もしわれわれが独占代理権を持てば、きっともっとうまくやれますよ!

**スミス:** では、こうしましょう。私たちは洗濯機の独占代理権を御社に認めましょう。そのほかに、省エネタイプの家庭用食洗機もあり、中国市場で試験販売をするつもりでおります。もし御社が望まれるなら、御社に独占代理店になっていただきたいと思います。王さん、李さん、いかがでしょうか?

**王国安、李信文:** オーケーです。これで決まりですね!

史强生：王先生，既然贵公司将成为我们的独家代理，我们就还
Wáng xiānsheng, jìrán guì gōngsī jiāng chéngwéi wǒmen de dújiā dàilǐ, wǒmen jiù hái

需要再了解一下儿贵公司的资信情况。
xūyào zài liǎojiě yíxiàr guì gōngsī de zīxìn qíngkuàng.

王国安：有关我方的资信情况，您可以向中国银行北京分行查询。
Yǒuguān wǒfāng de zīxìn qíngkuàng, nín kěyǐ xiàng Zhōngguó Yínháng Běijīng fēnháng cháxún.

史强生：您也一定知道，作为独家代理，东方公司必须同意在我们
Nín yě yídìng zhīdào, zuòwéi dújiā dàilǐ, Dōngfāng Gōngsī bìxū tóngyì zài wǒmen

的协议有效期之内不代理其他公司的同类产品。
de xiéyì yǒuxiàoqī zhī nèi bú dàilǐ qítā gōngsī de tónglèi chǎnpǐn.

王国安：对，这一点我们很清楚。
Duì, zhè yìdiǎn wǒmen hěn qīngchu.

史强生：贵方想要提取多少佣金？
Guìfāng xiǎng yào tíqǔ duōshao yòngjīn?

王国安：代理经销外国产品，我们一般提取百分之十的佣金。
Dàilǐ jīngxiāo wàiguó chǎnpǐn, wǒmen yìbān tíqǔ bǎi fēn zhī shí de yòngjīn.

史强生：百分之十太多了！我认为百分之八更合理。
Bǎi fēn zhī shí tài duō le! Wǒ rènwéi bǎi fēn zhī bā gèng hélǐ.

王国安：如果贵公司愿意分担一半的广告费用，我们可以把佣金
Rúguǒ guì gōngsī yuànyì fēndān yíbàn de guǎnggào fèiyong, wǒmen kěyǐ bǎ yòngjīn

降低到百分之八。
jiàngdīdào bǎi fēn zhī bā.

史强生：贵公司能保证我们每年有多少出口额？
Guì gōngsī néng bǎozhèng wǒmen měi nián yǒu duōshao chūkǒu'é?

王国安：去年洗衣机的销售总额是两百五十万。如果独家代理，
Qùnián xǐyījī de xiāoshòu zǒng'é shì liǎngbǎi wǔshí wàn. Rúguǒ dújiā dàilǐ,

我们每年至少可以进口贵公司五百万美元的洗衣机。
wǒmen měi nián zhìshǎo kěyǐ jìnkǒu guì gōngsī wǔbǎi wàn měiyuán de xǐyījī.

不过，洗碗机是第一次在中国试销。销路怎么样还不清楚。
Búguò, xǐwǎnjī shì dì yī cì zài Zhōngguó shìxiāo. Xiāolù zěnmeyàng hái bù qīngchu.

我们需要先做一个市场调查，然后才能决定。
Wǒmen xūyào xiān zuò yí ge shìchǎng diàochá, ránhòu cái néng juédìng.

史强生：这样吧，我们可以先签订一个一年的独家代理协议，看看
Zhèyàng ba, wǒmen kěyǐ xiān qiāndìng yí ge yì nián de dújiā dàilǐ xiéyì, kànkan

我们的产品是不是受欢迎。
wǒmen de chǎnpǐn shì bu shì shòu huānyíng.

白琳: 我想中国的女士们一定会喜欢用洗碗机。
Wǒ xiǎng Zhōngguó de nǚshìmen yídìng huì xǐhuan yòng xǐwǎnjī.

李信文:【笑】你错了，白小姐！ 在中国现在洗碗的都是男人！
【xiào】Nǐ cuò le, Bái xiǎojiě! Zài Zhōngguó xiànzài xǐwǎn de dōu shì nánrén!

---

## 日本語訳 ■ 信用調査とコミッション

スミス: 王さん、御社に弊社の独占代理店になっていただくからには、私たちとしましてはさらに御社の信用状況について把握しなければなりません。

王国安: 当方の信用状況につきましては、中国銀行の北京支店にご照会いただければ結構です。

スミス: きっとご存知と思いますが、独占代理店として、東方公司は私たちの協議書の有効期限内においては他社の同類製品のエージェントにはならないことに同意いただかなくてはなりません。

王国安: はい、その点はわれわれもはっきり承知しております。

スミス: 貴方はどれだけのコミッションを得たいとお考えなのでしょうか？

王国安: 外国製品を代理取次販売する場合、われわれは一般に 10 パーセントのコミッションをいただきます。

スミス: 10 パーセントは多すぎます！ 私は 8 パーセントがより合理的だと思いますが。

王国安: もし御社が広告宣伝費用の半分を負担してもよいとお考えであれば、われわれはコミッションを 8 パーセントに下げても結構ですが。

スミス: 御社としては毎年どれだけ当社からの輸出額を保証できますか？

王国安: 去年の洗濯機の販売総額は 250 万でした。 もし独占代理店になれば，われわれは毎年少なくとも 500 万ドル分の洗濯機を御社から輸入することができます。ただ、食洗機につきましては、はじめて中国の市場で試験販売するものです。売れ行きがどうかまだはっきりしません。われわれはまず市場調査をしてからでなければ決められません。

スミス: こうしましょう。私たちはまず 1 年間の独占代理契約を結び、製品が歓迎されるかどうか見てみましょう。

ペティ: 中国の女性たちはきっと食洗機を気に入ってくれると思います。

李信文:【笑】それは間違いですよ、ペティさん！ 中国でいまやお皿を洗うのは皆男性なんですから！

| | | |
|---|---|---|
| 达成 | dáchéng | 合意に達する、話し合いがつく |
| 协议 | xiéyì | 合意、協議 |
| 作为 | zuòwéi | 〜として、〜とする |
| 独家代理 | dújiā dàilǐ | 独占代理店、独占代理 |
| 关照 | guānzhào | 世話する、面倒を見る、気に掛ける |
| 尽力 | jìnlì | 全力を尽くす |
| 满足 | mǎnzú | （需要や要求に）応じる、<br>（需要や要求を）満たす |
| 经销 | jīngxiāo | 取次販売をする |
| 节能 | jiénéng | 省エネルギーの |
| 空调 | kōngtiáo | エアーコンディショナー、空調 |
| 环保 | huánbǎo | 環境保護（＝环境保护） |
| 洗衣机 | xǐyījī | 洗濯機 |
| 家用电器 | jiāyòng diànqì | 家電製品 |
| 电器 | diànqì | 電気機具 |
| 扩大 | kuòdà | 拡大する、広める |
| 独家代理权 | dújiā dàilǐquán | 独占代理権 |
| 各地 | gèdì | 各地 |
| 销售网点 | xiāoshòu wǎngdiǎn | 販売網 |
| 洗碗机 | xǐwǎnjī | 食洗機 |
| 洗碗 | xǐwǎn | 食器を洗う |
| 资信 | zīxìn | 信用、資本の信頼性 |
| 佣金 | yòngjīn | コミッション、口銭 |
| 将（要） | jiāng(yào) | これから〜する |
| 查询 | cháxún | 問い合わせる、照会する |
| 有效期 | yǒuxiàoqī | 有効期限 |
| 之内 | zhī nèi | 〜以内 |
| 提取 | tíqǔ | 受け取る、引き出す |
| 分担 | fēndān | （仕事、責任などを）分担する |
| 费用 | fèiyong | 費用 |
| 出口额 | chūkǒu'é | 輸出額 |
| 额 | é | 額 |
| 销售总额 | xiāoshòu zǒng'é | 販売総額、売上総額 |
| 至少 | zhìshǎo | 少なくとも |

| 市场调查 | shìchǎng diàochá | 市場調査、マーケットリサーチ |
| 受欢迎 | shòu huānyíng | 歓迎される、人気がある |

| 固有名詞 | | |
| 广东 | Guǎngdōng | 広東省 |

━━━━━━━━━━━ あ わ せ て 覚 え た い ━━━━━━━━━━━

## 中国の祝日

　中国では祝日をもとに、国が法定休日を定める"法定节假日"という休みが1年に7回あります。中国の祝日はそれぞれ新暦と旧暦に基づくものがあり、旧暦に基づく祝日は毎年日にちが変わります。

　中国の取引先と仕事をするときは、それらの日にちも考慮してスケジュールを組むようにしましょう。

## 代表的な中国の祝日

| 元旦 | Yuándàn | 元旦 | 毎年1月1日。例年は3日間の連休になる。 |
| 春节 | Chūnjié | 春節 | 旧暦の正月。都市に出稼ぎをしている労働者が一斉に帰省するため、交通機関は非常に混雑する。 |
| 清明节 | Qīngmíng Jié | 清明節 | 清明節。毎年4月5日前後。祖先の墓参りをしに行く習慣がある。 |
| 劳动节 | Láodòng Jié | メーデー 労働節 | 毎年5月1日。労働者の日。中国語では"劳动节"以外に"五一劳动节"や"五一"とも呼ばれる。 |
| 端午节 | Duānwǔ Jié | 端午節 | 旧暦の5月5日。楚国の政治家で詩人の屈原の遺体が魚に食べられないように船で川にちまきを投げたことにちなんで、ドラゴンボートレースを開催したりちまきを食べたりする習慣がある。 |
| 中秋节 | Zhōngqiū Jié | 中秋節 | 旧暦の8月15日。中秋の丸い月は家族の団らんを象徴するといわれ、家族で月見をしたり食卓を囲んだりする習慣がある。 |
| 国庆节 | Guóqìng Jié | 国慶節 | 毎年10月1日。中華人民共和国の建国記念日。 |

## 1 就～达成（了）协议　⟹～について合意に達する（達した）

❶ 中美双方刚刚就交货时间和付款方式达成了协议。
　米中双方はたった今、納期と支払い方式について合意に達したところです。

❷ 我们已经就明年的订单达成了协议。
　私たちはすでに来年のオーダーについて合意に達しました。

## 2 作为～　⟹～として、～とする

❶ 今天双方要就东方公司作为美方在中国的销售代理问题进行洽谈。
　今日双方は、東方公司をアメリカ側の中国における販売代理店とする件について協議を行わなければなりません。

❷ 作为中方谈判代表，我还有一个问题。
　中国側の交渉代表者として、私はもう一つ質問があります。

## 3 可是～　⟹[実に／ほんとうに]～だ

※話し手の口調を強調する表現。～部分には動詞か形容詞が入る。

❶ 王总经理，这次我们公司可是购买了您两百多万美元的东西。
　王社長、今回弊社は御社から実に200万ドルあまりの品物を買い付けたのですよ。

❷ 无论您怎么说，这个报盘可是太高了！
　たとえあなたがどうおっしゃろうと、このオファーはほんとうに高すぎます！

## 4 有关～的情况　⟹～の状況に関して

❶ 有关我方的资信情况，建议您向中国银行北京分行查询。
　当方の信用状況に関しましては、中国銀行の北京支店にお問い合わせいただくことを提案いたします。

❷ 我想向各位介绍一下儿有关这种产品销售代理的基本情况。
　このような製品の販売代理の基本的状況に関しまして、皆さまにご紹介したいと思います。

随着中外贸易的迅速发展，越来越多的外国产品进入了
Suízhe zhōngwài màoyì de xùnsù fāzhǎn, yuèláiyuè duō de wàiguó chǎnpǐn jìnrùle

中国。从衣食住行到高科技产品，中国人对外国货的兴趣越来越
Zhōngguó. Cóng yī shí zhù xíng dào gāokējì chǎnpǐn, Zhōngguórén duì wàiguóhuò de xìngqù yuèláiyuè

浓。毫无疑问，人口众多的中国是一个非常有潜力的巨大市场。
nóng. Háowú yíwèn, rénkǒu zhòngduō de Zhōngguó shì yí ge fēicháng yǒu qiánlì de jùdà shìchǎng.

外国厂商正面临着一次难得的商业机会。可是，人地生疏的
Wàiguó chǎngshāng zhèng miànlínzhe yí cì nándé de shāngyè jīhuì. Kěshì, réndì-shēngshū de

外国公司在中国做生意并不是一件容易的事。进入中国市场的
wàiguó gōngsī zài Zhōngguó zuò shēngyi bìng bú shì yí jiàn róngyì de shì. Jìnrù Zhōngguó shìchǎng de

外国产品也有不同的命运：有的赚钱，有的赔本，有的还因为
wàiguó chǎnpǐn yě yǒu bù tóng de mìngyùn: Yǒude zhuàn qián, yǒude péiběn, yǒude hái yīnwèi

盗版产品和山寨产品而遭受经济损失。为了在中国市场的竞争
dàobǎn chǎnpǐn hé shānzhài chǎnpǐn ér zāoshòu jīngjì sǔnshī. Wèile zài Zhōngguó shìchǎng de jìngzhēng

中取得成功，许多外国厂商委托资信可靠的中国公司作为代理，
zhōng qǔdé chénggōng, xǔduō wàiguó chǎngshāng wěituō zīxìn kěkào de Zhōngguó gōngsī zuòwéi dàilǐ,

销售它们的产品。一般说，代理可分为三种，即总代理、独家
xiāoshòu tāmen de chǎnpǐn. Yìbān shuō, dàilǐ kě fēnwéi sān zhǒng, jí zǒngdàilǐ、dújiā

代理和普通代理。总代理可以全权代表外国厂商在代理协议
dàilǐ hé pǔtōng dàilǐ. Zǒngdàilǐ kěyǐ quánquán dàibiǎo wàiguó chǎngshāng zài dàilǐ xiéyì

商定的地区进行各种商业活动和拥有指定分代理的权利。独家
shāngdìng de dìqū jìngxíng gè zhǒng shāngyè huódòng hé yōngyǒu zhǐdìng fēndàilǐ de quánlì. Dújiā

代理拥有在商定地区经销指定产品的专卖权，同时不能经销
dàilǐ yōngyǒu zài shāngdìng dìqū jìngxiāo zhǐdìng chǎnpǐn de zhuānmàiquán, tóngshí bù néng jīngxiāo

其他厂家的同类产品。普通代理有生产商许可，销售指定的
qítā chǎngjiā de tónglèi chǎnpǐn. Pǔtōng dàilǐ yǒu shēngchǎnshāng xǔkě, xiāoshòu zhǐdìng de

产品，提取佣金，但没有专卖权。因此厂商也可以签约若干个
chǎnpǐn, tíqǔ yòngjīn, dàn méiyǒu zhuānmàiquán. Yīncǐ chǎngshāng yě kěyǐ qiānyuē ruògān ge

代理商同时代理销售同一产品。总之，销售代理不但可以为
dàilǐshāng tóngshí dàilǐ xiāoshòu tóngyī chǎnpǐn. Zǒngzhī, xiāoshòu dàilǐ búdàn kěyǐ wèi

外国厂商提供便利的销售网点、降低产品销售成本，而且有利
wàiguó chǎngshāng tígōng biànlì de xiāoshòu wǎngdiǎn、jiàngdī chǎnpǐn xiāoshòu chéngběn, érqiě yǒulì

于迅速打开市场、建立品牌知名度。这是一种对双方都有利的
yú xùnsù dǎkāi shìchǎng、jiànlì pǐnpái zhīmíngdù. Zhè shì yì zhǒng duì shuāngfāng dōu yǒulì de

商业经营方式。
shāngyè jīngyíng fāngshì.

　中国と他国間の貿易の急速な発展に従って、ますます多くの外国製品が中国に入ってきました。衣食住や交通に関わる製品からハイテク製品に至るまで外国製品に対する中国人の関心はますます高まってきています。疑いもなく、人口の多い中国は非常に潜在力のある巨大なマーケットです。外国のメーカーはまさに得難いビジネスチャンスに直面しています。しかし、知り合いもいなければ土地にも不案内な外国企業が中国でビジネスをするのは決してたやすいことではありません。中国市場に参入してくる外国製品にもさまざまな運命が待ちかまえています。もうけるものもあれば、損をするものもあり、また海賊版や模倣品によって経済的損失をこうむるものもあります。中国市場で成功を勝ち取るために、多くの外国メーカーは信用力のあるしっかりとした中国企業に代理店として委託し、彼らの製品を販売しています。一般的に、代理店は総代理店、独占代理店、一般代理店の３つに分けられます。総代理店は外国メーカーの全権代表として代理店契約が指定する地区において各種の商業活動を行うことができ、サブ・エージェントを指定する権限を有します。独占代理店は取り決められた地区において指定された製品を取次販売する一手販売権を有しており、同時にほかのメーカーの同類製品を取次販売することはできません。一般代理店はメーカーの許可を得て、指定された製品を販売し、コミッションを得ますが、一手販売権は持っていません。従って、メーカー側もいくつかの代理店と契約を取り交わし、同時に同じ種類の製品を代理販売します。要するに、販売代理店というのは、外国メーカーに便利な販売網を提供し、その製品の販売コストを引き下げることができるだけでなく、迅速にマーケットを開拓しブランドの知名度を確立させることができるのです。これは一種の双方にメリットがある経営方式といえるでしょう。

## 新出単語 2　　🔊》079

| 衣食住行 | yī shí zhù xíng | 衣食住と交通 |
| 浓 | nóng | （程度が）深い、濃い |
| 毫无疑问 | háowú yíwèn | 少しも疑問がない、疑う余地もない（"毫无"は少しも～がないという意味） |
| 人口众多 | rénkǒu zhòngduō | 人口が多い |
| 人口 | rénkǒu | 人口 |
| 众多 | zhòngduō | 多い、数多い |

| 潜力 | qiánlì | 潜在力 |
|---|---|---|
| 巨大 | jùdà | 巨大な |
| 厂商 | chǎngshāng | 製造業者、メーカー |
| 面临 | miànlín | 直面する |
| 难得 | nándé | 得難い、めったにない |
| 人地生疏 | réndì-shēngshū | 人とも土地ともなじみが薄い（＝人生地疏） |
| 并不 | bìng bù | 決して～でない、別に～でない |
| 命运 | mìngyùn | 運命、命運 |
| 赚钱 | zhuànqián | もうける、お金をかせぐ |
| 盗版产品 | dàobǎn chǎnpǐn | 海賊版の製品 |
| 盗版 | dàobǎn | 海賊版 |
| 山寨产品 | shānzhài chǎnpǐn | 模倣品 |
| 山寨 | shānzhài | 偽物、模倣品 |
| 遭受 | zāoshòu | （被害を）こうむる、遭う |
| 损失 | sǔnshī | 損失 |
| 委托 | wěituō | 委託する |
| 可靠 | kěkào | 信頼のおける、頼りになる、確かな |
| 即 | jí | すなわち |
| 总代理 | zǒngdàilǐ | 総代理店 |
| 普通代理 | pǔtōng dàilǐ | 一般の代理店 |
| 全权 | quánquán | 全権 |
| 拥有 | yōngyǒu | 持つ、保有する |
| 指定 | zhǐdìng | 指定する |
| 分代理 | fēndàilǐ | サブ・エージェント |
| 专卖权 | zhuānmàiquán | 専売権 |
| 许可 | xǔkě | 許可、許可する |
| 签约 | qiānyuē | 契約に調印する |
| 若干 | ruògān | 若干の、いくつかの |
| 同一 | tóngyī | 同じ |
| 便利 | biànlì | 便利な、便宜 |
| 有利 | yǒulì | 有利な |

# **1** 面临～

⟹ **～に直面する**

❶ 外国厂商正面临着一次难得的商业机会。
外国メーカーはまさに得難いビジネスチャンスに直面しています。

❷ 我们的产品正面临着新的竞争。
私たちの製品は現在新たな競争に直面しています。

---

# **2** 并不

⟹ **決して～でない、別に～ではない**

※強い否定を表す言い方。

❶ 在中国做生意并不是一件容易的事。
中国でビジネスをするのは決して容易なことではありません。

❷ 很抱歉，本公司并不打算签订这个合同。
すみませんが、弊社ではこの契約にサインするつもりはまったくありません。

---

# **3** (～) 即…

⟹ **(～) すなわち…**

❶ 代理可分为三种，即总代理、独家代理和普通代理。
代理店は３つの種類に分けられます。すなわち、総代理店と独占販売代理店それに一般代理店です。

❷ 中国的国家中央银行即中国人民银行。
中国の国家中央銀行とはすなわち中国人民銀行である。

---

# **4** ～有利于…

⟹ **～は…に有利である**

❶ 签约销售代理有利于迅速打开市场。
販売代理契約を結ぶことは、素早く市場を切り開くのに有利です。

❷ 改革开放政策有利于中国经济的发展。
改革開放政策は中国経済の発展に有利です。

---

# 練習問題

**1** 左側のヒントを読んで、それに対応する単語を線で結びなさい。

1. 仿制仿造的、非正宗的东西　　　　　•　　　　• a. 潜力

2. 对当地人和各种情况都不熟悉　　　•　　　　• b. 佣金

3. 还没有发挥出来的能力　　　　　　•　　　　• c. 人地生疏

4. 没有一点疑问，不存在什么问题　•　　　　• d. 山寨产品

5. 做交易的时候给代理商的报酬　　•　　　　• e. 毫无疑问

**2** 第10課で学習した文型を使い、空欄を埋めて文を完成させなさい。ただし、単語はそれぞれ1回ずつしか使うことができません。

　　作为　有关　面临　达成　有利于　就

1. 外国厂商委托中国公司作为产品销售代理_____进入中国市场。

2. _____受欢迎的代理商，我们会尽力满足顾客的要求。

3. 在昨天的谈判中，双方_____合同价格_____了协议。

4. 我想跟您谈谈_____我们产品在中国市场的独家代理权问题。

5. 我们的产品在国际市场上正_____着新的挑战。

# 第11課

## 广告与促销
Guǎnggào yǔ cùxiāo

🔊 081

　　在昨天的谈判中，中美双方达成了协议，决定一起分担在中国的广告费用。因为今天中午史先生和白小姐就要坐高铁离开北京去上海了，所以今天的洽谈开始得很早。双方代表就广告策划和销售策略等问题进行了讨论。

## 広告と販売促進

　　昨日の商談において米中双方は合意に達し、中国市場における広告宣伝費用を一緒に分担することを決定しました。今日のお昼にスミスさんとペティさんは高速鉄道に乗って北京を離れ上海に向かうため、商談は早めにスタートしました。双方の代表は広告プランや販売戦略などの問題について話し合いました。

## 【在长城酒店小会议室】
[zài Chángchéng Jiǔdiàn xiǎo huìyìshì]

**白琳:** 李先生，您到得真早！ 用过早餐了吗？
Lǐ xiānsheng, nín dào de zhēn zǎo! Yòngguò zǎocān le ma?

**李信文:** 谢谢，我吃过早饭了。中午你们还要坐高铁去上海，所以
Xièxie, wǒ chīguò zǎofàn le. Zhōngwǔ nǐmen hái yào zuò gāotiě qù Shànghǎi, suǒyǐ

我想早点儿过来。我们可以有多一点儿时间，就怎样做好
wǒ xiǎng zǎodiǎnr guòlái. Wǒmen kěyǐ yǒu duō yìdiǎnr shíjiān, jiù zěnyàng zuòhǎo

产品的广告宣传和销售交换一下儿意见，制定一个初步
chǎnpǐn de guǎnggào xuānchuán hé xiāoshòu jiāohuàn yíxiàr yìjiàn, zhìdìng yí ge chūbù

方案。史先生，不知道您有什么看法。
fāng'àn. Shǐ xiānsheng, bù zhīdào nín yǒu shénme kànfǎ.

**史强生:** 这次的广告是为我们的家电产品正式进入中国市场宣传
Zhè cì de guǎnggào shì wèi wǒmen de jiādiàn chǎnpǐn zhèngshì jìnrù Zhōngguó shìchǎng xuānchuán

造势，我认为首先应该突出我们的品牌形象。
zàoshì, wǒ rènwéi shǒuxiān yīnggāi tūchū wǒmen de pǐnpái xíngxiàng.

**李信文:** 我完全同意。 节能、环保是这个品牌产品的优势和卖点。
Wǒ wánquán tóngyì. Jiénéng、huánbǎo shì zhège pǐnpái chǎnpǐn de yōushì hé màidiǎn.

我们的广告一定要有效地传达出这些信息。
Wǒmen de guǎnggào yídìng yào yǒuxiào de chuándáchū zhèxiē xìnxī.

**白琳:** 李先生，您对中国市场的情况比我们熟悉，广告策划又是
Lǐ xiānsheng, nín duì Zhōngguó shìchǎng de qíngkuàng bǐ wǒmen shúxi, guǎnggào cèhuà yòu shì

您的强项，您有什么具体建议呢？
nín de qiángxiàng, nín yǒu shénme jùtǐ jiànyì ne?

**李信文:** 我在想我们可以邀请一位著名影星担任品牌形象代言人。
Wǒ zài xiǎng wǒmen kěyǐ yāoqǐng yí wèi zhùmíng yǐngxīng dānrèn pǐnpái xíngxiàng dàiyánrén.

**史强生:** 嗯，利用名人效应应该是一个不错的方法，不过费用可能
Ng, lìyòng míngrén xiàoyìng yīnggāi shì yí ge búcuò de fāngfǎ, búguò fèiyong kěnéng

会比较高吧？
huì bǐjiào gāo ba?

**李信文:** 这样吧，费用的问题让我先找一家有经验的广告公司咨询
Zhèyàng ba, fèiyong de wèntí ràng wǒ xiān zhǎo yì jiā yǒu jīngyàn de guǎnggào gōngsī zīxún

一下儿，然后再做进一步讨论和决定。 除非费用在合理
yíxiàr, ránhòu zài zuò jìnyíbù tǎolùn hé juédìng. Chúfēi fèiyong zài hélǐ

范围之内，否则我们将采用其他的办法。
fànwéi zhī nèi, fǒuzé wǒmen jiāng cǎiyòng qítā de bànfǎ.

【長城ホテルの小会議室にて】

ペティ：李さん、来られるのがほんとうに早いですね！ 朝食はもうお済みですか？

李信文：ありがとうございます。朝食はもう済ませてきました。お昼にはあなた方は高速鉄道に乗って上海に行かれますから、早めに来ました。これで少し多めに時間が取れるので、どうしたら製品の広告宣伝とセールスプロモーションをうまく進められるかについて意見を交換し、初歩的なプランを策定しましょう。スミスさん、何かお考えをお持ちでしょうか。

スミス：今回の広告は私たちの家電製品が正式に中国マーケットに進出するために、宣伝をして勢いをつけるものですから、まずは私たちのブランドイメージを際立たせることが肝要だと思います。

李信文：私もまったくその考えに賛同します。省エネとエコがこのブランドの製品のアドバンテージでありセールスポイントです。われわれの広告は必ず効果的にこれらの情報を伝えなければなりません。

ペティ：李さん、あなたは中国のマーケット事情について私たちよりもよくご存知ですし、広告のプランを練るというのもあなたの強みですよね。何か具体的なご提案はありますか？

李信文：私は誰かひとり著名な映画スターを招いて、ブランドのイメージキャラクターに就任してもらってはどうかと考えているところなんです。

スミス：ええ、セレブ効果を利用するというのはとてもよい方法に違いないですが、ただ費用もかなり高くなるでしょう？

李信文：こうしませんか。コストについては、私からまず経験豊かな広告会社に打診してみて、それからさらに話し合いを進めて決めましょう。コストが合理的な範囲内に収まらない場合は、ほかの方法を採用するということで。

史强生：我想了解一下儿，除了刚才谈到的产品广告宣传以外，贵
Wǒ xiǎng liǎojiě yíxiàr, chúle gāngcái tándào de chǎnpǐn guǎnggào xuānchuán yǐwài, guì

公司还有什么更多的具体打算吗？ 有什么需要我们配合
gōngsī hái yǒu shénme gèng duō de jùtǐ dǎsuàn ma? Yǒu shénme xūyào wǒmen pèihé

的？
de?

李信文：为了迅速打开市场，我方计划搞一次大型促销活动，扩大
Wèile xùnsù dǎkāi shìchǎng, wǒfāng jìhuà gǎo yí cì dàxíng cùxiāo huódòng, kuòdà

宣传造势的效果，建立品牌知名度。
xuānchuán zàoshì de xiàoguǒ, jiànlì pǐnpái zhīmíngdù.

史强生：您觉得这个促销活动的规模应该有多大？
Nín juéde zhège cùxiāo huódòng de guīmó yīnggāi yǒu duō dà?

李信文：我主张把这个促销活动分为两个阶段进行。首先在全国各
Wǒ zhǔzhāng bǎ zhège cùxiāo huódòng fēnwéi liǎng ge jiēduàn jìnxíng. Shǒuxiān zài quánguó gè

大城市进行产品促销活动。如果市场销路好，我们再把
dàchéngshì jìnxíng chǎnpǐn cùxiāo huódòng. Rúguǒ shìchǎng xiāolù hǎo, wǒmen zài bǎ

促销活动范围扩大到中小城市。如果销路不够好的话，
cùxiāo huódòng fànwéi kuòdàdào zhōngxiǎo chéngshì. Rúguǒ xiāolù bú gòu hǎo dehuà,

我们可以对销售策略进行及时调整。
wǒmen kěyǐ duì xiāoshòu cèlüè jìnxíng jíshí tiáozhěng.

白琳：对不起，我想问一句：贵公司的官网也会同时推出相应的
Duìbuqǐ, wǒ xiǎng wèn yí jù: Guì gōngsī de guānwǎng yě huì tóngshí tuīchū xiāngyìng de

促销活动吧？
cùxiāo huódòng ba?

李信文：是的。我们会在网上推出更多的优惠活动。比如，免费送
Shìde. Wǒmen huì zài wǎngshàng tuīchū gèng duō de yōuhuì huódòng. Bǐrú, miǎnfèi sòng

货上门、延长产品保修期和"买一送一"等等。
huò shàngmén、yáncháng chǎnpǐn bǎoxiūqī hé "mǎi yī sòng yī" děngděng.

白琳：【笑】听起来很有吸引力。我就最喜欢"买一送一"了！
[xiào] Tīng qǐlai hěn yǒu xīyǐnlì. Wǒ jiù zuì xǐhuan "mǎi yī sòng yī" le!

**スミス:** さきほど話し合った製品の広告宣伝以外に、御社の方では何かほかに具体的なお考えがおありですか？ 何か私たちがタイアップすることはありませんか？

**李信文:** 素早くマーケットを切り開くために、大型の販売促進イベントを行い、宣伝し勢いをつけて効果を拡大し、ブランドの知名度を確立することを計画しております。

**スミス:** この販売促進イベントの規模はどれくらいにすべきとお考えですか？

**李信文:** 私はこの販売促進イベントを二段階に分けて行うことを主張したいと思います。まずは全国の大都市で販売促進イベントを展開し、その結果もし売れ行きがよければ、さらに販売促進イベントの範囲を全国の中小都市に拡大していけばいいと思います。もしも売れ行きがそれほどよくなければ、販売戦略に関してその都度調整をしていけばいいでしょう。

**ペティ:** すみません、一つお伺いしたいのですが、御社のオフィシャル・ウェブサイトでも同時に相応する販売促進活動を打ち出していただけるのでしょう？

**李信文:** そうです。われわれはウェブ上でさらに多くのキャンペーンを打ち出すつもりです。たとえば、商品の無料配送や製品の修理保証期間の延長、「一つお買い上げごとにもう一つ進呈」することなどです。

**ペティ:** 【笑】お話を伺ってみると、とても魅力的ですね。私は「一つお買い上げごとにもう一つ進呈」が一番気に入りました！

| 新出単語 1 | | ◀)) 084 |
|---|---|---|
| 促销 | cùxiāo | 販売促進、セールスプロモーション |
| 高铁 | gāotiě | 高速鉄道 ※中国における新幹線 |
| 策划 | cèhuà | 計画、プランニング、計画する |
| 策略 | cèlüè | 戦術、戦略 |
| 宣传 | xuānchuán | 宣伝、宣伝する |
| 制定 | zhìdìng | 策定する、打ち立てる |
| 方案 | fāng'àn | プラン、プロジェクト、スキーム |
| 造势 | zàoshì | 勢いづける、盛り上げる |
| 突出 | tūchū | 際立たせる、目立たせる |

| | | |
|---|---|---|
| 形象 | xíngxiàng | イメージ |
| 卖点 | màidiǎn | セールスポイント |
| 有效 | yǒuxiào | 効果的な、有効な |
| 传达 | chuándá | 伝達する |
| 熟悉 | shúxi | よく知っている |
| 强项 | qiángxiàng | 強み、得意種目 |
| 影星 | yǐngxīng | 映画スター |
| 担任 | dānrèn | 担当する |
| 代言人 | dàiyánrén | スポークスマン、代弁者 |
| 名人效应 | míngrén xiàoyìng | セレブ効果 |
| 名人 | míngrén | 有名人、セレブ |
| 效应 | xiàoyìng | 効果、結果 |
| 除非 | chúfēi | ～でなければ、～を除いては |
| 范围 | fànwéi | 範囲 |
| 否则 | fǒuzé | さもなくば、そうでないと |
| 配合 | pèihé | タイアップする、協力する |
| 大型 | dàxíng | 大型の |
| 效果 | xiàoguǒ | 効果 |
| 规模 | guīmó | 規模 |
| 阶段 | jiēduàn | 段階、ステージ、フェーズ |
| 及时 | jíshí | 適時、すぐに |
| 官网 | guānwǎng | オフィシャル・ウェブサイト |
| 相应 | xiāngyìng | 相応する、見合った |
| 优惠活动 | yōuhuì huódòng | 優待プロモーション |
| 优惠 | yōuhuì | 優遇された、優待の、有利な |
| 比如 | bǐrú | たとえば |
| 送货上门 | sòng huò shàngmén | 商品の配送 |
| 延长 | yáncháng | 延長する |
| 保修期 | bǎoxiūqī | 修理保証期間 |
| 买一送一 | mǎi yī sòng yī | 一つお買い上げごとにもう一つ進呈、一つ買えばさらに一つプレゼント<br>※中国でよくみられる販売促進形態 |

# **1** 离开～［去／回］…

⟹ ～を離れて…に［行く／戻る］

❶ 今天中午史先生和白小姐就要坐高铁离开北京去上海了。
今日の昼にスミスさんとペティさんは高速鉄道で北京を離れて上海に向かおうとしています。

❷ 他已经离开这家公司回大学读工商管理硕士（MBA）了。
彼はすでにこの会社を離れて大学に戻り、経営学修士課程で学んでいます。

# **2** 就～［进行讨论／交换意见］

⟹ ～について［討論をする／意見を交換する］

❶ 双方代表就广告策划和销售策略等问题进行了讨论。
双方の代表は広告プランや販売戦略などの問題について討論を行いました。

❷ 在今天的晨会上，大家就怎样做好产品的广告宣传和市场销售交换了意见。
今日の朝礼において、皆はどうしたら製品の広告宣伝と市場での販売がうまくできるかについて意見を交換しました。

# **3** 对～熟悉

⟹ ～のことを熟知している

❶ 您对中国市场的情况比我们熟悉。
あなたは中国市場の状況について私たちよりもよくご存知です。

❷ 对不起，我们对这种产品的行情不太熟悉。
すみません、私たちはこのような製品の相場についてあまりよく知りません。

# **4** 除非～，否则…

⟹ ～でない限り…だ

※～することが唯一の条件であり、そうでなければ…ということになる、という文型。

❶ 除非费用在合理范围之内，否则我们将采用其他的办法。
費用が合理的な範囲内でない限り、私たちは別の方法をとることになります。

❷ 除非对方的资信可靠，否则我们不会跟他们做这笔生意。
相手の信用力がしっかりしたものでない限り、私たちが彼らとこのビジネスをすることはあり得ません。

做生意离不开广告。好广告不但能帮助厂商打开市场
Zuò shēngyi lí bu kāi guǎnggào. Hǎo guǎnggào búdàn néng bāngzhù chǎngshāng dǎkāi shìchǎng

销路，而且有利于建立产品的知名度。一般说，年轻人喜欢
xiāolù, érqiě yǒulì yú jiànlì chǎnpǐn de zhīmíngdù. Yìbān shuō, niánqīngrén xǐhuan

新潮和时尚，中老年人注重物美价廉，这大概是通常的规律。
xīncháo hé shíshàng, zhōnglǎoniánrén zhùzhòng wùměi-jiàlián, zhè dàgài shì tōngcháng de guīlǜ.

不过，在中国做广告还一定要了解中国人的文化传统和
Búguò, zài Zhōngguó zuò guǎnggào hái yídìng yào liǎojiě Zhōngguórén de wénhuà chuántǒng hé

价值观。长城、黄河、中国龙、孔子、天安门等是中国
jiàzhíguān. Chángchéng、Huáng Hé、Zhōngguó lóng、Kǒngzǐ、Tiān'ānmén děng shì Zhōngguó

国家和文化的象征。中国的消费者往往不能接受用这些
guójiā hé wénhuà de xiàngzhēng. Zhōngguó de xiāofèizhě wǎngwǎng bù néng jiēshòu yòng zhèxiē

形象开玩笑或者搞怪。相反，一些以中国人喜闻乐见的形式
xíngxiàng kāi wánxiào huòzhě gǎoguài. Xiāngfǎn, yìxiē yǐ Zhōngguórén xǐwén-lèjiàn de xíngshì

来传达产品信息的外国商业广告通常都能取得很好的
lái chuándá chǎnpǐn xìnxī de wàiguó shāngyè guǎnggào tōngcháng dōu néng qǔdé hěn hǎo de

宣传效果。例如，可口可乐和百事可乐的名字让喜欢讨吉利的
xuānchuán xiàoguǒ. Lìrú, Kěkǒu-Kělè he Bǎishì Kělè de míngzi ràng xǐhuan tǎo jílì de

中国人一听就喜欢。"车到山前必有路，有路必有丰田车"是
Zhōngguórén yì tīng jiù xǐhuan. "Chē dào shān qián bì yǒu lù, yǒu lù bì yǒu Fēngtián chē" shì

丰田汽车在中国的广告。它以借用中国俗语的方式来巧妙地
Fēngtián Qìchē zài Zhōngguó de guǎnggào. Tā yǐ jièyòng Zhōngguó súyǔ de fāngshì lái qiǎomiào de

宣传自己的产品，使中国消费者一见就过目不忘。另外值得
xuānchuán zìjǐ de chǎnpǐn, shǐ Zhōngguó xiāofèizhě yí jiàn jiù guòmù bú wàng. Lìngwài zhídé

注意的是，中国人在传统上总觉得产品本身才是最好的
zhùyì de shì, Zhōngguórén zài chuántǒng shang zǒng juéde chǎnpǐn běnshēn cái shì zuì hǎo de

广告。"酒香不怕巷子深"。如果你的东西真的非常好，就不用
guǎnggào. "Jiǔ xiāng bú pà xiàngzi shēn". Rúguǒ nǐ de dōngxi zhēnde fēicháng hǎo, jiù búyòng

担心没有人买。在中国消费者看来，过分夸张、过分漂亮的
dānxīn méiyǒu rén mǎi. Zài Zhōngguó xiāofèizhě kànlái, guòfèn kuāzhāng、guòfèn piàoliang de

广告有时是不可信的。"王婆卖瓜，自卖自夸"，谁不喜欢说
guǎnggào yǒushí shì búkě xìn de. "Wángpó mài guā, zì mài zì kuā", shuí bù xǐhuan shuō

自己的产品是最好的呢？
zìjǐ de chǎnpǐn shì zuì hǎo de ne?

　ビジネスを展開する際に広告は切っても切れないものです。よい広告はメーカーがマーケットの販路を開拓するのに役立つばかりでなく、製品の知名度を向上させるのにも有利に働きます。一般的に、若い人たちは新しいトレンドとおしゃれなものを好むのに対して、中高年は商品の品質がよく、かつ値段も安いことを重視するというのがほぼ通常の法則といえるでしょう。ただ、中国で広告を打つにはさらに必ず中国人の文化の伝統と価値観を理解することが必要になります。万里の長城、黄河、中国の龍、孔子、天安門などは中国の国家と文化の象徴です。従って、中国の消費者は往々にしてこれらの姿かたちを使って茶化したり、面白おかしく扱ったりすることを受け入れ難く感じるものなのです。これとは逆に、中国人が歓迎する形式で製品の情報を伝えようとする外国の商業広告は、常に良好な宣伝効果を勝ち取ることができます。たとえば、コカ・コーラやペプシコーラの漢字の名前は、一度耳にしただけで、縁起を担ぐのが好きな中国人をとりこにしてしまいます。「車が山に行きつくまでは必ず道がある（なんとかなるさ）、道があればそこに必ずトヨタ車がある」というキャッチフレーズはトヨタ自動車の中国での広告です。それは中国のことわざを借用して巧みに自社製品の宣伝をしていて、中国の消費者が一度目にしたらもう忘れられなくさせました。また、注目に値するのは、中国人はどうやら伝統的に製品そのもののよさが最良の広告であるというふうに感じているということです。「いい酒は路地裏で売っていても、よい香りがするのでお客はやって来る（商品さえよければ、宣伝をしなくてもお客は買い求めに来る）」。もし品物がほんとうに素晴らしいものであれば、誰も買ってくれないのではないかと心配する必要はありません。中国の消費者からすると、いきすぎた誇張や立派すぎる広告は、ときとして信用できないと映るようです。これこそ「自画自賛」、誰も自分の製品が一番よいと言いたがらないなんてことはありませんから。

| 心理 | xīnlǐ | 心理 |
| 离不开 | lí bu kāi | 離れられない、～なしではやっていけない、切っても切れない |
| 新潮 | xīncháo | 新しいトレンド |
| 时尚 | shíshàng | ファッション、ファッショナブルな、おしゃれな |

| 中老年 | zhōnglǎonián | 中高年 |
|---|---|---|
| 中年 | zhōngnián | 中年 |
| 老年 | lǎonián | 老齢、高齢 |
| 注重 | zhùzhòng | 重んじる、重視する |
| 物美价廉 / 价廉物美 | wùměi-jiàlián/<br>jiàlián-wùměi | 品質がよくて値段も安い |
| 规律 | guīlǜ | 法則 |
| 价值观 | jiàzhíguān | 価値観 |
| 龙 | lóng | 龍 |
| 象征 | xiàngzhēng | 象徴、シンボル、象徴している |
| 消费者 | xiāofèizhě | 消費者 |
| 消费 | xiāofèi | 消費、消費する |
| 搞怪 | gǎoguài | 面白おかしい |
| 相反 | xiāngfǎn | 相反する、反対に |
| 喜闻乐见 | xǐwén-lèjiàn | 喜んで見聞きする |
| 形式 | xíngshì | 形式、フォーム |
| 讨吉利 | tǎo jílì | 幸運を求める、縁起を担ぐ |
| 讨 | tǎo | 求める、招く |
| 吉利 | jílì | 縁起がいい、めでたい |
| 车到山前必有路 | chē dào shān qián bì<br>yǒu lù | 困ったときには結局なんとかなるものだ、<br>案ずるより産むがやすし |
| 借用 | jièyòng | 借用する、（ほかの目的に）転用する |
| 俗语 | súyǔ | ことわざ |
| 巧妙 | qiǎomiào | 巧妙な、巧みな |
| 过目不忘 | guòmù bú wàng | 一度目を通したら忘れない |
| 值得 | zhídé | ～に値する |
| 本身 | běnshēn | ～自体、～自身 |
| 酒香不怕巷子深 | jiǔ xiāng bú pà xiàngzi<br>shēn | 商品さえよければ宣伝をしなくてもお客は買い<br>求めに来る |
| 香 | xiāng | 香りがよい、おいしい |
| 巷子 | xiàngzi | 路地、横丁 |
| 过分 | guòfèn | 行き過ぎた、度を越した |
| 不可信 | bùkě xìn | 信用できない、信頼できない |
| 王婆卖瓜，自卖自夸 | Wángpó mài guā, zì mài<br>zì kuā | 自画自賛する、手前みそ |

| | | |
|---|---|---|
| 黄河 | Huáng Hé | 黄河 |
| 天安门 | Tiān'ānmén | 天安門 |
| 可口可乐 | Kěkǒu-Kělè | コカ・コーラ |
| 百事可乐 | Bǎishì Kělè | ペプシコーラ |
| 丰田 | Fēngtián | トヨタ（自動車） |

# **1** 以～的［形式／方式］来＋〔動詞〕＋〔もの〕
➡ ～という［形式／方式］で〔もの〕を〔動詞〕する

❶ 这家公司的广告往往以中国人喜闻乐见的形式来传达产品信息。
この会社の広告はしばしば中国人が見聞きして喜ぶようなやり方で製品の情報を伝えています。

❷ 它以借用中国俗语的方式来巧妙地宣传自己的产品。
それは中国のことわざを借用するという手法で巧みにみずからの製品を宣伝します。

---

# **2** 值得注意的是～
➡ 注目に値するのは～である

❶ 值得注意的是，中国人在传统上总觉得产品本身才是最好的广告。
注目に値するのは、中国人は伝統的にどうやら製品そのものが一番の広告だと感じているということです。

❷ 值得注意的是，我们的产品正面临着新的竞争。
注目に値するのは、私たちの製品がまさに新たな競争に直面しているということです。

---

# **3** 在～看来
➡ ～にとっては、～の見るところでは

❶ 在中国消费者看来，过分夸张的广告常常是不可信的。
中国人の消費者にとっては、大げさすぎる広告はしばしば信用できないものと映ります。

❷ 在很多外国厂商看来，到大城市投资更有吸引力。
多くの外国メーカーの見るところでは、大都市で投資することはより魅力的なようです。

---

# **4** 谁不～呢?
➡ 誰が～しないということがあるだろうか

※反語の表現で、「いやそんなことはない、皆～するに決まっている」という強い肯定を表す。

❶ 谁不喜欢说自己的产品是最好的呢?
皆、自分の製品が一番いいと言うに決まっています。

❷ 谁不想买到又便宜又好的东西呢?
誰もが皆安くて品質のいいものを買いたいと思っているに違いありません。

---

# 練習問題

**1** 下の日本語を参考に、単語の中から適切なものを選び、空欄を埋めて文を完成させなさい。ただし、単語はそれぞれ1回ずつしか使うことができません。

满意　官网　保修期　策略　送货上门　调整　规模　相应　优惠

1. 这次促销活动的_____很大。公司的_____也会推出_____的
_____活动。
（今回の販促イベントは大規模です。会社のホームページでもそれに応じたキャンペーンを打ち出します。）

2. 公司对目前的促销活动不太_____，我们必须及时_____我们的销售
_____。
（会社は現在のキャンペーンにあまり満足しておらず、われわれはすぐさま販促プランを修正しなければなりません。）

3. 在网上购买的产品，不但可以免费_____，而且可以免费延长_____。
（ネットで買った製品は無料配送できるだけなく、無料で保証期間を延長することもできます。）

**2** 左側のヒントを読んで、それに対応する慣用表現を線で結びなさい。

1. 虽然有困难，但总会有解决的办法　　　　　•　　　• a. 王婆卖瓜，自卖自夸

2. 产品的质量很好，价格也很便宜　　　　　•　　　• b. 物美价廉

3. 只要产品很好，就自然能使消费者知道它　•　　　• c. 过目不忘

4. 印象很深刻，不会忘记　　　　　　　　　•　　　• d. 酒香不怕巷子深

5. 自己说自己卖的东西很好　　　　　　　　•　　　• e. 车道山前必有路

## 販促時によく使われる表現

　この課に出てきた"买一送一"や"送货上门"などのように、販促のために使われる中国語には独特の言い回しがたくさんあります。その中からいくつか代表的なものをまとめてみました。

　これらの表現は EC サイトやスーパーの店頭でよく見られます。日本国内でもドラッグストアや土産店などで目にする機会があるかもしれません。見かけることがあれば、実際にどんな宣伝文句が使われているのか確認してみるのも中国語の勉強になるでしょう。

| | | |
|---|---|---|
| 限量销售 | xiànliàng xiāoshòu | 数量限定販売 |
| 限量商品 | xiànliàng shāngpǐn | 数量限定商品 |
| 热卖品 | rèmàipǐn | 売れ筋品 |
| 爆款 | bàokuǎn | 超人気商品 |
| 特惠装 | tèhuìzhuāng | お買い得パック |
| 第二件半价 | dì èr jiàn bànjià | 2個目は半額 |
| 立减〜元 | lì jiǎn 〜 yuán | その場で〜元値引き |
| 大甩卖 | dàshuǎimài | 大安売り |
| 限时抢购 | xiànshí qiǎnggòu | タイムセール |
| 清仓价 | qīngcāngjià | 在庫処分価格 |
| 会员价 | huìyuánjià | 会員価格 |
| 只限〜天 | zhǐ xiàn 〜 tiān | 〜日間限り |
| 〜制造 | 〜 zhìzào | メイドイン〜 |

# 第12課

## 在交易会
Zài jiāoyìhuì

🔊 089

　　在东方公司公共关系部主任张红的陪同下，史强生和白琳昨天从北京坐高铁到了上海。今天上午，他们去参观了上海商品交易会。

## トレードフェアで

　スミスさんとペティさんは東方公司の公共関係部主任張紅さんのアテンドで、昨日、北京から高速鉄道で上海に到着しました。今日の午前中は、上海商品交易会を見学しに来ています。

白琳: 啊，这儿真大！ 张主任，听说有一千多家厂商参加了这届
À, zhèr zhēn dà! Zhāng zhǔrèn, tīngshuō yǒu yìqiān duō jiā chǎngshāng cānjiāle zhè jiè

交易会，是吗？
jiāoyìhuì, shì ma?

张红: 是啊，这是今年国内规模最大的交易会之一。不但全国
Shì a, zhè shì jīnnián guónèi guīmó zuì dà de jiāoyìhuì zhīyī. Búdàn quánguó

各地都有厂商参加，而且还有不少外国公司参展。史先生、
gèdì dōu yǒu chǎngshāng cānjiā, érqiě hái yǒu bù shǎo wàiguó gōngsī cānzhǎn. Shǐ xiānsheng、

白小姐，这本小册子上有参加交易会的厂商介绍。
Bái xiǎojiě, zhè běn xiǎocèzi shang yǒu cānjiā jiāoyìhuì de chǎngshāng jièshào.

史强生: 【看小册子】嗯，纺织、服装、家电、手机、自行车、
【kàn　　xiǎocèzi】Ňg, fǎngzhī、 fúzhuāng、 jiādiàn、 shǒujī、 zìxíngchē、

玩具……参展的企业和产品可真不少！ 不过，我最感兴趣
wánjù……cānzhǎn de qǐyè hé chǎnpǐn kě zhēn bù shǎo! Búguò, wǒ zuì gǎn xìngqù

的是家电产品和纺织服装。哈，家电展区就在那边。我们
de shì jiādiàn chǎnpǐn hé fǎngzhī fúzhuāng. Hā, jiādiàn zhǎnqū jiù zài nàbian. Wǒmen

过去看看吧！【走到展位前】
guòqù kànkan ba!【zǒudào zhǎnwèi qián】

厂商甲: 先生您好！ 这边是我们今年新推出的多功能空调。我给您
Xiānsheng nín hǎo! Zhèbian shì wǒmen jīnnián xīn tuīchū de duōgōngnéng kōngtiáo. Wǒ gěi nín

介绍、展示一下儿吧？
jièshào、zhǎnshì yíxiàr ba?

史强生: 现在市场上的空调产品很多。您这款产品有什么特点？
Xiànzài shìchǎng shang de kōngtiáo chǎnpǐn hěn duō. Nín zhè kuǎn chǎnpǐn yǒu shénme tèdiǎn?

厂商甲: 您看，我们这个产品的外形设计简洁、时尚，有五种颜色
Nín kàn, wǒmen zhège chǎnpǐn de wàixíng shèjì jiǎnjié、shíshàng, yǒu wǔ zhǒng yánsè

可供消费者选择。产品体积小，制冷效果好。除了制冷
kě gōng xiāofèizhě xuǎnzé. Chǎnpǐn tǐjī xiǎo, zhìlěng xiàoguǒ hǎo. Chúle zhìlěng

以外，还可以除湿、制暖和净化空气，而且非常节能。
yǐwài, hái kěyǐ chúshī、zhìnuǎn hé jìnghuà kōngqì, érqiě fēicháng jiénéng.

史强生: 这么多功能，价格是多少呢？
Zhème duō gōngnéng, jiàgé shì duōshao ne?

厂商甲: 我们一共有三个型号，零售价都在市场上同类产品的价格
Wǒmen yígòng yǒu sān ge xínghào, língshòujià dōu zài shìchǎng shang tónglèi chǎnpǐn de jiàgé

以下。批发价更优惠。您请稍等，我给您拿一份产品资料，
yǐxià. Pīfājià gèng yōuhuì. Nín qǐng shāoděng, wǒ gěi nín ná yí fèn chǎnpǐn zīliào,

供您参考。
gōng nín cānkǎo.

史強生：谢谢！【对白琳】看起来在中国做生意竞争很激烈啊！
Xièxie!【duì Bái Lín】Kàn qilai zài Zhōngguó zuò shēngyi jìngzhēng hěn jīliè a!

## 日本語訳 ■ 家電製品の展示ゾーンで

ベティ：ああ、ここはほんとうに大きいですね！ 張主任、1,000 社以上のメーカーが今回のトレードフェアに参加しているそうですね。

張紅：ええ、これは今年中国国内で最大規模のトレードフェアの一つなんです。全国各地のメーカーが参加しているだけでなく、多くの外国企業も出展しています。スミスさん、ベティさん、このパンフレットにトレードフェアに参加しているメーカーが紹介されています。

スミス：【パンフレットを見て】うん、テキスタイル、ファッション、家電、スマートフォン、自転車、おもちゃ…出展している企業と製品はほんとうに多いですね！ ただ、私が一番関心を持っているのは家電製品とテキスタイル、ファッションです。あ、家電製品の出展ゾーンはあそこです。行って見てみましょう！【ブースの前まで歩いていく】

メーカーA：こんにちは！ こちらは当社が今年新たに売り出す多機能エアコンです。ご紹介して、お見せいたしましょう。

スミス：現在、マーケットには空調製品はとてもたくさんあります。おたくのこの製品にはどのような特徴があるのでしょうか？

メーカーA：ご覧ください、当社のこの製品の外観のデザインはシンプルかつモダンで、消費者は5つの色から選ぶことができます。製品の体積は小さいですが、冷却効果は優れています。冷房以外に除湿、暖房それに空気清浄もできて、そのうえとても省エネなんです。

スミス：こんなに多機能で、価格はいくらになるんですか？

メーカーA：当社には全部で3つのタイプがありまして、小売価格はすべてマーケットでの同類製品の価格以下です。卸売価格はさらに値引きいたします。少しお待ちください、製品の資料を持ってまいりますから、参考になさってください。

スミス：ありがとうございます。【ベティさんに向かって】どうやら、中国で商売をするのはとても競争が激しそうだね！

厂商乙:张主任，您好、您好！好久不见了，您也是来参加交易会
Zhāng zhǔrèn, nín hǎo、nín hǎo! Hǎojiǔ bú jiàn le, nín yě shì lái cānjiā jiāoyìhuì

的吗?
de ma?

张红:不是。我是陪这两位客人来的。这位是美国国际贸易公司
Bú shì. Wǒ shì péi zhè liǎng wèi kèrén lái de. Zhè wèi shì Měiguó Guójì Màoyì Gōngsī

亚洲地区总裁史先生，这位是白小姐。他们对您的产品很
Yàzhōu dìqū zǒngcái Shǐ xiānsheng, zhè wèi shì Bái xiǎojiě. Tāmen duì nín de chǎnpǐn hěn

感兴趣。
gǎn xìngqù.

厂商乙:史先生、白小姐，幸会、幸会！欢迎光临，欢迎光临！
Shǐ xiānsheng、Bái xiǎojiě, xìnghuì、xìnghuì! Huānyíng guānglín, huānyíng guānglín!

白琳:我们刚才看了好几家公司的丝绸产品，可是就数您这儿的
Wǒmen gāngcái kànle hǎo jǐ jiā gōngsī de sīchóu chǎnpǐn, kěshì jiù shǔ nín zhèr de

品种最多、设计最漂亮。
pǐnzhǒng zuì duō、shèjì zuì piàoliang.

厂商乙:谢谢您的夸奖！实话对您说，我们的丝绸产品获得过多次
Xièxie nín de kuājiǎng! Shíhuà duì nín shuō, wǒmen de sīchóu chǎnpǐn huòdéguo duō cì

国家优质产品金奖。要是您对中国丝绸（产品）感兴趣的
guójiā yōuzhì chǎnpǐn jīnjiǎng. Yàoshi nín duì Zhōngguó sīchóu (chǎnpǐn) gǎn xìngqù de

话，您算是找对地方了！市场上那些廉价的山寨货可是
huà, nín suànshì zhǎo duì dìfang le! Shìchǎng shang nàxiē liánjià de shānzhàihuò kěshì

没法儿跟我们的比！【拿出两本小册子】这是我们公司的
méifǎr gēn wǒmen de bǐ! 【náchū liǎng běn xiǎocèzi】 Zhè shì wǒmen gōngsī de

产品目录。您看，既有传统式样，又有时尚新潮的设计。
chǎnpǐn mùlù. Nín kàn, jì yǒu chuántǒng shìyàng, yòu yǒu shíshàng xīncháo de shèjì.

请二位过目！
Qǐng èr wèi guòmù!

史强生:【看目录】不错，这些产品的确很有吸引力，式样新、价格
【kàn mùlù】 Búcuò, zhèxiē chǎnpǐn díquè hěn yǒu xīyǐnlì, shìyàng xīn、jiàgé

也很有竞争力。请问，您的这些产品都有现货供应吗?
yě hěn yǒu jìngzhēnglì. Qǐngwèn, nín de zhèxiē chǎnpǐn dōu yǒu xiànhuò gōngyìng ma?

厂商乙:保证都有。史先生，如果您打算现在就订货的话，我还
Bǎozhèng dōu yǒu. Shǐ xiānsheng, rúguǒ nín dǎsuàn xiànzài jiù dìnghuò dehuà, wǒ hái

可以给您打九五折。
kěyǐ gěi nín dǎ jiǔ wǔ zhé.

史强生: 今天恐怕不行。我还得再考虑考虑。也许明天我们会再来
Jīntiān kǒngpà bùxíng. Wǒ hái děi zài kǎolükǎolü. Yěxǔ míngtiān wǒmen huì zài lái

跟您洽谈。
gēn nín qiàtán.

厂商乙: 没关系、没关系。生意不成情义在，这次不行下次行！ 这
Méi guānxi、méi guānxi. Shēngyi bù chéng qíngyì zài, zhè cì bùxíng xià cì xíng! Zhè

是我的名片，欢迎您随时跟我们联系！
shì wǒ de míngpiàn, huānyíng nín suíshí gēn wǒmen liánxì!

张红: 【开玩笑】喂，您不是想把我的客户挖走吧？
【kāi wánxiào】Wèi, nín bú shì xiǎng bǎ wǒ de kèhù wāzǒu ba?

厂商乙: 【笑】哪儿的话！ 大家在这儿都是做生意嘛！
【xiào】Nǎr de huà! Dàjiā zài zhèr dōu shì zuò shēngyi ma!

---

**日本語訳** ■ テキスタイルとファッションの展示ゾーンで

メーカーB: 張主任、どうも、こんにちは！ お久しぶりですね、あなたもフェアに
参加されていたんですか？

張紅: いえいえ。私はこちらの客人お二人のアテンドでやってきたんです。
こちらはアメリカ国際貿易会社のアジア地区総裁をしていらっしゃる
スミスさん、こちらはペティさんです。お二人はおたくの製品に興味
をお持ちなんですよ。

メーカーB: スミスさん、ペティさん、お会いできて光栄です。ようこそいらっしゃ
いました、歓迎します！

ペティ: さきほど、私たちは何社ものシルク製品を見たのですが、おたくのと
ころのは種類が一番多くて、デザインも一番きれいです。

メーカーB: お褒めいただき、恐縮です！ 実は、当社のシルク製品は何度も国家優
秀品質製品の金賞を受賞しているんです。もしも中国のシルク（製品）
にご興味がおありでしたら、当社を訪ねて正解ということになります
よ！ マーケットに出ている安い模倣品なんかは私たちの商品と比べよ
うもありません！【2冊のパンフレットを取り出して】これは当社の
製品カタログです。ほら、伝統的なデザインもあれば、新しいトレン
ドに乗ったファッショナブルなデザインもあります。どうぞ、お二人
で目を通してください。

スミス：【カタログを見て】素晴らしい、これらの製品は確かに魅力的です。デザインも新しく、価格的にも競争力があります。お尋ねしますが、これらの製品はすべて在庫がありますか？

メーカーB：すべて確実にございます。スミスさん、もしここですぐ発注するおつもりでしたら、当方はさらに5パーセントの値引きをすることができますよ。

スミス：今日はたぶん無理だと思います。私はもっと検討しないといけません。もしかしたらまた明日商談しに来るかもしれません。

メーカーB：かまいません、かまいません。取引が成立しなくても情はあるというじゃないですか。今回はダメでも次回はオーケーでしょう。これは私の名刺です、いつでも私たちにご連絡ください。

張紅：【冗談で】ちょっと、私のお客さまを横取りしようっていう算段じゃないでしょうね！

メーカーB：【笑】いやいやとんでもないですよ！ 皆ここで商売をしているんじゃないですか！

| 新出単語 1 | | 🔊》092 |
|---|---|---|
| 陪同 | péitóng | アテンドする、付き添う |
| 展区 | zhǎnqū | 出展ゾーン |
| 届 | jiè | （展示会やイベントなどの回数を表す量詞）<br>〜回、〜期 |
| 参展 | cānzhǎn | 展覧会に出展する（＝参加展览） |
| 小册子 | xiǎocèzi | パンフレット、冊子 |
| 纺织 | fǎngzhī | テキスタイル、紡織 |
| 展位 | zhǎnwèi | 展示ブース |
| 多功能 | duōgōngnéng | 多機能の |
| 功能 | gōngnéng | 機能 |
| 特点 | tèdiǎn | 特徴 |
| 外形 | wàixíng | 外形、外見 |
| 简洁 | jiǎnjié | シンプルな、簡潔な |
| 供 | gōng | 提供する |
| 体积 | tǐjī | 体積、ボリューム |
| 制冷 | zhìlěng | 冷やす、冷房する |

| | | |
|---|---|---|
| 除湿 | chúshī | 除湿する |
| 制暖 | zhìnuǎn | 暖める、暖房する |
| 净化 | jìnghuà | 浄化する、浄化 |
| 型号 | xínghào | 型番、モデル、タイプ |
| 型 | xíng | モデル、タイプ |
| 以下 | yǐxià | 〜以下 |
| 稍等 | shāoděng | 少し待つ |
| 参考 | cānkǎo | 参考にする、参照する |
| 看起来 | kàn qilai | 見たところ〜だ |
| 丝绸 | sīchóu | シルク、シルク製品 |
| 数 | shǔ | 数える |
| 夸奖 | kuājiǎng | 褒める |
| 实话 | shíhuà | ほんとうの話、正直な話 |
| 获得 | huòdé | 獲得する、（名声、評判等を）得る |
| 优质 | yōuzhì | 優れた品質、高品質 |
| 金奖 | jīnjiǎng | 金賞 |
| 算是 | suànshì | 〜と考えられる、〜ということになる |
| 廉价 | liánjià | （値段が）安い、安価な |
| 没法（儿） | méifǎ(r) | 仕方がない |
| 现货 | xiànhuò | 在庫品、現物 |
| 供应 | gōngyìng | 供給、供給する |
| 订货 | dìnghuò | （商品を）オーダーする、注文する、発注する |
| 九五折 | jiǔ wǔ zhé | 5パーセントの値引き |
| 打折 | dǎzhé | 値引きする |
| 生意不成情义在 | shēngyi bù chéng qíngyì zài | 商売は成立せずとも人情は残る、取引が不調でも情はある |
| 挖走 | wāzǒu | 引き抜く |
| 挖 | wā | 掘る |

## 1 在＋〔人〕＋（的）陪同下

⟹〔人〕による［随行／同行］のもと、〔人〕の付き添いにより
〔人〕のアテンドで

※新聞やテレビのニュースで使われるフォーマルな表現。

❶ 在张红的陪同下，史强生和白琳从北京坐飞机到了上海。

張紅さんの付き添いにより、ジョンソン・スミスさんとリーン・ペティさんは北京から飛行機で
上海に到着しました。

❷ 在马局长的陪同下，美国代表团昨天参观了高新科技产品交易会。

馬局長のアテンドのもと、アメリカの代表団は昨日ハイテク製品交易会を見学しました。

## 2 ～供＋〔人〕＋［参考／选择］

⟹～は〔人〕［の参考に供する／に選択を任せる］

❶ 这种空调机有五种颜色供消费者选择。

このタイプのエアコンは5種類の色があり、消費者が選択できます。

❷ 这份产品资料供您参考。

この製品資料はあなたの参考に供するものです。

## 3 看来／看起来　⟹見たところ～のようだ、どうも～のようだ

❶ 看起来，参加交易会是进入中国市场的一个好办法。

見たところ、トレードフェアに参加することが中国市場に参入する一つのよい方法のようです。

❷ 这次的谈判看来很成功。

今回の商談はどうやら成功したようです。

## 4 算是～　⟹～とみなす、～いうことになる

❶ 要是您对中国丝绸感兴趣的话，您算是找对地方了！

もしあなたがチャイナシルクに興味を持たれたということであれば、ここにいらして正解です。

❷ 那家民营企业可以算是一家很大的公司。

あの民営企業は一つの大企業だということができます。

交易会，又叫博览会，是厂商展销产品、交流信息、开展
Jiāoyìhuì, yòu jiào bólǎnhuì, shì chǎngshāng zhǎnxiāo chǎnpǐn, jiāoliú xìnxī, kāizhǎn

对外贸易和吸引外资的重要方式之一。为了推动经济的发展，
duìwài màoyì hé xīyǐn wàizī de zhòngyào fāngshì zhīyī. Wèile tuīdòng jīngjì de fāzhǎn,

每年中国都会定期举行若干国际交易会或者博览会。这些
měi nián Zhōngguó dōu huì dìngqī jǔxíng ruògān guójì jiāoyìhuì huòzhě bólǎnhuì. Zhèxiē

交易会的规模有的大有的小，类型也不完全一样。其中，历史
jiāoyìhuì de guīmó yǒude dà yǒude xiǎo, lèixíng yě bù wánquán yíyàng. Qízhōng, lìshǐ

最长、规模最大的是中国进出口商品交易会。它一年两次，
zuì cháng、guīmó zuì dà de shì Zhōngguó Jìnchūkǒu Shāngpǐn Jiāoyìhuì. Tā yì nián liǎng cì,

分别在春季和秋季在广州举行，所以又简称广交会。很多中国
fēnbiézài chūnjì hé qiūjì zài Guǎngzhōu jǔxíng, suǒyǐ yòu jiǎnchēng Guǎngjiāohuì. Hěn duō Zhōngguó

厂商都以能够在广交会上展出自己的产品为荣。可以说，广交会
chǎngshāng dōu yǐ nénggòu zài Guǎngjiāohuì shang zhǎnchū zìjǐ de chǎnpǐn wéi róng. Kěyǐ shuō, Guǎngjiāohuì

是了解中国经济发展的一个窗口。每年九月在厦门举办的中国
shì liǎojiě Zhōngguó jīngjì fāzhǎn de yí ge chuāngkǒu. Měi nián jiǔyuè zài Xiàmén jǔbàn de Zhōngguó

国际投资贸易洽谈会（简称投洽会），则是中国最重要的国际
Guójì Tóuzī Màoyì Qiàtánhuì (jiǎnchēng Tóuqiàhuì), zé shì Zhōngguó zuì zhòngyào de guójì

投资博览会。厦门投洽会以投资洽谈为主题，全面介绍当年的
tóuzī bólǎnhuì. Xiàmén Tóuqiàhuì yǐ tóuzī qiàtán wéi zhǔtí, quánmiàn jièshào dàngnián de

各类招商项目，是投资中国的桥梁。除此之外，重量级的交易会
gè lèi zhāoshāng xiàngmù, shì tóuzī Zhōngguó de qiáoliáng. Chú cǐ zhī wài, zhòngliàngjí de jiāoyìhuì

还有中国（北京）国际服务贸易交易会（简称京交会）和中国
hái yǒu Zhōngguó (Běijīng) Guójì Fúwù Màoyì Jiāoyìhuì (jiǎnchēng Jīngjiāohuì) hé Zhōngguó

国际高新技术成果交易会（深圳，简称高交会）。
Guójì Gāoxīn Jìshù Chéngguǒ Jiāoyìhuì (Shēnzhèn, jiǎnchēng Gāojiāohuì).

对于想到中国做生意、投资的外国厂商来说，参加中国的
Duìyú xiǎngdào Zhōngguó zuò shēngyi, tóuzī de wàiguó chǎngshāng lái shuō, cānjiā Zhōngguó de

交易会无疑是熟悉中国市场、获得最新商业信息的有效途径。
jiāoyìhuì wúyí shì shúxi Zhōngguó shìchǎng、huòdé zuì xīn shāngyè xìnxī de yǒuxiào tújìng.

如果你想从中国进口商品，交易会应该是你能买到物美价廉
Rúguǒ nǐ xiǎng cóng Zhōngguó jìnkǒu shāngpǐn, jiāoyìhuì yīnggāi shì nǐ néng mǎidào wùměi-jiàlián

产品的好地方。由于参展的厂商多，难免竞争激烈。许多厂商
chǎnpǐn de hǎo dìfang. Yóuyú cānzhǎn de chǎngshāng duō, nánmiǎn jìngzhēng jīliè. Xǔduō chǎngshāng

往往以降低价格、提供各种优惠条件的办法来吸引买主。你可
wǎngwǎng yǐ jiàngdī jiàgé、tígōng gè zhǒng yōuhuì tiáojiàn de bànfǎ lái xīyǐn mǎizhǔ. Nǐ kě

别错过这样的好机会啊！
bié cuòguò zhèyàng de hǎo jīhuì a!

トレードフェアは博覧会とも呼ばれ、メーカーが製品を展示販売したり、情報を交換したり、対外貿易を展開したり、あるいは外資を導入する重要な方式の一つです。経済の発展を推し進めるために、毎年中国では定期的にいくつかの国際的なトレードフェアや博覧会を開催しています。これらのトレードフェアの規模は大小さまざまで、そのタイプも完全に同じということではありません。その中で、歴史が最も長く、規模が最大なのは中国輸出入商品交易会です。これは1年に2回、それぞれ春と秋に広州で開催されているので、広交会（広州交易会）と略称されます。多くの中国メーカーが広州交易会で自社の製品を展示できることを光栄だと感じています。広州交易会は中国経済の発展を理解する一つの窓口だといえるでしょう。また、毎年9月にアモイで開催される中国国際投資貿易商談会（略称は投商会）は、中国で最も重要な投資博覧会です。アモイ投資商談会は投資商談をテーマとし、その年の各種の外資導入プロジェクトを全面的に紹介するもので、中国に投資するための橋渡し役といえる存在です。そのほかにも重要なトレードフェアとして、中国（北京）国際サービス貿易交易会（略称は京交会）と、中国国際ハイテク成果交易会（深セン、略称は高交会）があります。

中国でのビジネスや中国への投資をしてみようと考えている外国のメーカーにとっては、トレードフェアに参加することは疑いもなく中国市場を熟知し最新の商業情報を獲得する有効な手段であるといえます。もし、中国から商品を輸入しようと考えているなら、トレードフェアは当然のことながら品質がよくて値段も安価な商品を仕入れるためのよい場所になるでしょう。出展するメーカー数が多いので、競争が熾烈になることは避けられません。多くのメーカーはしばしば価格を下げ、各種の優遇条件を提示するという方法で買い手を引きつける努力をします。このような絶好の機会を逃す手はありませんよ！

| 新出単語 2 | | | 🔊 095 |
|---|---|---|---|
| 博覧会 | bólǎnhuì | 展示会、博覧会 | |
| 展销 | zhǎnxiāo | 展示販売、展示販売する | |
| 开展 | kāizhǎn | 繰り広げる、展開する | |
| 定期 | dìngqī | 定期的な、定期的に | |
| 分别 | fēnbié | それぞれ、別々に | |

| | | |
|---|---|---|
| 春季 | chūnjì | 春の |
| 简称 | jiǎnchēng | 略称 |
| 以～为荣 | yǐ～wéi róng | ～を光栄に感じる |
| 展出 | zhǎnchū | 展示する、陳列する |
| 窗口 | chuāngkǒu | 窓口 |
| 举办 | jǔbàn | 主催する、執り行う、開催する |
| 则是 | zé shì | すなわち |
| 主题 | zhǔtí | テーマ、主題 |
| 全面 | quánmiàn | 全面的な、包括的な |
| 当年 | dàngnián | その年の、その年に |
| 各类 | gèlèi | 各種の |
| 招商 | zhāoshāng | 投資を誘致する、外資導入の |
| 项目 | xiàngmù | プロジェクト、プログラム |
| 桥梁 | qiáoliáng | 橋渡し役、橋 |
| 除此之外 | chú cǐ zhī wài | それ以外にも、これに加えて |
| 重量级 | zhòngliàngjí | 重量級の、重要な |
| 成果 | chéngguǒ | 成果 |
| 无疑 | wúyí | 疑いようがない、疑いもなく |
| 途径 | tújìng | 経路、手段、チャンネル |
| 由于 | yóuyú | ～ということによって、～というせいで |
| 难免 | nánmiǎn | 避けられない、免れ難い |

| | | |
|---|---|---|
| 中国进出口商品交易会 | Zhōngguó Jìnchūkǒu Shāngpǐn Jiāoyìhuì | 中国輸出入商品交易会、広州交易会 |
| 厦门 | Xiàmén | アモイ、厦門 |
| 中国国际投资贸易洽谈会 | Zhōngguó Guójì Tóuzī Màoyì Qiàtánhuì | 中国国際投資貿易商談会 |
| 中国（北京）国际服务贸易交易会 | Zhōngguó (Běijīng) Guójì Fúwù Màoyì Jiāoyìhuì | 中国（北京）国際サービス貿易交易会 |
| 中国国际高新技术成果交易会 | Zhōngguó Guójì Gāoxīn Jìshù Chéngguǒ Jiāoyìhuì | 中国国際ハイテク成果交易会 |

## 1 以～为［荣／主题］

⟹ ～を［名誉／テーマ］とする

❶ 很多中国厂商都以能够在广交会上展出自己的产品为荣。

多くの中国メーカーは広州交易会に自社製品を出展できることを名誉なことだとしています。

❷ 每年九月的厦门投洽会以投资洽谈为主题。

毎年9月のアモイ投資商談会は投資商談をテーマとしています。

## 2 除此之外，～［还／也］…

⟹ そのほかに～もまた…である

❶ 除此之外，重量级的交易会还有中国（北京）国际服务贸易交易会。

そのほかにも、重要なトレードフェアには中国（北京）国際サービス貿易交易会もあります。

❷ 这星期我要参加交易会。除此之外，我也打算去考察几家工厂。

今週私はトレードフェアに参加します。そのほかにも、何社か工場見学もするつもりです。

## 3 难免～

⟹ ～は［避けられない／免れない］、～しがちである

❶ 由于参加广交会的厂商多，难免竞争激烈。

トレードフェアに参加するメーカーは多いので、競争が激しくなることは免れません。

❷ 如果你不了解市场行情，做生意的时候难免吃亏上当。

もしマーケットの相場を理解していなければ、ビジネスをするときに損をしたり騙されたりするということになりがちです。

## 4 以～的办法

⟹ ～という方法で

❶ 厂商往往以提供各种优惠条件的办法来吸引买主。

メーカーは往々にして各種の優遇条件を提示するという方法で買い手の興味を引こうとします。

❷ 这家公司打算以分期付款的办法，引进新的组装线。

この会社は分割払いという方法で新しい組み立てラインを導入するつもりです。

**1** 下のヒントに対応する第 12 課の新出単語を漢字で書きなさい。次にそのピンインをそれぞれのマスに書き込み、最終的に求められる第 12 課の新出単語を漢字で答えなさい。声調符号は無視してかまいません。

| ┃ヒント┃ | ┃単語┃ |
|---|---|
| 1. "以上" の対義語 | (          ) |
| 2. 安い値段 | (          ) |
| 3. 展示会に出展する | (          ) |
| 4. 汚れを取り除いてきれいにする | (          ) |
| 5. ほんとうの話、誇張のない話 | (          ) |
| 6. 値段を下げる | (          ) |
| 7. 優れた品質 | (          ) |

答え （　　　　　　　　　　　）

## 値引きの表現

　中国語での値引きの表現は独特です。「値引きをする」という単語は"打折"を使います。たとえば「10パーセント値引き」と表現したいとき、中国語では、"打九折"といいます。これは中国では「何パーセント値引き」という考え方ではなく、「何掛けをする」という考え方をするのが一般的だからです。

　中国人はとても縁起を担ぎます。日本語では「苦」を連想させるため9という数字は敬遠されがちですが、中国語の"九"は"久"と発音がまったく同じため、とても縁起がいい数字とされています。また、"八"も同様に"発"と発音が似ているので「財を成す」という意味の"発財"につながり、非常に縁起がいいとされます。ちなみにこの課に出てくる"中国国際投資貿易洽談会"(「中国国際投資貿易商談会」)は毎年9月8日からアモイで開催されます。通称は"九八厦門投洽会"で、"九八"は「いつまでも発展し続ける・儲かる」という意味ですからとても縁起がいいのです。

　このように中国人は8や9という数字は縁起がいいと感じているので、"打九折"のほかに、"打八折（「20パーセント値引き」）"や"打八八折（「12パーセント値引き」）"というのもお客さんの関心を引きつけるようです。

　ただし、こうした表現はどちらかというとスーパーの店頭やオンラインショップの広告の文言などカジュアルな場面で使われることが多く、通常の仕事上における値引き交渉の場面で「〜パーセント値引いてください」と言いたい場合は"降低百分之〜"と表現するのが一般的です。

# 第13課

## 招聘面试
🔊》097
Zhāopìn miànshì

　　为了进一步扩大在中国的业务，美国国际贸易公司决定招聘一位派驻中国的业务代表。通过初步电话面试，公司人力资源部筛选出三位优秀的申请人。他们中间的一位马杰目前正在上海。史强生和白琳到达上海以后，立刻安排了对他的正式面试。

---

### 採用面接

　　さらに中国でのビジネスを拡大するために、アメリカ国際貿易会社では中国に駐在する業務代表者を採用する決定をしました。会社の人事部ではまず電話での面接を通じて、優秀な応募者3人に絞り込みました。その中の1人、ジャック・マーティンさんは現在上海に住んでいます。スミスさんとペティさんは上海に到着したのち、すぐに彼との正式な面接をアレンジしました。

【在旅馆套房的客厅。门铃响，白琳开门。】
【Zài lǚguǎn tàofáng de kètīng. Ménlíng xiǎng, Bái Lín kāimén.】

马杰: 您好！ I am Jack Martin.
Nín hǎo!

白琳: Hello, Jack! 请进、请进！
Qǐng jìn、qǐng jìn!

马杰: 谢谢！
Xièxie!

白琳: (让) 我来介绍一下儿。这位是我们公司亚洲（地）区总裁，
(Ràng) wǒ lái jièshào yíxiàr. Zhè wèi shì wǒmen gōngsī Yàzhōu (dì)qū zǒngcái,

Johnson Smith 先生。Johnson，这位是 Jack Martin。
xiānsheng. zhè wèi shì

马杰: I am much honored to meet you, sir.

史强生: 【握手】你好。请坐。谢谢你从浦东赶过来面试。路上堵车
【wòshǒu】Nǐ hǎo. Qǐng zuò. Xièxie nǐ cóng Pǔdōng gǎn guolai miànshì. Lùshang dǔchē

吗?
ma?

马杰: 我是坐地铁过来的，很方便。我觉得非常荣幸有这样的
Wǒ shì zuò dìtiě guòlái de, hěn fāngbiàn. Wǒ juéde fēicháng róngxìng yǒu zhèyàng de

面试机会。
miànshì jīhuì.

史强生: 那么，我们就开始吧。首先，请你介绍一下儿你自己的
Nàme, wǒmen jiù kāishǐ ba. Shǒuxiān, qǐng nǐ jièshào yíxiàr nǐ zìjǐ de

背景和经历。
bèijǐng hé jīnglì.

马杰: 我应该用中文说吗?
Wǒ yīnggāi yòng Zhōngwén shuō ma?

史强生: 对。这是一个派驻在中国的工作，要求申请人有中英文
Duì. Zhè shì yí ge pàizhùzài Zhōngguó de gōngzuò, yāoqiú shēnqǐngrén yǒu Zhōng-Yīngwén

双语能力，尤其是应该有用中文跟中国客户交流和沟通
shuāngyǔ nénglì, yóuqí shì yīnggāi yǒu yòng Zhōngwén gēn Zhōngguó kèhù jiāoliú hé gōutōng

的能力。
de nénglì.

马杰: 好的。我叫 Jack Martin，我的中文名字是马杰。我是
Hǎo de. Wǒ jiào wǒ de Zhōngwén míngzi shì Mǎ Jié. Wǒ shì

美国人。两年前（我）从西雅图的华盛顿大学毕业，我的
Měiguórén. Liǎng nián qián (wǒ) cóng Xīyǎtú de Huáshèngdùn Dàxué bìyè, wǒ de

专业是市场营销。我目前在上海现代商贸公司工作。
zhuānyè shì shìchǎng yíngxiāo. Wǒ mùqián zài Shànghǎi Xiàndài Shāngmào Gōngsī gōngzuò.

史强生：这是一家什么样的企业？ 你的具体工作是什么？
Zhè shì yì jiā shénmeyàng de qǐyè? Nǐ de jùtǐ gōngzuò shì shénme?

马杰：这是一家跨境电商公司，就在上海自贸区。我在公司的
Zhè shì yì jiā kuàjìng diànshāng gōngsī, jiù zài Shànghǎi zìmàoqū. Wǒ zài gōngsī de

物流部工作，负责跟海外供应商的联系和沟通。
wùliúbù gōngzuò, fùzé gēn hǎiwài gōngyìngshāng de liánxì hé gōutōng.

白琳：你的中文很流利。请问你学了几年中文了？
Nǐ de Zhōngwén hěn liúlì. Qǐngwèn nǐ xuéle jǐ nián Zhōngwén le?

马杰：大概六七年了吧。我从高中的时候开始学中文。在大学
Dàgài liù qī nián le ba. Wǒ cóng gāozhōng de shíhou kāishǐ xué Zhōngwén. Zài dàxué

期间我也一直上中文课。因为我相信学好中文一定会对
qījiān wǒ yě yìzhí shàng Zhōngwénkè. Yīnwèi wǒ xiāngxìn xuéhǎo Zhōngwén yídìng huì duì

我将来的工作有帮助。
wǒ jiānglái de gōngzuò yǒu bāngzhù.

史强生：【微笑】看来你在语言学习上做了一个很好的决定。好，
【wēixiào】 Kànlái nǐ zài yǔyán xuéxí shang zuòle yí ge hěn hǎo de juédìng. Hǎo,

接下来请你详细说一说你还有哪些经验吧。
jiē xialai qǐng nǐ xiángxì shuō yi shuō nǐ hái yǒu nǎxiē jīngyàn ba.


**日本語訳** ■ 個人の経歴について紹介する

【ホテルのスイートルームのリビングルームで。呼び鈴が鳴り、ペティさんがド
アを開ける。】

マーティン：こんにちは！ 私はジャック・マーティンと申します。

ペティ：ハロー、ジャック。どうぞ中にお入りください。

マーティン：ありがとうございます。

ペティ：ご紹介します。こちらは弊社のアジア地区総裁のジョンソン・スミス
です。ジョンソン、こちらがジャック・マーティンさんです。

マーティン：お目にかかれて光栄です。

スミス：【握手をして】こんにちは。どうぞ座ってください。浦東から面接に
駆けつけていただきありがとうございます。道は混んでいましたか？

マーティン：私は地下鉄で参りました、とても便利です。今回、このような面接の機会をいただき、たいへん光栄に感じております。

スミス：では、始めましょうか。まず、あなた自身のバックグラウンドと経歴について紹介してください。

マーティン：中国語で話した方がよいでしょうか？

スミス：はい、そうです。これは中国に駐在する仕事になりますから、応募者には中国語と英語のバイリンガルであることが要求されます。とりわけ、中国語で中国側の顧客と意思疎通を図る能力が求められます。

マーティン：わかりました。私はジャック・マーティンと申します。私の中国語名は馬杰です。私はアメリカ人で、2年前にシアトルのワシントン大学を卒業しました。専攻はマーケティングです。現在、私は上海現代商貿公司で働いております。

スミス：その会社はどのような会社ですか？　そこでのあなたの具体的な仕事はどんなことですか？

マーティン：そこは、クロスボーダーのEコマース企業で、上海自由貿易区にあります。私はその会社の物流部で働いており、海外のサプライヤーと連絡したり意思の疎通を図ったりすることが仕事です。

ベティ：あなたの中国語はとても流暢ですね。中国語はもう何年勉強していますか？

マーティン：おおよそ6、7年になるでしょうか。私は高校のときから中国語を学び始めました。大学でもずっと中国語の授業を履修していました。中国語をマスターすればきっと私の将来の仕事の助けになると思ったからです。

スミス：【にこっとして】どうやら、あなたは言語学習においてとてもよい決定をされたようですね。いいでしょう、では続いてあなたはどのような経験をお持ちか詳しく話してください。

马杰: 从大二开始到毕业，我一直利用假期在亚马逊打工。开始
Cóng dà èr kāishǐ dào bìyè, wǒ yìzhí lìyòng jiàqī zài Yàmǎxùn dǎgōng. Kāishǐ

的时候在客服部，后来在市场部。大学三年级的时候我
de shíhou zài kèfúbù, hòulái zài shìchǎngbù. Dàxué sān niánjí de shíhou wǒ

参加了学校的海外学习项目，到北京大学学习了一个学期。
cānjiāle xuéxiào de hǎiwài xuéxí xiàngmù, dào Běijīng Dàxué xuéxíle Yí ge xuéqī.

学习期间，我还在北京的一家电商企业实习了三个月。
Xuéxí qījiān, wǒ hái zài Běijīng de yì jiā diànshāng qǐyè shíxíle sān ge yuè.

史强生: 嗯，作为一个外国实习生，你具体做什么？
Ng, zuòwéi yí ge wàiguó shíxíshēng, nǐ jùtǐ zuò shénme?

马杰: 我被分配在市场部，参加了一个新产品促销项目。我们有
Wǒ bèi fēnpèizài shìchǎngbù, cānjiāle yí ge xīn chǎnpǐn cùxiāo xiàngmù. Wǒmen yǒu

一个项目团队，具体工作包括市场调查、制定促销方案和
yí ge xiàngmù tuánduì, jùtǐ gōngzuò bāokuò shìchǎng diàochá, zhìdìng cùxiāo fāng'àn hé

联系客户等等。这个实习工作让我学到了很多有用的东西。
liánxì kèhù děngděng. Zhège shíxí gōngzuò ràng wǒ xuédàole hěn duō yǒu yòng de dōngxi.

大学毕业的时候，我决定再到中国工作一段时间。很幸运，
Dàxué bìyè de shíhou, wǒ juédìng zài dào Zhōngguó gōngzuò yíduàn shíjiān. Hěn xìngyùn,

我申请到了现在这份工作。（直）到这个月为止，我在
wǒ shēnqǐngdàole xiànzài zhè fèn gōngzuò. (Zhí)dào zhège yuè wéizhǐ, wǒ zài

上海已经工作了快两年了。
Shànghǎi yǐjīng gōngzuòle kuài liǎng nián le.

史强生: 那么，你为什么申请我们这个职位呢？
Nàme, nǐ wèi shénme shēnqǐng wǒmen zhège zhíwèi ne?

马杰: 我在网上仔细看了对这个职位的要求和说明，我的理解是
Wǒ zài wǎngshàng zǐxì kànle duì zhège zhíwèi de yāoqiú hé shuōmíng, wǒ de lǐjiě shì

这个工作的职责涉及营销、物流、客服多个方面。这对于
zhège gōngzuò de zhízé shèjí yíngxiāo、wùliú、kèfú duō ge fāngmiàn. Zhè duìyú

我来说不但是一个很好的挑战，而且也是一个增加专业
wǒ lái shuō búdàn shì yí ge hěn hǎo de tiǎozhàn, érqiě yě shì yí ge zēngjiā zhuānyè

知识、提高业务能力的好机会。我觉得这份工作可以让我
zhīshi、tígāo yèwù nénglì de hǎo jīhuì. Wǒ juéde zhè fèn gōngzuò kěyǐ ràng wǒ

更好地发挥我的专业特长，也对我个人今后的职业发展更
gèng hǎo de fāhuī wǒ de zhuānyè tècháng, yě duì wǒ gèrén jīnhòu de zhíyè fāzhǎn gèng

有利。
yǒulì.

史强生: 做这份工作，你觉得你的强项是什么？
Zuò zhè fèn gōngzuò, nǐ juéde nǐ de qiángxiàng shì shénme?

马杰: 我对电商的运营模式比较熟悉，在物流和客服方面也
Wǒ duì diànshāng de yùnyíng móshì bǐjiào shúxí, zài wùliú hé kèfú fāngmiàn yě

积累了一些经验。除此之外，因为已经在中国工作了两年，
jīlěile yìxiē jīngyàn. Chú cǐ zhī wài, yīnwèi yǐjīng zài Zhōngguó gōngzuòle liǎng nián,

我对中国市场和中国消费者也比较了解。
wǒ duì Zhōngguó shìchǎng hé Zhōngguó xiāofèizhě yě bǐjiào liǎojiě.

史强生: 嗯，很好。最后一个问题：你会愿意长期在中国工作吗？
Ǹg, hěn hǎo. Zuìhòu yí ge wèntí: Nǐ huì yuànyì chángqī zài Zhōngguó gōngzuò ma?

马杰: 嗯……这个问题不太容易回答。这样说吧，我非常喜欢在
Ng……Zhège wèntí bú tài róngyì huídá. Zhèyàng shuō ba, wǒ fēicháng xǐhuan zài

中国工作。我希望能在这里至少工作、生活三到五年。
Zhōngguó gōngzuò. Wǒ xīwàng néng zài zhèlǐ zhìshǎo gōngzuò、shēnghuó sān dào wǔ nián.

史强生: 好，今天的面试就到这里。我们会在两个星期之内通知你
Hǎo, jīntiān de miànshì jiù dào zhèlǐ. Wǒmen huì zài liǎng ge xīngqī zhī nèi tōngzhī nǐ

最后的决定。谢谢你！
zuìhòu de juédìng. Xièxie nǐ!

马杰: 谢谢，再见！
Xièxie, zàijiàn!

---

**日本語訳** ■ 経験とスキル

マーティン: 大学2年生のときから卒業するまで、ずっと休みを利用してアマゾン
でアルバイトをしていました。最初はカスタマー・サービス部で、そ
のあとはマーケティング部でした。大学3年生のときに大学の海外学
習プログラムに参加して、北京大学で1学期間勉強しました。その間、
北京のEコマース企業で3カ月間のインターンシップに参加しました。

スミス: ほう、ひとりの外国人インターンとして、具体的にどんなことをしま
したか？

マーティン: マーケティング部に配属され、新製品の販売促進プロジェクトに参加
しました。私たちにはプロジェクトチームがあり、具体的にはマー
ケットリサーチ、プロモーションの計画立案、顧客との連絡などを行
いました。このインターンシップを通じて私はたくさんの有用なこと
を学びました。大学を卒業するとき、私はもう一度中国に行って一定

期間働く決心をしました。そして幸いにも現在の仕事に応募することができたという次第です。今月で、私は上海で働いてもうかれこれ2年になります。

スミス: では、あなたはどうして私たちのこのポジションに応募されたのですか？

マーティン: 私はインターネットでこのポジションに対する要求と説明をじっくり拝見し、この仕事の職責がマーケティングや物流、カスタマー・サービスなど多方面にわたるということを理解しました。これは私にとって一つの素晴らしいチャレンジであるだけでなく、専門知識を深め、仕事の能力を高める絶好のチャンスともいえます。この仕事は私の専門分野の特技をよりいっそう発揮し、私個人の今後のキャリアアップに更に有利になるものと私は感じています。

スミス: この仕事に関して、あなたの強みは何ですか？

マーティン: 私はEコマースの運営スキームを比較的熟知していますし、物流とカスタマー・サービスの分野においても一定の経験を積んできております。そのほかにも、すでに中国で2年間働いておりますので、中国の市場と消費者についても比較的よく理解しております。

スミス: はい、いいですね。最後の質問です。中国では長期的に働きたいですか？

マーティン: う〜ん、この質問にはそう簡単にお答えできないです。こう言いましょう、私は中国で仕事をするのが非常に好きです。私はここで少なくとも3年から5年は仕事をして生活をしたいと願っています。

スミス: はい、では今日の面接はここまでとします。2週間以内に最終的な決定を通知することにします。ありがとうございました。

マーティン: ありがとうございました。では失礼いたします。

| 新出単語 1 | | | 🔊》100 |
|---|---|---|---|
| 招聘 | zhāopìn | 招聘する、人材を募集する | |
| 面试 | miànshì | 面接、面接をする | |
| 派驻 | pàizhù | 駐在する | |
| 筛选 | shāixuǎn | ふるいにかける、厳選する | |
| 申请人 | shēnqǐngrén | 申請者、応募者 | |

| | | | |
|---|---|---|---|
| 申请 | shēnqǐng | 申請、申請する | |
| 背景 | bèijǐng | 背景、バックグラウンド | |
| 门铃 | ménlíng | 呼び鈴、チャイム | |
| 堵车 | dǔchē | （車の）渋滞、渋滞する | |
| 地铁 | dìtiě | 地下鉄 | |
| 荣幸 | róngxìng | 光栄な | |
| 经历 | jīnglì | 経歴、経験、経験する | |
| 双语 | shuāngyǔ | バイリンガルの、二言語の | |
| 能力 | nénglì | 能力 | |
| 市场营销 | shìchǎng yíngxiāo | マーケティング | |
| 跨境电商 | kuàjìng diànshāng | クロスボーダーのEコマース | |
| 跨境 | kuàjìng | 国境をまたいだ、クロスボーダーの | |
| 电商 | diànshāng | Eコマース、電子商取引（＝电子商务） | |
| 物流 | wùliú | 物流 | |
| 供应商 | gōngyìngshāng | サプライヤー | |
| 接下来 | jiē xialai | 続いて、次に | |
| 详细 | xiángxì | 詳細な | |
| 技能 | jìnéng | 技能、スキル | |
| 假期 | jiàqī | 休暇期間 | |
| 客服 | kèfú | カスタマー・サービス（＝顾客服务） | |
| 实习 | shíxí | インターンシップ、実習する | |
| 实习生 | shíxíshēng | （学生の）インターン、実習生 | |
| 分配 | fēnpèi | 配属する、所属を決める | |
| 团队 | tuánduì | チーム、グループ | |
| 幸运 | xìngyùn | 幸運、幸運な | |
| 为止 | wéizhǐ | ～まで | |
| 职位 | zhíwèi | ポジション、職位、ポスト | |
| 职责 | zhízé | 職責 | |
| 涉及 | shèjí | ～に及ぶ | |
| 发挥 | fāhuī | 発揮する | |
| 特长 | tècháng | 特技、特別な適性 | |
| 职业 | zhíyè | 職業 | |
| 运营模式 | yùnyíng móshì | 運営スキーム、営業パターン | |
| 运营 | yùnyíng | 運営する、オペレーション | |

| | | |
|---|---|---|
| 模式 | móshì | モード、モデル、スキーム、パターン |
| 积累 | jīlěi | 蓄積、蓄積する |

| | | |
|---|---|---|
| 人力资源部 | rénlì zīyuán bù | 人事部 |
| 浦东 | Pǔdōng | 浦東 |
| 西雅图 | Xīyǎtú | シアトル |
| 华盛顿大学 | Huáshèngdùn Dàxué | ワシントン大学 |
| 现代商贸公司 | Xiàndài Shāngmào gōngsī | 现代商贸公司（会社名） |
| 自贸区 | zìmàoqū | 自由貿易区、フリートレードゾーン |
| 物流部 | wùliúbù | 物流部 |
| 亚马逊 | Yàmǎxùn | アマゾン |
| 客服部 | kèfúbù | カスタマー・サービス部 |
| 市场部 | shìchǎngbù | マーケティング部 |

## 1 对～有［帮助 / 利］
### ⟹ ～に対して［役立つ／有利である］

❶ 学好中文一定会对我将来的工作有帮助。
中国語をマスターすれば、私の将来の仕事にきっと役に立ちます。

❷ 这份工作对我个人今后的职业发展更有利。
この仕事は、私個人の今後のキャリアアップにさらに有利に働きます。

- - - - - - - - - - - - - - - - - - - - - - - - - - - - - - - - - - - - - - - - - -

## 2 到～为止
### ⟹ ～までで

❶ 到这个月为止，我在上海已经工作了快两年了。
今月までで、私はすでに上海でほぼ2年働いたことになります。

❷ 今天的洽谈就到这儿为止。
今日の商談はここまでとしましょう。

- - - - - - - - - - - - - - - - - - - - - - - - - - - - - - - - - - - - - - - - - -

## 3 对于～来说
### ⟹ ～にとっては

❶ 这个工作对于我来说是一个很好的挑战。
この仕事は私にとって素晴らしいチャレンジです。

❷ 对于想进入中国市场的外商来说，这真是一个好机会。
中国市場に参入しようという外国企業にとっては、これはまさによいチャンスです。

- - - - - - - - - - - - - - - - - - - - - - - - - - - - - - - - - - - - - - - - - -

## 4 在～方面
### ⟹ ～において、～の面で

❶ 我在物流和客服方面也积累了一些经验。
私は物流とカスタマー・サービスにおいてもいくらかの経験を積みました。

❷ 如果您在价格方面有什么问题，可以随时跟市场部咨询。
もしも値段において何か問題がありましたら、いつでもマーケティング部にお尋ねください。

- - - - - - - - - - - - - - - - - - - - - - - - - - - - - - - - - - - - - - - - - -

今天许多外国公司在中国开展业务并招聘人手。与此同时，
Jīntiān xǔduō wàiguó gōngsī zài Zhōngguó kāizhǎn yèwù bìng zhāopìn rénshǒu. Yǔ cǐ tóngshí,

越来越多的中国公司也开始从世界各地招聘专业人才。很多
yuèláiyuè duō de Zhōngguó gōngsī yě kāishǐ cóng shìjiè gèdì zhāopìn zhuānyè réncái. Hěn duō

招聘单位都把双语能力视为录用的优先条件之一。
zhāopìn dānwèi dōu bǎ shuāngyǔ nénglì shìwéi lùyòng de yōuxiān tiáojiàn zhīyī.

　　不管是你的公司计划在中国招聘新员工，还是你自己想在
Bùguǎn shì nǐ de gōngsī jìhuà zài Zhōngguó zhāopìn xīn yuángōng, háishi nǐ zìjǐ xiǎng zài

中国找工作，最简单有效的办法是首先上网搜一下儿。你可以
Zhōngguó zhǎo gōngzuò, zuì jiǎndān yǒuxiào de bànfǎ shì shǒuxiān shàngwǎng sōu yíxiàr. Nǐ kěyǐ

从三大招聘网站开始。它们是"前程无忧（网）""智联招聘
cóng sān dà zhāopìn wǎngzhàn kāishǐ. Tāmen shì "Qiánchéng Wúyōu (Wǎng)" "Zhìlián Zhāopìn

（网）"和"中华英才网"。这三大招聘网站都用中英文提供
(Wǎng)" hé "Zhōnghuá Yīngcái Wǎng". Zhè sān dà zhāopìn wǎngzhàn dōu yòng Zhōng-Yīngwén tígōng

全国范围内求职与招聘的专业服务。在建立账户和登录之后，
quánguó fànwéi nèi qiúzhí yǔ zhāopìn de zhuānyè fúwù. Zài jiànlì zhànghù hé dēnglù zhīhòu,

你就可以方便地使用网站提供的职位搜索、简历管理、求职
nǐ jiù kěyǐ fāngbiàn de shǐyòng wǎngzhàn tígōng de zhíwèi sōusuǒ、jiǎnlì guǎnlǐ、qiúzhí

指导以及招聘猎头等服务。
zhǐdǎo yǐjí zhāopìn liètóu děng fúwù.

　　在中国找工作的另一个途径是参加招聘会。招聘会也叫
Zài Zhōngguó zhǎo gōngzuò de lìng yí ge tújìng shì cānjiā zhāopìnhuì. Zhāopìnhuì yě jiào

人才市场。在中国，招聘会已经成为人们找工作和公司招聘新
réncái shìchǎng. Zài Zhōngguó, zhāopìnhuì yǐjīng chéngwéi rénmen zhǎo gōngzuò hé gōngsī zhāopìn xīn

员工的热门场所。在经济增长和对专业人才需求的推动下，
yuángōng de rèmén chǎngsuǒ. Zài jīngjì zēngzhǎng hé duì zhuānyè réncái xūqiú de tuīdòng xià,

中国每年都举行许许多多类型和规模不同的招聘会。有的
Zhōngguó měi nián dōu jǔxíng xǔxǔduōduō lèixíng hé guīmó bù tóng de zhāopìnhuì. Yǒude

招聘会还办到了海外。近年来，有相当数量的外国公司也加入了
zhāopìnhuì hái bàndàole hǎiwài. Jìnnián lái, yǒu xiāngdāng shùliàng de wàiguó gōngsī yě jiārùle

中国人才市场的招聘活动。假如你有这方面的需要，不妨也来
Zhōngguó réncái shìchǎng de zhāopìn huódòng. Jiǎrú nǐ yǒu zhè fāngmiàn de xūyào, bùfáng yě lái

试一试。
shì yi shì.

　今日では、多くの外国企業が中国で業務を展開し、かつ人材を募集しています。それと同時に、ますます多くの中国企業も世界各地から専門的人材を募集するようになりました。多くの人材募集企業はバイリンガルであることを採用の優先的条件の一つとみなしています。

　会社が中国で新たに社員の募集を計画するにせよ、あるいは自身が中国で就職活動をするにせよ、一番簡単で有効な方法はまずインターネットで検索してみることです。まずは人材募集の三大求人サイトから始めてみればいいでしょう。この三大求人サイトというのは「前程無憂網」、「智聯招聘網」、「中華英才網」です。これらのサイトはいずれも中国語と英語で全国規模の求職と求人の専門サービスを提供しています。アカウントを設定してログインしたのち、ウェブサイトが提供する職種検索や履歴書の管理、求職の指導ならびにヘッドハンティングなどのサービスを便利に使用することができます。

　中国で仕事を見つけるもう一つのルートは求人イベントに参加することです。求人イベント（"招聘会"）は"人材市場"とも呼ばれています。中国において求人イベントはすでに人びとが仕事を探し、企業が新たな社員を募集する注目の場になっています。経済成長と専門人材に対する需要に後押しされ、中国は毎年実に多種多様で規模もさまざまな求人イベントを実施しています。中には国外で開催される求人イベントもあります。近年では、相当数の外国企業もまた中国の人材マーケットでの募集活動に参入しています。もしこの方面のニーズがあれば、試してみてはどうでしょうか。

| 新出単語 2 | | ◀)) 103 |
|---|---|---|
| 求职 | qiúzhí | 求職する、働き口を求める |
| 人手 | rénshǒu | 人手 |
| 与此同时 | yǔ cǐ tóngshí | 同時に、それと同時に |
| 人才 | réncái | 人材 |
| 视为 | shìwéi | ～とみなす |
| 录用 | lùyòng | 採用する、雇用する |
| 优先 | yōuxiān | 優先的に |
| 不管 | bùguǎn | ～にかかわりなく、～であろうとなかろうと |
| 搜 | sōu | さがす |

| 搜索 | sōusuǒ | 検索する、搜索する |
| 网站 | wǎngzhàn | ウェブサイト |
| 账户 | zhànghù | アカウント、銀行口座 |
| 登录 | dēnglù | ログインする、登録する |
| 简历 | jiǎnlì | 履歴書 |
| 指导 | zhǐdǎo | 指導、指導する |
| 以及 | yǐjí | および |
| 猎头 | liètóu | ヘッドハンティング |
| 人才市场 | réncái shìchǎng | ジョブフェア、就職・転職フェア |
| 热门 | rèmén | 注目の、人気がある |
| 场所 | chǎngsuǒ | 場所、エリア |
| 需求 | xūqiú | 需要、ニーズ |
| 近年来 | jìnnián lái | 近年では |
| 相当 | xiāngdāng | 相当、かなり |
| 假如 | jiǎrú | もし |
| 不妨 | bùfáng | 〜してみてはどうか、〜してもかまわない |

### 固有名詞

| 前程无忧（网） | Qiánchéng Wúyōu (Wǎng) | 前途無憂（網）（求人サイト名） |
| 智联招聘（网） | Zhìlián Zhāopìn (Wǎng) | 智聯招聘（網）（求人サイト名） |
| 中华英才网 | Zhōnghuá Yīngcái Wǎng | 中華英才網（求人サイト名） |

## 1 把～视为… ⟹ ～を…とみなす、～を…と考える

❶ 很多招聘单位都把双语能力视为录用的优先条件之一。

人材募集会社の多くはバイリンガルであることを採用の優先条件の一つとみなしています。

❷ 公司把参加这次交易会视为进入中国市场的机会。

会社は、今回のトレードフェアに参加することを中国市場に参入する機会だと考えています。

## 2 不管是～，还是… ⟹ ～であろうと…であろうと

❶ 不管是你的公司计划在中国招聘新员工，还是你自己想在中国找工作，最简单有效的办法是首先上网搜一下儿。

会社が中国で新たに従業員を募集するにしても、自身が仕事を探すにしても、一番簡単で効果のある方法はインターネットで検索してみることです。

❷ 不管是白天还是晚上，这儿都堵车。

昼であろうと夜であろうと、ここはいつでも渋滞します。

## 3 在～推动下 ⟹ ～に推し進められて

❶ 在经济增长和对专业人才需求的推动下，中国每年都举行许多招聘会。

経済成長と専門人材に対する需要拡大に後押しされて、中国では毎年多くの求人イベントが行われています。

❷ 在新贸易合同的推动下，这种产品的出口增长得很快。

新たな貿易契約に促されて、このような製品の輸出は急速に伸びています。

## 4 （～），不妨… 

⟹ （～という場合には）…してみればいい
（～という目的のためなら）…してもかまわない

❶ 假如你有这方面的需要，不妨也来试一试。

もしこの方面での需要があるのでしたら、ちょっと試してみればいいでしょう。

❷ 为了招聘到有经验的优秀人才，我们不妨去今年的招聘会看一看。

経験のある優秀な人材を採用するためなら、私たちは今年の就職説明会に行って見てみてもかまいません。

## 練習問題

**1** 下の日本語を参考に、単語の中から適切なものを選び、空欄を埋めて文を完成させなさい。ただし、単語はそれぞれ 1 回ずつしか使うことができません。

参展　展示　幸运　荣幸　实习生　型号　多功能　积累　跨境　届　分配
筛选　团队　为止　模式

1. 市场部已经_____出几种新产品，准备在这一_____交易会_____。
   （マーケティング部はすでに数種類の新製品を選び出し、今回のトレードフェアに出展するつもりです。）

2. 我很_____能为您_____我们的_____空调机。这是今年的新
   _____。
   （われわれの多機能エアコンをあなたにお見せできて光栄です。こちらは今年の新モデルです。）

3. 到现在_____，李经理在这家_____电商公司已经工作了八年了。
   他对公司的运营_____非常熟悉。
   （李マネージャーはこれまでこの越境 EC 企業に勤めてもう 8 年になります。彼は会社の営業スキームをよく詳しく知っています。）

4. 作为一个_____，我很_____被_____到一个很好很强的
   _____。通过这次实习，我一定能_____很多有用的经验。
   （インターンとして、幸運なことに私は優秀で力のあるチームに配属されました。今回のインターンシップを通じてきっと役に立つ経験をたくさん積むことができます。）

**2** 第 13 課で学習した文型を使い、空欄を埋めて文を完成させなさい。ただし、単語はそれぞれ 1 回ずつしか使うことができません。

来说　不妨　不管是　把　还是　对　视为　有帮助

1. _____公司招聘新人，_____个人找工作，都离不开招聘网站。

2. 在日本，很多应届毕业生_____招聘会_____找工作的最有效的途径。

3. 有双语能力可能会_____在外资企业工作_____。

4. 对于招聘单位_____，录用新人最看重的是他的经验和能力。

5. 你对公司的招聘计划有什么建议，_____当面提出来。

## 履歴書の作成方法

　中国では日本のように統一した形式の履歴書というものがそれほど一般的ではありません。インターネットで"个人简历"と検索するとさまざまな形式のテンプレートが検索結果に出てきます。

　応募の際は、企業が出す要項や求人サイトなどを確認しながら履歴書を作成しましょう。企業によっては指定する形式がある場合もあるので注意が必要です。

## 履歴書の例

# 个人简历

**基本信息（基本情報）**

姓名：　　　　　　　　　　　　性別：

出生年月：　　　　　　　　　　国籍：

身份证 / 护照号码：　　　　　地址：

电话：　　　　　　　　　　　　邮件：

**教育背景（学歴）**


**工作经历（職歴）**


**技能（資格・スキル）**


**自我评价（自己PR）**

# 第14課

## 工业园区
Gōngyè yuánqū

🔊》105

深圳是史强生和白琳这次中国之行的最后一个城市。从上海到达深圳以后，张红陪他们参观了当地的一个工业园区，还考察了入驻园区的一家创业公司。园区的投资环境给他们留下了深刻的印象。

### 工業団地

深センはスミスさんとペティさんの今回の中国出張の最後の目的地です。上海から深センに到着後、張紅主任が彼らをアテンドして現地の工業団地を見学し、さらにこの工業団地に入っているベンチャー企業を視察します。工業団地の投資環境は彼らに深い印象を与えたようです。

白琳: 真想不到这儿发展得这么快！
Zhēn xiǎng bu dào zhèr fāzhǎn de zhème kuài!

张红: 是啊，过去三十年来，深圳利用外资发展经济，已经从一
Shì a, guòqù sānshí nián lái, Shēnzhèn lìyòng wàizī fāzhǎn jīngjì, yǐjīng cóng yí

个小镇变成了一个现代化的大城市。现在每年都有越来越
ge xiǎozhèn biànchéngle yí ge xiàndàihuà de dàchéngshì. Xiànzài měi nián dōu yǒu yuèláiyuè

多的外国厂商到这里来做生意，世界上很多有名的大公司
duō de wàiguó chǎngshāng dào zhèlǐ lái zuò shēngyi, shìjiè shang hěn duō yǒumíng de dàgōngsī

在深圳都有投资。我们今天考察的这个工业园就是当地
zài Shēnzhèn dōu yǒu tóuzī. Wǒmen jīntiān kǎochá de zhège gōngyèyuán jiù shì dāngdì

发展的一个缩影。
fāzhǎn de yí ge suōyǐng.

史强生: 我很想知道深圳是依靠什么来吸引这么多外国投资的呢？
Wǒ hěn xiǎng zhīdào Shēnzhèn shì yīkào shénme lái xīyǐn zhème duō wàiguó tóuzī de ne?

张红: 我想主要是靠良好的投资环境，尤其是完善的基础设施和
Wǒ xiǎng zhǔyào shì kào liánghǎo de tóuzī huánjìng, yóuqí shì wánshàn de jīchǔ shèshī hé

当地政府对外商投资的积极支持。
dāngdì zhèngfǔ duì wàishāng tóuzī de jījí zhīchí.

史强生: 这个工业园建立了多久了？
Zhège gōngyèyuán jiànlìle duō jiǔ le?

张红: 这是一年前刚刚建立的新园区。
Zhè shì yì nián qián gānggāng jiànlì de xīnyuánqū.

史强生: 那么，基础设施建设已经全部完成了吗？
Nàme, jīchǔ shèshī jiànshè yǐjīng quánbù wánchéng le ma?

张红: 是的。交通、通信和公共配套设施都已经投入使用了。到
Shìde. Jiāotōng、tōngxìn hé gōnggòng pèitào shèshī dōu yǐjīng tóurù shǐyòng le. Dào

目前为止，已经有二十几家企业签约入驻了。
mùqián wéizhǐ, yǐjīng yǒu èrshí jǐ jiā qǐyè qiānyuē rùzhù le.

史强生: 发展得真快。请问，入驻的企业中有多少家是外资企业？
Fāzhǎn de zhēn kuài. Qǐngwèn, rùzhù de qǐyè zhōng yǒu duōshao jiā shì wàizī qǐyè?

张红: 据我所知，目前入驻的企业中，有二分之一是外资企业。
Jù wǒ suǒ zhī, mùqián rùzhù de qǐyè zhōng, yǒu èr fēn zhī yī shì wàizī qǐyè.

白琳: 哈，我的手机连上 Wi-Fi 了！信号很好！
Hā, wǒ de shǒujī liánshàng le! Xìnhào hěn hǎo!

张红: 是的。整个园区都可以免费使用无线网络。
Shìde. Zhěnggè yuánqū dōu kěyǐ miǎnfèi shǐyòng wúxiàn wǎngluò.

**ペティ**：ここがこんなにも速く発展しているなんてほんとうに思ってもいませんでした！

**張紅**：そうですよ、ここ30年、深センは外資を利用して経済を発展させ、一つの小さな町から近代的な大都市に生まれ変わったんです。いまも毎年ますます多くの外国メーカーがここにやってきて商売をしていますし、世界的にも有名な多くの大企業が深センに投資をしています。今日視察しているこの工業団地も、まさに発展しつつあるこの町の一つの縮図であるといえるでしょう。

**スミス**：深センが何によってこんなにも多くの外国からの投資を吸収してきたのかとても知りたいところです。

**張紅**：それは主に良好な投資環境、とりわけよく整ったインフラと、外国企業からの投資に対する現地政府の積極的な支援に依拠してきたのだと思います。

**スミス**：こちらの工業団地はできてからもうどれくらいになるのでしょうか？

**張紅**：ここは1年前に設立されたばかりの新しい工業団地です。

**スミス**：それでは、インフラ面はすでに全部完成しているのでしょうか？

**張紅**：そうです。交通、通信そして公共の付帯施設はすべて使用できるようになりました。これまでにすでに20社余りの企業が契約を結んで入居しています。

**スミス**：発展のスピードがほんとうに速いですね！ お尋ねしますが、入居している企業の中で外資系企業は何社ありますか？

**張紅**：私の知る限り、現在入居している企業の2分の1は外資系企業ですよ。

**ペティ**：あれっ、私のスマホがWi-Fiにつながりました！ 電波もとても良好です！

**張紅**：そうです。工業団地全体が無料でWi-Fiを使えることになっています。

刘经理: 张主任，你们来了！欢迎，欢迎！欢迎各位光临指导！
Zhāng zhǔrèn, nǐmen lái le! Huānyíng, huānyíng! Huānyíng gèwèi guānglín zhǐdǎo!

张红: 您好，刘经理。让您久等了。我来介绍一下儿，这位是
Nín hǎo, Liú jīnglǐ. Ràng nín jiǔ děng le. Wǒ lái jièshào yíxiàr, zhè wèi shì

东方新能源的刘总。刘经理，这位是美国国际贸易公司
Dōngfāng Xīnnéngyuán de Liú zǒng. Liú jīnglǐ, zhè wèi shì Měiguó Guójì Màoyì Gōngsī

亚洲区总裁史强生先生，这位是白琳小姐——史先生
Yàzhōuqū zǒngcái Shǐ Qiángshēng xiānsheng, zhè wèi shì Bái Lín xiǎojiě——Shǐ xiānsheng

的助理。
de zhùlǐ.

刘、史、白: 您好！您好！【握手】
Nín hǎo! Nín hǎo! 【wòshǒu】

史强生: 刘总，我对贵公司正在研发的家庭新能源项目很感
Liú zǒng, wǒ duì guì gōngsī zhèngzài yánfā de jiātíng xīnnéngyuán xiàngmù hěn gǎn

兴趣，听说你们有意寻找合作伙伴。您可以为我们做
xìngqù, tīng shuō nǐmen yǒuyì xúnzhǎo hézuò huǒbàn. Nín kěyǐ wèi wǒmen zuò

一些介绍和说明吗？
yìxiē jièshào hé shuōmíng ma?

刘经理: 当然可以。我们是一家成立不久的科技创业公司，一半
Dāngrán kěyǐ. Wǒmen shì yì jiā chénglì bù jiǔ de kējì chuàngyè gōngsī, yíbàn

以上的研发人员都是海归。目前公司专门研发家庭
yǐshàng de yánfā rényuán dōu shì hǎiguī. Mùqián gōngsī zhuānmén yánfā jiātíng

新能源技术和配套产品。我们已经申请了多项专利。
xīnnéngyuán jìshù hé pèitào chǎnpǐn. Wǒmen yǐjīng shēnqǐngle duō xiàng zhuānlì.

史强生: 很有意思。我认为家庭新能源的确有很大的发展潜力。
Hěn yǒu yìsi. Wǒ rènwéi jiātíng xīnnéngyuán díquè yǒu hěn dà de fāzhǎn qiánlì.

请问，贵公司有哪些具体产品呢？
Qǐngwèn, guì gōngsī yǒu nǎxiē jùtǐ chǎnpǐn ne?

刘经理: 是这样的。【打开电脑】请看，我们的产品将包括使用
Shì zhèyàng de. 【dǎkāi diànnǎo】Qǐng kàn, wǒmen de chǎnpǐn jiāng bāokuò shǐyòng

新能源的家用空调机、洗衣机、洗碗机和炉具等等。
xīnnéngyuán de jiāyòng kōngtiáojī, xǐyījī, xǐwǎnjī hé lújù děngděng.

所有产品都将使用我们自己研发的技术。
Suǒyǒu chǎnpǐn dōu jiāng shǐyòng wǒmen zìjǐ yánfā de jìshù.

史强生: 如果我理解正确的话，贵公司到目前为止还没有产品
Rúguǒ wǒ lǐjiě zhèngquè dehuà, guì gōngsī dào mùqián wéizhǐ hái méiyǒu chǎnpǐn

正式投放市场，也没有任何盈利。请允许我冒昧地问一
zhèngshì tóufàng shìchǎng, yě méiyǒu rènhé yínglì. Qǐng yǔnxǔ wǒ màomèi de wèn yí

句，贵公司是怎样保持正常运营的呢？
jù, guì gōngsī shì zěnyàng bǎochí zhèngcháng yùnyíng de ne?

刘经理：我们去年获得了第一笔风险投资。与此同时，在当地
Wǒmen qùnián huòdéle dì yī bǐ fēngxiǎn tóuzī. Yǔ cǐ tóngshí, zài dāngdì

政府的积极支持下，公司还顺利获得了银行优惠贷款。
zhèngfǔ de jījí zhīchí xià, gōngsī hái shùnlì huòdéle yínháng yōuhuì dàikuǎn.

为了保证我们的产品能在明年投放市场，公司正计划
Wèile bǎozhèng wǒmen de chǎnpǐn néng zài míngnián tóufàng shìchǎng, gōngsī zhèng jìhuà

进行新的融资。不知道史先生有没有兴趣？
jìnxíng xīn de róngzī. Bù zhīdào Shǐ xiānsheng yǒu méiyou xìngqù?

史强生：我个人看好你们的项目。我会在这次考察的基础上，向
Wǒ gèrén kànhǎo nǐmen de xiàngmù. Wǒ huì zài zhè cì kǎochá de jīchǔ shang, xiàng

公司提交一份评估报告。如果有什么进展，我会及时跟
gōngsī tíjiāo yí fèn pínggū bàogào. Rúguǒ yǒu shénme jìnzhǎn, wǒ huì jíshí gēn

您联系。
nín liánxì.

---

**日本語訳** ■ ベンチャー企業を視察する

**劉社長：** 張主任、ようこそいらっしゃいました！ 皆さまのご来訪を歓迎いたします。

**張紅：** 劉社長、こんにちは。お待たせいたしました。皆さんにご紹介しましょう。こちらは東方新エネルギー公司の劉社長です。劉社長、こちらはアメリカ国際貿易会社のアジア地区総裁をしていらっしゃるジョンソン・スミスさん、そしてこちらはスミスさんのアシスタントのリーン・ペティさんです。

**劉社長、スミス、ペティ：** こんにちは！【握手をする】

**スミス：** 劉社長、私は御社が現在研究開発されている家庭での新エネルギープロジェクトにとても関心を持っています。御社では提携パートナーを探すおつもりだと伺いました。私たちに少し紹介と説明をしていただけませんか。

**劉社長：** もちろんですとも。われわれはまだ設立して間もない科学技術のベンチャー企業でして、半分以上の研究開発人員は海外留学からの帰国組です。現在、弊社では家庭での新エネルギー技術ならびにそれを組み合わせ

た製品の研究と開発を専門的に行っております。われわれはすでに多くの特許を申請しております。

**スミス:** とても面白いですね。私は家庭での新エネルギーというのは、きっと大きな発展の潜在力を秘めていると思っています。御社では具体的にどのような製品をお持ちなのでしょうか？

**劉社長:** このようになっています。【パソコンを開いて】ご覧ください、われわれの製品は新エネルギーを使った家庭用エアコン、洗濯機、食洗機、それにストーブなどです。これらすべての製品はわれわれ自身で研究開発した新技術を使うことになっています。

**スミス:** もしも私の理解が正しければですが、御社ではいまのところまだ本格的に市場に投入している製品はない、つまりどんな利益も生んでいないということでしょうか？ ぶしつけな質問になりますが、御社ではどのようにして正常な経営を維持していらっしゃるのでしょうか？

**劉社長:** われわれは去年、はじめてベンチャー・キャピタルからの投資を獲得しました。それと同時にこちらの政府の積極的な支援のもと、弊社は銀行から有利な条件のローンも順調に獲得することができました。われわれの製品が来年市場に投入できるのを保証するために、現在新たな融資借り入れを計画中です。スミスさんはご興味がおありでしょうか？

**スミス:** 個人的には御社のプロジェクトはうまくいくと予想しています。私は今回の視察をもとに会社に評価報告書を提出する予定です。何か進展があり次第、きっとあなたにご連絡いたします。

---

### 新出単語 1　🔊》108

| 之行 | zhī xíng | ～の旅、～紀行 |
| --- | --- | --- |
| 入驻 | rùzhù | 入居する |
| 镇 | zhèn | 小さな町、鎮 |
| 现代化 | xiàndàihuà | 近代化 |
| 缩影 | suōyǐng | 縮図 |
| 依靠 | yīkào | よりどころとする、～に頼る |
| 完善 | wánshàn | 完璧な、整っている |
| 基础设施 | jīchǔ shèshī | インフラストラクチャー |
| 通信 | tōngxìn | 通信、連絡する |
| 通信设施 | tōngxìn shèshī | 通信設備 |

| | | |
|---|---|---|
| 公共配套设施 | gōnggòng pèitào shèshī | ユーティリティを含む公共の付帯施設 |
| 配套 | pèitào | 付帯する、組み合わせてセットにする、一体にする |
| 投入 | tóurù | （ある環境・状況に）入る、投入する |
| 据我所知 | jù wǒ suǒ zhī | 私の知るところによれば |
| 信号 | xìnhào | 電波、信号、シグナル |
| 无线网络 | wúxiàn wǎngluò | ワイヤレス・ネットワーク、Wi-Fi |
| 久等 | jiǔděng | ながらく待つ |
| 新能源 | xīnnéngyuán | 新エネルギー |
| 研发 | yánfā | 研究開発する、R & D |
| 有意 | yǒuyì | ～したい気持ちがある、意識的な、意識的に |
| 伙伴 | huǒbàn | パートナー |
| 成立 | chénglì | 設立する、成立する |
| 人员 | rényuán | 人員、スタッフ |
| 海归 | hǎiguī | 海外で留学や仕事をして帰国した人 |
| 项 | xiàng | （種類や項目などを数えるときの量詞） |
| 专利 | zhuānlì | 特許、パテント |
| 炉具 | lújù | ストーブ |
| 盈利 | yínglì | 利益、利益が生じる |
| 允许 | yǔnxǔ | 許す、許可する |
| 冒昧 | màomèi | ぶしつけながら、失礼ながら |
| 保持 | bǎochí | 維持する、保持する |
| 正常 | zhèngcháng | 正常な、正常に |
| 风险投资 | fēngxiǎn tóuzī | ベンチャー・キャピタル |
| 风险 | fēngxiǎn | リスク、危険 |
| 贷款 | dàikuǎn | ローン、金を貸し付ける |
| 融资 | róngzī | 融資、融資する |
| 看好 | kànhǎo | （相場や情勢に対し）うまくいくと予想する |
| 提交 | tíjiāo | （レポートなどを）提出する |
| 评估 | pínggū | 評価、判定・評価する |
| 进展 | jìnzhǎn | 進展する、進展 |

**固有名詞**

| | | |
|---|---|---|
| 东方新能源（公司） | Dōngfāng Xīnnéngyuán (Gōngsī) | 東方新エネルギー公司（会社名） |

## ■1 从～变成（了）…

⟹ ～から…になる（なった）

❶ 深圳已经从一个小镇变成了一个现代化的大城市。
深センはすでに一つの小さな町から近代的な大都市に変貌しました。

❷ 在过去的几年中，这家小公司从一家普通代理商变成了一家生产电脑的大公司。
これまでの数年間において、この小さな会社は普通のエージェントからコンピューターを作る大企業になりました。

## ■2 （依）靠～（来）＋〔動詞〕

⟹ ～に［頼って／よって］〔動詞〕する

❶ 这个工业园是依靠什么来吸引外国投资的呢？
この工業団地は何によって外国からの投資を引きつけているのですか？

❷ 这家工厂靠引进新技术来提高产品质量。
この工場は新しい技術を導入することによって、製品の品質を向上させています。

## ■3 据我所知

⟹ 私の知る限りでは

❶ 据我所知，目前入驻的企业中，有三分之一是外资企业。
私の知る限り、現在入居している企業のうち3分の1は外資系企業です。

❷ 据我所知，那家公司只接受信用证付款方式。
私の知る限りでは、あの会社はL/C決済方式しか受け付けません。

## ■4 在～（的）基础上

⟹ ～をもとに、～に基づき

❶ 我会在这次考察的基础上，向公司提交一份评估报告。
私は今回の視察をもとに、会社に評価報告書を提出します。

❷ 在第一次面谈的基础上，公司筛选出三位申请人。
1次面接に基づき、会社は3人の応募者をふるいにかけて選びました。

　　经济特区、开发区、高新区、自贸区和新区，这些都是中国
Jīngjì tèqū、kāifāqū、gāoxīnqū、zìmàoqū hé xīnqū, zhèxiē dōu shì Zhōngguó

在改革开放过程中先后建立的特殊区域。
zài Gǎigé Kāifàng guòchéng zhōng xiānhòu jiànlì de tèshū qūyù.

　　20世纪80年代改革开放初期，中国先后建立了深圳、珠海、
Èrshí shìjì bāshí niándài Gǎigé Kāifàng chūqī, Zhōngguó xiānhòu jiànlìle Shēnzhèn、Zhūhǎi、

汕头、厦门经济特区和海南（省）经济特区。它们都位于中国
Shàntóu、Xiàmén jīngjì tèqū hé Hǎinán(shěng) jīngjì tèqū. Tāmen dōu wèiyú Zhōngguó

南部沿海地区。2010年，为了发展中国西部地区的经济，中国
nánbù yánhǎi dìqū. Èr líng yī líng nián, wèile fāzhǎn Zhōngguó xībù dìqū de jīngjì, Zhōngguó

又建立了新疆喀什和霍尔果斯两个经济特区。中国在经济特区
yòu jiànlìle Xīnjiāng Kāshí hé Huò'ěrguǒsī liǎng ge jīngjì tèqū. Zhōngguó zài jīngjì tèqū

实行特殊的经济政策和灵活的管理措施，以便吸引外国投资和
shíxíng tèshū de jīngjì zhèngcè hé línghuó de guǎnlǐ cuòshī, yǐbiàn xīyǐn wàiguó tóuzī hé

跨国企业入驻。
kuàguó qǐyè rùzhù.

　　开发区和高新区分别是经济技术开发区和高新技术产业区
Kāifāqū hé gāoxīnqū fēnbié shì jīngjì jìshù kāifāqū hé gāoxīn jìshù chǎnyèqū

的简称。20世纪90年代前后是开发区和高新区建立和发展的
de jiǎnchēng. Èrshí shìjì jiǔshí niándài qiánhòu shì kāifāqū hé gāoxīnqū jiànlì hé fāzhǎn de

高峰期。开发区实际就是一种现代化的工业园区。高新区则是
gāofēngqī. Kāifāqū shíjì jiù shì yì zhǒng xiàndàihuà de gōngyè yuánqū. Gāoxīnqū zé shì

以打造知识密集型和技术密集型工业园区为目的。到现在为止，
yǐ dǎzào zhīshi mìjí xíng hé jìshù mìjí xíng gōngyè yuánqū wèi mùdì. Dào xiànzài wéizhǐ,

全国已经有超过200个以上的国家级经济技术开发区和超过
quánguó yǐjīng yǒu chāoguò liǎngbǎi ge yǐshàng de guójiājí jīngjì jìshù kāifāqū hé chāoguò

100个以上的国家级高新技术产业开发区。入驻这两类园区的
yìbǎi ge yǐshàng de guójiājí gāoxīn jìshù chǎnyè kāifāqū. Rùzhù zhè liǎng lèi yuánqū de

企业都享有一系列优惠政策和当地政府提供的许多便捷服务。
qǐyè dōu xiǎngyǒu yíxìliè yōuhuì zhèngcè hé dāngdì zhèngfǔ tígōng de xǔduō biànjié fúwù.

　　2005年以后，中国开始尝试建立规模更大的国家级新区。
Èr líng líng wǔ nián yǐhòu, Zhōngguó kāishǐ chángshì jiànlì guīmó gèng dà de guójiājí xīnqū.

新区有政府职能部门的性质，区内实行国家特定优惠政策，是
Xīnqū yǒu zhèngfǔ zhínéng bùmén de xìngzhì, qū nèi shíxíng guójiā tèdìng yōuhuì zhèngcè, shì

国家级的综合功能区。最早建立的是上海浦东新区。目前最新
guójiājí de zōnghé gōngnéngqū. Zuì zǎo jiànlì de shì Shànghǎi Pǔdōng Xīnqū. Mùqián zuì xīn

的是 2017 年建立的雄安新区。除此之外，2013 年 8 月中国
de shì èr líng yī qī nián jiànlì de Xióng'ān Xīnqū. Chú cǐ zhī wài, èr líng yī sān nián bāyuè Zhōngguó

在浦东新区内建立了境内第一个自由贸易区——中国（上海）
zài Pǔdōng Xīnqū nèi jiànlìle jìngnèi dì yī ge zìyóu màoyìqū——Zhōngguó (Shànghǎi)

自由贸易试验区。上海自贸区享有更大的贸易自由和金融、
Zìyóu Màoyì Shìyànqū. Shànghǎi zìmàoqū xiǎngyǒu gèng dà de màoyì zìyóu hé jīnróng,

投资便利。在经济全球化和"一带一路"倡议的双重推动下，
tóuzī biànlì. Zài jīngjì quánqiúhuà hé "Yí Dài Yí Lù" chàngyì de shuāngchóng tuīdòng xià,

中国正在建立更多的自由贸易区。
Zhōngguó zhèngzài jiànlì gèng duō de zìyóu màoyìqū.


**日本語訳** ■中国の特区と新区

　経済特区、開発区、ハイテク区、自由貿易区ならびに新区、こうしたものは中国が改革開放の過程で相前後して設立した特別なエリアです。

　20 世紀の 80 年代改革開放政策の初期に、中国は深セン、珠海、スワトー、アモイの経済特区ならびに海南（省）経済特区を相次いで設立しました。それらはいずれも中国南部の沿海地域に位置しています。2010 年には中国の西部地域の経済を発展させるために、新疆のカシュガルとホルゴスにも 2 つの経済特区を設立しました。中国は海外からの投資や多国籍企業の進出を引きつけるために、経済特区においては特別な経済政策と柔軟性のある管理措置を実行しています。

　開発区とハイテク区はそれぞれ経済技術開発区、ハイテク産業区の略称です。20 世紀の 90 年代前後は開発区とハイテク区の設立と発展のピークとなった時期でした。開発区は、実際には一種の近代化された工業団地です。またハイテク区は知識集約型と技術集約型の工業団地を設立することを目的としたものです。現在までに、全国にはすでに 200 カ所以上の国家級の経済技術開発区と 100 カ所以上の国家級のハイテク産業開発区が設立されています。これら 2 種類の工業団地に入居している企業は皆、一連の優遇政策と現地政府が提供する多くの便利でスピーディーなサービスを享受しています。

　2005 年以降、中国は規模がさらに大きな国家級の新区を設立することを試み始めています。新区は政府の職能部門としての性質を有し、エリア内においては国が特別に定めた優遇政策を実施しており、国家級の総合機能区域ということができます。最も早く設立されたのは上海浦東新区です。いまのところ最も新しい

のは 2017 年に設立された雄安新区です。これらのほかにも、2013 年 8 月に中国は浦東新区内に国内初のフリートレードゾーンである中国（上海）自由貿易試験区を設立しています。上海自由貿易試験区ではさらに大きな貿易の自由と金融、投資の便宜を享受できます。経済のグローバル化と「一帯一路」政策が提唱する二重の後押しのもと、中国は現在さらに多くの自由貿易区を設立しつつあります。

| 新出単語 2 | | | 🔊 111 |
|---|---|---|---|
| 先后 | xiānhòu | 前後して、相次いで | |
| 特殊 | tèshū | 特別な、特殊な | |
| 区域 | qūyù | エリア、ゾーン、区域 | |
| 年代 | niándài | 年代 | |
| 初期 | chūqī | 初期 | |
| 位于 | wèiyú | ～に位置する | |
| 沿海 | yánhǎi | 沿海、沿海の | |
| 灵活 | línghuó | 柔軟な、融通が利く | |
| 措施 | cuòshī | 措置 | |
| 以便 | yǐbiàn | ～するため、～に都合がよいように | |
| 跨国企业 | kuàguó qǐyè | 多国籍企業 | |
| 前后 | qiánhòu | 前後、前と後ろ | |
| 高峰期 | gāofēngqī | ピーク、ラッシュアワー | |
| 实际 | shíjì | 実際には、実際の | |
| 打造 | dǎzào | 打ち立てる、創造する | |
| 知识密集型 | zhīshi mìjí xíng | 知識集約型の | |
| 密集 | mìjí | 密集した | |
| 国家级 | guójiājí | 国家級の | |
| 享有 | xiǎngyǒu | （権利や繁栄などを）享受する | |
| 一系列 | yíxìliè | 一連の、シリーズの | |
| 便捷 | biànjié | 便利な、敏捷な | |
| 职能部门 | zhínéng bùmén | 職能部門 | |
| 职能 | zhínéng | 職能 | |
| 部门 | bùmén | 部門 | |
| 性质 | xìngzhì | 性質、品質 | |

| | | |
|---|---|---|
| 特定 | tèdìng | 特別に指定された、特定の |
| 综合 | zōnghé | 総合的な、包括的な |
| 境内 | jìngnèi | 国内の、国境の内側 |
| 自由 | zìyóu | 自由、自由な |
| 试验 | shìyàn | 試験、試験的な |
| 经济全球化 | jīngjì quánqiúhuà | 経済のグローバル化 |
| 倡议 | chàngyì | 提唱する、提案する |
| 双重 | shuāngchóng | 二重の |

### 固有名詞

| | | |
|---|---|---|
| 经济特区 | jīngjì tèqū | 経済特区 |
| 开发区 | kāifāqū | 開発区（＝経済技術開発区） |
| 高新区 | gāoxīnqū | ハイテク区（＝高新技術産業区） |
| 新区 | xīnqū | 新区 |
| 国家级新区 | guójiājí xīnqū | 国家級の新区 |
| 珠海 | Zhūhǎi | 珠海 |
| 汕头 | Shàntóu | スワトー、汕頭 |
| 海南 | Hǎinán | 海南省、海南島 |
| 新疆 | Xīnjiāng | 新疆、新疆ウイグル自治区 |
| 喀什 | Kāshí | カシュガル |
| 霍尔果斯 | Huò'ěrguǒsī | ホルゴス |
| 浦东新区 | Pǔdōng Xīnqū | 上海浦東新区 |
| 雄安新区 | Xióng'ān Xīnqū | 雄安新区 |
| 中国（上海）自由贸易试验区 | Zhōngguó (Shànghǎi) Zìyóu Màoyì Shìyànqū | 中国（上海）自由貿易試験区 |
| 一带一路 | Yí Dài Yí Lù | 一带一路 |

## **1** 位于～　⟹～に位置している、～にある

❶ 最先建立的经济特区都位于中国南部沿海地区。
最初に設立された経済特区はいずれも中国南部の沿海地域に位置しています。

❷ 总裁办公室位于公司大楼的三楼。
社長室は会社のビルの3階にあります。

## **2** 分别是～　⟹それぞれ～だ

❶ 开发区和高新区分别是经济技术开发区和高新技术产业区的简称。
開発区とハイテク区というのは、それぞれ経済技術開発区ならびにハイテク産業区の略称です。

❷ 本公司今年推出的新产品分别是节能空调机、洗衣机和洗碗机。
弊社が今年世に送り出す新製品はそれぞれ省エネタイプのエアコン、洗濯機、それに食洗機です。

## **3** ～，以便…　⟹…できるように～する、…するために～する

※"以便"のあとに述べる目的の実現を容易にするために～するという意味。「後半部分を…〔できるように／するために〕、前半部分を～する」というように"以便"の後ろの部分から先に訳すとよい。

❶ 经济特区实行特殊的经济政策和灵活的管理措施，以便吸引外资和跨国企业入驻。
経済特区では、外資と多国籍企業の入居を引き寄せられるように、特殊な経済政策と柔軟な管理措置を実行しています。

❷ 我们决定播出更多电视广告，以便打开市场销路。
私たちは、市場での販路を開拓するために、さらに多くのテレビ広告を出すことを決めました。

## **4** 以～为目的　⟹～を目的とする

※"以～为…"という言い方は書き言葉からきている。日本語でも漢文の書き下し文で「～を以って…と為す」という言い方をすることがある。

❶ 国家高新区以打造知识密集型和技术密集型工业园区为目的。
国家のハイテク産業区は知識集約型と技術集約型の工業団地を構築することを目的としています。

❷ 这次促销活动不以盈利为目的。
今回の販売促進イベントは利益を上げることを目的としていません。

## 練習問題

**1** 左側のヒントを読んで、それに対応する単語を線で結びなさい。

1. 发明者在一定的时间内独享的利益　　　　　　　　• ・a. 海归
2. 首先提出的建议或首先提出来的建议　　　　　　　• ・b. 配套
3. 事物发展到最高点的时间　　　　　　　　　　　　• ・c. 研发
4. 在海外留学或工作后，回到中国创业或求职的人 • ・d. 缩影
5. 在生意上一起合作的人　　　　　　　　　　　　　• ・e. 风险
6. 同一类型的人或事物中最有代表性的一个　　　　　• ・f. 专利
7. 可能会发生的危险或不利的事情　　　　　　　　　• ・g. 享有
8. 把一些事物或零件组合成整体　　　　　　　　　　• ・h. 倡议
9. 研究并开发某些领域的技术或产品　　　　　　　　• ・i. 高峰期
10. 在社会上取得声誉、权利等等　　　　　　　　　　• ・j. 伙伴

**2** 第14課で学習した文型を使い、空欄を埋めて文を完成させなさい。ただし、単語はそれぞれ1回ずつしか使うことができません。

　　所　位于　在　据　以便　靠　基础

1. _____我_____知，入驻到这个工业园区的外资企业有一百多家。
2. _____昨天面试的_____上，老板决定正式录用马杰。
3. 深圳、珠海和汕头都_____广东省的沿海地区。
4. 请在这里填写您的电子邮件地址，_____今后联系。
5. 这家跨国企业一直_____国际投资和贸易来保持公司正常运营。

# 第15課

## 签订合同
Qiāndìng hétóng

🔊))113

今天是史强生和白琳在中国的最后一天。中美双方将要正式签订合同。一早，东方公司的副总经理李信文就从北京坐飞机到了深圳。他将代表东方公司参加今天的签字仪式。

## 契約の調印

今日はスミスさんとペティさんにとって中国滞在の最終日になりました。米中双方はいよいよ正式に契約書を取り交わそうとしています。早朝に東方公司の李信文副社長が飛行機で北京から深センに到着しました。彼はこれから東方公司を代表して今日の契約調印式に臨もうとしています。

李信文: 史先生、白小姐，这是我们今天将要签署的三份文件。每
Shǐ xiānsheng、Bái xiǎojiě, zhè shì wǒmen jīntiān jiāngyào qiānshǔ de sān fèn wénjiàn. Měi

份文件都有中英文对照。第一份是今年秋季的订货合同，
fèn wénjiàn dōu yǒu Zhōng-Yīngwén duìzhào. Dì yī fèn shì jīnnián qiūjì de dìnghuò hétóng,

第二份是代理合同，第三份是长期合作意向书。请二位在
dì èr fèn shì dàilǐ hétóng, dì sān fèn shì chángqī hézuò yìxiàngshū. Qǐng èr wèi zài

签字前对各项条款再审核一遍，尤其是订货合同上有关
qiānzì qián duì gè xiàng tiáokuǎn zài shěnhé yí biàn, yóuqí shì dìnghuò hétóng shang yǒuguān

数量、金额、包装要求、交货时间、验收标准和付款方式
shùliàng、jīn'é、bāozhuāng yāoqiú、jiāohuò shíjiān、yànshōu biāozhǔn hé fùkuǎn fāngshì

等项。如果还有任何遗漏或者不合适的地方，请立刻指出，
děng xiàng. Rúguǒ hái yǒu rènhé yílòu huòzhě bù héshì de dìfang, qǐng lìkè zhǐchū,

以便修改。
yǐbiàn xiūgǎi.

史强生: 好！白琳，我们一个人看一份。看完一遍以后，再交换看
Hǎo! Bái Lín, wǒmen yí ge rén kàn yí fèn. Kànwán yí biàn yǐhòu, zài jiāohuàn kàn

一遍。
yí biàn.

【史强生、白琳审核合同】
[Shǐ Qiángshēng、Bái Lín shěnhé hétóng]

白琳: 李先生，这儿有一句话我想再跟您确认一下儿。关于交货
Lǐ xiānsheng, zhèr yǒu yí jù huà wǒ xiǎng zài gēn nín quèrèn yíxiàr. Guānyú jiāohuò

时间，文件上写的是"分两次在八月十日前和九月十日前
shíjiān, wénjiàn shang xiě de shì "fēn liǎng cì zài bāyuè shí rì qián hé jiǔyuè shí rì qián

交货"。这是不是说在十号以前贵公司就有可能交货呢？
jiāohuò". Zhè shì bu shì shuō zài shí hào yǐqián guì gōngsī jiù yǒu kěnéng jiāohuò ne?

李信文: 【微笑】根据我们上一次洽谈的结果，双方商定的交货时间
[wēixiào] Gēnjù wǒmen shàng yí cì qiàtán de jiéguǒ, shuāngfāng shāngdìng de jiāohuò shíjiān

是八月上旬和九月上旬。"八月十日前和九月十日前交货"
shì bāyuè shàngxún hé jiǔyuè shàngxún. "Bāyuè shí rì qián hé jiǔyuè shí rì qián jiāohuò"

的意思是交货时间必须不晚于十号。当然，如果可能的话，
de yìsi shì jiāohuò shíjiān bìxū bù wǎn yú shí hào. Dāngrán, rúguǒ kěnéng dehuà,

我们会尽力提前交货。
wǒmen huì jìnlì tíqián jiāohuò.

白琳: 【笑】哦，我明白了。Johnson，你觉得还有别的问题吗？
[xiào] Ò, wǒ míngbai le.　　　　　　nǐ juéde hái yǒu bié de wèntí ma?

史强生: 我希望在合同中补充这样一条：如果因为卖方交货时间的
Wǒ xīwàng zài hétóng zhōng bǔchōng zhèyàng yì tiáo: Rúguǒ yīnwèi màifāng jiāohuò shíjiān de

延误，造成买方的经济损失，买方有权提出申诉和索赔。
yánwù, zàochéng mǎifāng de jīngjì sǔnshī, mǎifāng yǒu quán tíchū shēnsù hé suǒpéi.

说实话，这份订单的交货时间对我们非常重要，我不想有
Shuō shíhuà, zhè fèn dìngdān de jiāohuò shíjiān duì wǒmen fēicháng zhòngyào, wǒ bù xiǎng yǒu

任何差错。李先生，希望您能理解。
rènhé chācuò. Lǐ xiānsheng, xīwàng nín néng lǐjiě.

李信文: 重合同、守信用是我们公司的原则，我们一定会按时交货。
Zhòng hétóng、shǒu xìnyòng shì wǒmen gōngsī de yuánzé, wǒmen yídìng huì ànshí jiāohuò.

不过，我完全理解您的要求，我们马上把这一条写进去。
Búguò, wǒ wánquán lǐjiě nín de yāoqiú, wǒmen mǎshàng bǎ zhè yì tiáo xiě jinqu.

史强生: 谢谢！ 另外，我建议在意向书中增加这样一句话：今后
Xièxie! Lìngwài, wǒ jiànyì zài yìxiàngshū zhōng zēngjiā zhèyàng yí jù huà: Jīnhòu

双方每季度应举行一次会谈，以便随时解决合同执行中
shuāngfāng měi jìdù yīng jǔxíng yí cì huìtán, yǐbiàn suíshí jiějué hétóng zhíxíng zhōng

可能发生的问题。
kěnéng fāshēng de wèntí.

李信文: 这一条很必要。我马上加进去。谢谢！
Zhè yì tiáo hěn bìyào. Wǒ mǎshàng jiā jinqu. Xièxie!

---

**日本語訳** ■ 契約書の内容をチェックする

---

李信文: スミスさん、ペティさん、これは今日これから署名する予定の３つの書類
です。それぞれの書類に中国語と英語の対訳があります。１部目の書類は
今年の秋シーズンの買い付け契約書で、２部目は代理店契約書、そして３
部目は長期提携に関する意向書となっています。お二人で署名前にそれぞ
れの条項についてもう一度チェックをお願いします。とりわけ、買い付け
契約書の中の数量、金額、梱包条件、納期、検収基準ならびに支払い方式
などに関する項目についてご確認をお願いします。もしもまだ何か漏れて
いる部分や適切でない部分がありましたら、修正いたしますので、すぐに
ご指摘ください。

スミス: はい、わかりました。ペティ、ひとりが１部ずつ書類を見ることにしよう
か。チェックし終わったら交換してもう一度チェックすることにしよう。

【スミスさんとペティさんが契約書をチェックする】

ペティ：李さん、ここの一文についてもう一度確認したいと思うのですが。納期に関して、書類上に書かれているのは「8月10日以前と9月10日以前の2回に分けて引き渡す」です。これは10日より前であっても御社ではデリバリーできる可能性があるということでしょうか？

李信文：【にっこりしながら】私たちの前回の商談の結果に基づいて、双方が取り決めた納期は8月上旬と9月上旬です。「8月10日以前と9月10日以前に引き渡す」という意味は、納期はぜったいに10日よりも遅くなってならないということです。もちろん、当方としては可能な限り繰り上げて引き渡せるよう尽力します。

ペティ：【笑】ああ、わかりました。ジョンソン、何かほかに質問はありますか？

スミス：私は契約書の中にこういう一文を追加したいのですが。それは「売り手の納期の遅延により買い手に経済的損失をもたらした場合、買い手はそれを訴えてクレームを提起する権利を有する」というものです。実のところ、このオーダーの納期は私たちにとって非常に重要なことですので、どのようなミスも起こらないよう願っています。李さん、なにとぞご理解いただきたいと思います。

李信文：「契約を重んじ、信用を守る」というのは私たちの会社の原則ですから、必ず期日どおりに商品を引き渡します。ただ、あなたのご要望も完全に理解できますので、すぐにこの一文を書き込むことにいたしましょう。

スミス：ありがとうございます。それから、意向書にこういう一文を追加することを提案させていただきたいのですが。それは「契約を履行中に発生し得る問題を随時解決できるよう、今後、双方は四半期ごとに1度会談する」というものです。

李信文：この一文は必要ですね。すぐに追記するようにしましょう。ありがとうございます。

李信文: 史先生，这是合同的正本。凡是今天上午提出问题的地方，
Shǐ xiānsheng, zhè shì hétóng de zhèngběn. Fánshì jīntiān shàngwǔ tíchū wèntí de dìfang,

我们都按你们的意见做了修改。请您再看一遍。希望这次
wǒmen dōu àn nǐmen de yìjiàn zuòle xiūgǎi. Qǐng nín zài kàn yí biàn. Xīwàng zhè cì

能让我们双方都满意。
néng ràng wǒmen shuāngfāng dōu mǎnyì.

史强生: 【看合同】嗯，我认为所有条款都很详细清楚，看不出还
【kàn hétóng】Ng, wǒ rènwéi suǒyǒu tiáokuǎn dōu hěn xiángxì qīngchu, kàn bu chū hái

有什么地方需要再修改、补充。白琳，你看呢？
yǒu shénme dìfang xūyào zài xiūgǎi、bǔchōng. Bái Lín, nǐ kàn ne?

白琳: 我也觉得一切都很好。李先生，您费心了！
Wǒ yě juéde yíqiè dōu hěn hǎo. Lǐ xiānsheng, nín fèixīn le!

李信文: 不客气，这是我应该做的事。请问贵方需要几份副本？
Bú kèqi, zhè shì wǒ yīnggāi zuò de shì. Qǐngwèn guìfāng xūyào jǐ fèn fùběn?

史强生: 麻烦您每份文件给我两份副本。另外，如果方便的话，也
Máfan nín měi fèn wénjiàn gěi wǒ liǎng fèn fùběn. Lìngwài, rúguǒ fāngbiàn dehuà, yě

请您给我发一份电子版的备份，以便保存。
qǐng nín gěi wǒ fā yí fèn diànzǐbǎn de bèifèn, yǐbiàn bǎocún.

李信文: 行！ 我马上就把它们发到您的邮箱。如果没有其他问题
Xíng! Wǒ mǎshàng jiù bǎ tāmen fādào nín de yóuxiāng. Rúguǒ méiyǒu qítā wèntí

的话，我想我们可以签字了。史先生，请您在这儿签字吧！
dehuà, wǒ xiǎng wǒmen kěyǐ qiānzì le. Shǐ xiānsheng, qǐng nín zài zhèr qiānzì ba!

史强生: 好。【签字】李先生，这次我们的合作非常成功。我非常
Hǎo.【qiānzì】Lǐ xiānsheng, zhè cì wǒmen de hézuò fēicháng chénggōng. Wǒ fēicháng

高兴。希望今后跟您、跟贵公司能有更多的合作机会。
gāoxìng. Xīwàng jīnhòu gēn nín、gēn guì gōngsī néng yǒu gèng duō de hézuò jīhuì.

李信文: 一定，一定！ 现在我们有了长期协议，合作的机会一定会
Yídìng, yídìng! Xiànzài wǒmen yǒule chángqī xiéyì, hézuò de jīhuì yídìng huì

越来越多！【倒茶】来，让我们以茶代酒，为了庆祝我们
yuèláiyuè duō!【dào chá】Lái, ràng wǒmen yǐ chá dài jiǔ, wèile qìngzhù wǒmen

这次合作的圆满成功和今后的更多合作干杯！
zhè cì hézuò de yuánmǎn chénggōng hé jīnhòu de gèng duō hézuò gānbēi!

白琳: 【开玩笑】李先生，看起来今后我会常常来北京麻烦您了。
【kāi wánxiào】Lǐ xiānsheng, kàn qilai jīnhòu wǒ huì chángcháng lái Běijīng máfan nín le.

您不会头疼吧？
Nín bú huì tóuténg ba?

**李信文:** スミスさん、これが契約書の正本です。今日の午前中にご指摘いただいた箇所についてはすべて貴方のご意見どおりに修正いたしました。もう一度お目通しください。今回、双方がともに満足することを願っています。

**スミス:** 【契約書を見て】うん、どの条項もすべて詳細かつ明確に書かれていて、さらに修正や補足を必要とする箇所は見つかりません。ペティ、どうかな?

**ペティ:** 私もすべて問題ないと思います。李さん、お手数をおかけしました。

**李信文:** どういたしまして。これは私が当然するべき仕事ですから。ところで貴方は何セット副本が必要ですか?

**スミス:** お手数をおかけしますが、それぞれの書類につき副本を2セットいただけませんか。それからもしよろしければ、保存用として電子データのバックアップを提供していただけないでしょうか。

**李信文:** 承知しました。すぐにデータをあなたのメールにお送りしましょう。では、もしほかに問題がなければ、私たちはこれで契約できますね。スミスさん、どうぞここにご署名ください。

**スミス:** わかりました。【署名をして】李さん、今回の私たちの提携はほんとうにうまくいきましたね。私はとてもうれしいです。今後ともあなたや御社とさらに多くの提携のチャンスが生まれますよう希望しております。

**李信文:** きっとありますよ! いま、われわれは長期的な取り決めができましたから、提携の機会はきっとますます多くなるはずです。【お茶を入れて】さあ、お酒の代わりにこのお茶で、われわれの今回の提携が円満な成功を収めたことを祝い、今後さらに多くの提携の機会があることを祈って、乾杯しましょう!

**ペティ:** 【冗談で】李さん、どうやらこれからも私はしょっちゅう北京に来てあなたにご迷惑をおかけすることになりそうですね。頭が痛くなりませんか?

| 新出単語 1 | | | ◀))116 |
|---|---|---|---|
| 签字 | qiānzì | 署名する、調印する | |
| 仪式 | yíshì | 儀式、セレモニー | |
| 审核 | shěnhé | (書類の内容を)審査する | |
| 签署 | qiānshǔ | (書類に)署名する | |

| | | |
|---|---|---|
| 文件 | wénjiàn | 書類 |
| 对照 | duìzhào | 対比、照合する |
| 意向书 | yìxiàngshū | 意向書、LOI（Letter of Intent） |
| 条款 | tiáokuǎn | （契約書などの）条項 |
| 金额 | jīn'é | 金額 |
| 包装 | bāozhuāng | 梱包、パッキング |
| 验收 | yànshōu | 検収、検査して受け取る |
| 遗漏 | yílòu | （文字や言葉の）漏れ、脱落 |
| 指出 | zhǐchū | 指摘する |
| 确认 | quèrèn | 確認する |
| 关于 | guānyú | 〜に関して、〜に関する |
| 根据 | gēnjù | 〜に基づいて |
| 不晚于 | bù wǎn yú | 〜よりも遅くない、〜よりも早い |
| 补充 | bǔchōng | 補足、補充する |
| 延误 | yánwù | ディレイ、遅れ |
| 造成 | zàochéng | 作り上げる、〜をもたらす |
| 有权 | yǒu quán | 〜する権利を有する |
| 申诉 | shēnsù | 申し立てる、訴える |
| 索赔 | suǒpéi | クレーム、クレームを出す |
| 差错 | chācuò | ミス、思わぬ災難 |
| 重合同，守信用 | zhòng hétóng, shǒu xìnyòng | 契約を重んじ、信用を守る |
| 原则 | yuánzé | 原則 |
| 按时 | ànshí | 期限どおりに、時間どおりに |
| 季度 | jìdù | 四半期 |
| 执行 | zhíxíng | 履行する、執行する |
| 必要 | bìyào | 必要とする、必要である |
| 正本 | zhèngběn | （書類の）正本、原本 |
| 凡是 | fánshì | すべて、およそ |
| 副本 | fùběn | （書類の）副本、コピー |
| 电子版 | diànzǐbǎn | 電子版、電子データ |
| 备份 | bèifèn | バックアップ、控え |
| 邮箱 | yóuxiāng | メールボックス |
| 以茶代酒 | yǐ chá dài jiǔ | お茶でもってお酒に代える、お酒の代わりにお茶を飲む |
| 庆祝 | qìngzhù | 祝う |
| 头疼 | tóuténg | 頭が痛い |

## **1** 关于～

⟹ ～について、～に関して

❶ 关于交货时间，我想再跟您确认一下儿。
納期について、私は再度あなたと確認したいのですが。

❷ 昨天的洽谈讨论的是关于双方长期合作的问题。
昨日の商談で討論したのは、双方の長期的な提携についての問題です。

---

## **2** ～不晚于…

⟹ ～（の時間）は…より遅くない、～（の時間）は…よりも前である

❶ 交货时间必须不晚于八月十号。
納期は 8 月 10 日より前でなければなりません。

❷ 这批新产品投放市场的时间将不晚于三月上旬。
今回の製品のマーケットへの投入時期は 3 月上旬より遅くはなりません。

---

## **3** 〔人〕＋有权＋〔動詞〕＋〔もの〕

⟹ 〔人〕は〔もの〕を〔動詞〕する権利を有する

❶ 如果因为交货时间的延误造成买方的经济损失，买方有权提出索赔。
もしも納期の遅延によって買い手に経済的損失をもたらした場合、買い手はクレームを提起する権利を有します。

❷ 作为合作伙伴，我方有权获得更多的有关信息。
当方は協力パートナーとしてさらに多くの情報を得る権利があります。

---

## **4** 凡是～都…

⟹ （およそ）～はすべて…だ

※一定の範囲において例外がないということを表す言い方。「およそ」を省略して「～はすべて…だ」としてもよい。

❶ 凡是今天上午提出问题的地方，我们都按你们的意见做了修改。
（およそ）今日の午前中に問題を指摘された箇所について、われわれはすべて貴方の意見に基づいて修正を加えました。

❷ 凡是看了广告的客户，都对我们的产品很感兴趣。
（およそ）広告を見た顧客はすべて私たちの製品に関心を示しました。

---

为了更好地利用外国资本和先进技术来帮助中国经济的
Wèile gèng hǎo de lìyòng wàiguó zīběn hé xiānjìn jìshù lái bāngzhù Zhōngguó jīngjì de

发展，中国政府从 1979 年开始陆续制订了一系列的涉外经济
fāzhǎn, Zhōngguó zhèngfǔ cóng yī jiǔ qī jiǔ nián kāishǐ lùxù zhìdìngle yíxìliè de shèwài jīngjì

法律、法规。其中，最重要的是《中华人民共和国外资企业法》。
fǎlǜ、fǎguī. Qízhōng, zuì zhòngyào de shì «Zhōnghuá Rénmín Gònghéguó Wàizī Qǐyè Fǎ».

《外资企业法》要求设立外资企业必须对中国国民经济的发展
«Wàizī Qǐyè Fǎ» yāoqiú shèlì wàizī qǐyè bìxū duì Zhōngguó guómín jīngjì de fāzhǎn

有利。它对外资企业的设立程序、组织形式、税务财会和外汇
yǒulì. Tā duì wàizī qǐyè de shèlì chéngxù、zǔzhī xíngshì、shuìwù cáikuài hé wàihuì

管理等各个方面都有清楚的说明。对于每一个打算到中国投资、
guǎnlǐ děng gègè fāngmiàn dōu yǒu qīngchu de shuōmíng. Duìyú měi yí ge dǎsuàn dào Zhōngguó tóuzī、

做生意的外国人来说，了解这些法律、法规的内容是非常必要的。
zuò shēngyi de wàiguórén lái shuō, liǎojiě zhèxiē fǎlǜ、fǎguī de nèiróng shì fēicháng bìyào de.

中国的涉外经济法律、法规明确承诺保护外国投资者的
Zhōngguó de shèwài jīngjì fǎlǜ、fǎguī míngquè chéngnuò bǎohù wàiguó tóuzīzhě de

合法权益，保证给予来中国投资的外国厂商、公司和个人以
héfǎ quányì, bǎozhèng jǐyǔ lái Zhōngguó tóuzī de wàiguó chǎngshāng、gōngsī hé gèrén yǐ

公平待遇。中国的涉外经济法律、法规强调平等互利的基本
gōngpíng dàiyù. Zhōngguó de shèwài jīngjì fǎlǜ、fǎguī qiángdiào píngděng hùlì de jīběn

原则，同时也规定了解决争议的途径，即协商、调解、仲裁和
yuánzé, tóngshí yě guīdìngle jiějué zhēngyì de tújìng, jí xiéshāng、tiáojiě、zhòngcái hé

诉讼等四种不同的方式。为了使争议得到公正合理的解决，
sùsòng děng sì zhǒng bù tóng de fāngshì. Wèile shǐ zhēngyì dédào gōngzhèng hélǐ de jiějué,

中国也接受在第三国仲裁的要求。
Zhōngguó yě jiēshòu zài dì sān guó zhòngcái de yāoqiú.

全面、有效地实施中国涉外经济法律、法规明显地改善了
Quánmiàn、yǒuxiào de shíshī Zhōngguó shèwài jīngjì fǎlǜ、fǎguī míngxiǎn de gǎishànle

中国的投资环境，起到了鼓励外国投资者的作用。今天的中国
Zhōngguó de tóuzī huánjìng, qǐdàole gǔlì wàiguó tóuzīzhě de zuòyòng. Jīntiān de Zhōngguó

正在吸引着越来越多的外国投资者的关注。
zhèngzài xīyǐnzhe yuèláiyuè duō de wàiguó tóuzīzhě de guānzhù.

外国の資本と先進的技術をよりうまく利用して中国経済の発展を後押しするために、中国政府は 1979 年からつぎつぎに一連の渉外経済法律と規則を制定してきました。その中で最も重要なのは『中華人民共和国外資企業法』です。『外資企業法』は、外資系企業の設立は中国の国民経済の発展に有利なものでなければならないと要求しています。この法律は外資系企業の設立の手順、組織形態、税務、財務経理ならびに外貨管理など各方面にわたって明確な説明があります。中国での投資やビジネスを考えている外国人にとっては、こうした法律や規則の内容について理解するのはとても必要なことです。

中国の渉外経済法律と規則は外国人投資家の合法的な権益を保護することを明確に約束するとともに、中国に来て投資をする外国メーカー、企業、個人に対して公平な待遇を与えることを保証しています。中国の渉外経済法律や規則は平等互恵の基本原則を強調すると同時に、係争を解決する手順、すなわち協議、調停、仲裁および訴訟という 4 つの異なる方式について規定しています。係争について公正かつ合理的な解決を得るために、中国は第三国における仲裁という要求も受け入れています。

中国の渉外経済法律や規則を全面的かつ有効に実施することは、あきらかに中国の投資環境を改善し、外国からの投資を奨励する役割を果たしてきました。現在の中国はますます多くの外国人投資家の関心を引きつけています。

| 新出単語 2 | | ◀)) 119 |
|---|---|---|
| 渉外 | shèwài | 渉外、外交や外国人に関わる |
| 法律 | fǎlǜ | 法律 |
| 法規 | fǎguī | 法規、条例、規則 |
| 陆续 | lùxù | つぎつぎに |
| 设立程序 | shèlì chéngxù | 設立の手順 |
| 设立 | shèlì | 設立する |
| 程序 | chéngxù | 順序、手順 |
| 税务 | shuìwù | 税務 |
| 财会 | cáikuài | 財務と経理 |
| 明确 | míngquè | はっきりしている |
| 承诺 | chéngnuò | 承諾する、約束する |

| 保护 | bǎohù | 保護する |
|------|-------|---------|
| 合法 | héfǎ | 合法な |
| 权益 | quányì | 権益 |
| 给予 | jǐyǔ | 与える |
| 公平 | gōngpíng | 公平な、公平さ |
| 待遇 | dàiyù | 待遇 |
| 强调 | qiángdiào | 強調する |
| 平等互利 | píngděng hùlì | 平等互恵 |
| 规定 | guīdìng | 規定する、規定 |
| 争议 | zhēngyì | 係争、論議 |
| 协商 | xiéshāng | 協議、話し合う |
| 调解 | tiáojiě | 調停 |
| 仲裁 | zhòngcái | 仲裁、仲裁する |
| 诉讼 | sùsòng | 訴訟 |
| 公正 | gōngzhèng | 公正 |
| 第三国 | dì-sān guó | 第三国 |
| 实施 | shíshī | 実施する |
| 改善 | gǎishàn | 改善する |
| 起作用 | qǐ zuòyòng | 役割を果たす、〜の働きをする |
| 作用 | zuòyòng | 役割、作用 |
| 关注 | guānzhù | 関心、関心を持つ |

| 中华人民共和国外资企业法 | Zhōnghuá Rénmín Gònghéguó Wàizī Qǐyè Fǎ | 中華人民共和国外資企業法 |
|------|------|------|

## 1 利用〜（来）…
⟹ 〜を利用して…する

❶ 中国政府希望利用外国资本和先进技术来帮助中国经济的发展。
中国政府は外国資本と先進的な技術を利用して中国経済の発展を後押しすることを希望しています。

❷ 我想利用这个机会来跟贵公司讨论一下儿明年融资问题。
私はこの機会を利用して御社と来年の融資の件について話し合いたいと思っています。

## 2 从〜开始
⟹ 〜から始める、〜からスタートする

❶ 中国从 1979 年开始陆续制订了一系列的涉外经济法律、法规。
中国は 1979 年から続々と一連の渉外経済法律や法規を制定し始めました。

❷ 从去年开始，那家创业公司一直在研发、生产节能家用电器。
去年からあのベンチャー企業はずっと省エネ型家電製品の研究開発ならびに生産をしています。

## 3 给予〜以…
⟹ 〜に…を与える

※ "给予" は jǐyǔ という読み方をするので注意が必要。

❶ 外资企业法保证给予来中国投资的外国厂商、公司和个人以公平待遇。
外資企業法は中国に来て投資をする外国のメーカーや会社および個人に対して公平な待遇を与えることを保証しています。

❷ 作为合作伙伴，请贵公司给予我方以更多的支持和帮助。
提携パートナーとして、御社が当方により多くのご支持とご協力を与えていただきますようお願いします。

## 4 起到〜作用
⟹ 〜という効果がある、〜という役割を果たす

❶ 全面、有效地实施中国涉外经济法规起到了鼓励外国投资者的作用。
全面的かつ効果的に中国の渉外経済法規を実施することは、外国人投資家を激励する効果がありました。

❷ 我相信这次我们的宣传造势活动一定会起到推销产品的作用。
私は、今回の私たちの宣伝プロモーションのイベントがきっと製品の販路を拡大する役割を果たすと信じています。

**1** 下のヒントに対応する第15課の新出単語を漢字で書きなさい。次にそのピンインをそれぞれのマスに書き込み、最終的に求められる第15課の課の新出単語を漢字で答えなさい。声調符号は無視してかまいません。

┃ヒント┃　　　　　　　　　　　　　　┃単語┃

1. 時間どおりに到着せず遅れる　　　　　（　　　　　　　　　）

2. 不完全なものに付け加える　　　　　　（　　　　　　　　　）

3. ２つのものごとを比べ合わせる　　　　（　　　　　　　　　）

4. 間違いがないことを確かめる　　　　　（　　　　　　　　　）

5. 過ち、思わぬ災難　　　　　　　　　　（　　　　　　　　　）

6. 書類に自分の名前を書く　　　　　　　（　　　　　　　　　）

7. 商品を受け取るとき、まず検査をする　（　　　　　　　　　）

答え（　　　　　　　　　）

=========== **あわせて覚えたい** ===========

## 書類でよく使われる書き言葉

　書き言葉は中国語で "书面语" といいます。正式な書類には書き言葉が使われる場面が多く、難しい印象を受けるかもしれません。実際にどのようなものがあるのか意向書の例をもとに具体的に見てみましょう。

---

意向书

　　中国东方进出口公司（英文名称：China Eastern Import & Export Corporation。以下简称甲方）①<u>与</u> US-Pacific Trading Company（中文名称：美国太平洋贸易公司。以下简称乙方）②<u>于</u>二〇一七年六月十日③<u>经</u>双方友好商谈，对合资经营服装工厂共同拟订意向④<u>如下</u>：

　　1. 合资工厂设立于中国深圳，生产适销欧美市场的各类服装。

　　2. 甲方主要负责生产与管理，乙方主要负责产品设计与海外市场营销。

　　3. 合资工厂的投资金额初步商定为 9,000 万美元，投资比例为甲、乙双方各占百分之五十，盈利⑤<u>亦</u>按双方投资比例分配。

　　4. 甲乙双方同意在意向书签订⑥<u>之</u>日起 15 天之内组成项目工作组，负责⑦<u>该</u>项目的各项前期准备工作。

　　5. 项目工作组成立后，必须在 60 天之内制定并完成设立合资工厂的详细实施计划。

　　6. 甲乙双方对合资工厂项目各自向上级有关主管部门报告，经获准后双方再进一步洽谈具体的合资协议。

甲方：中国东方进出口公司　　　　　　　　　　乙方：US-Pacific Trading Company
　　（签字、盖章）　　　　　　　　　　　　　　　（签字、盖章）

二〇一七年六月十日

---

①"与" ＝ "和"「～と」　　　　　　　　⑤"亦" ＝ "也"「～も、～もまた」

②"于" ＝ "在"「～に、～において」　　　⑥"之" ＝ "的"「～の」

③"经" ＝ "经过"「～を経て」　　　　　　⑦"该" ＝ "这个"、"那个"「この、その」

④"如下"「以下のように」

　このような知識を踏まえて読むと、より内容を理解しやすくなるのではないでしょうか。書き言葉を覚えることは、中国語を次のレベルへとステップアップさせるために大切な要素であるといっても過言ではないでしょう。

# 第16課

## 饯行告别 🔊 121
Jiànxíng gàobié

　　明天史强生和白琳就要回美国了。李信文以东方进出口公司的名义举行晚宴，庆祝中美两家公司这次成功的合作，同时也为史先生和白小姐饯行。

## 送别の夕食会

　　スミスさんとペティさんは、明日にはもうアメリカに向けて帰国の途に就くことになりました。李信文さんは東方輸出入公司の名義で夜の宴会を催し、米中双方の企業が今回成功裏に協力を果たせたことを祝い、同時にスミスさんとペティさんの送別会をしました。

李信文: 史先生、白小姐，今天的晚宴有两个目的。一是庆祝我们
Shǐ xiānsheng, Bái xiǎojiě, jīntiān de wǎnyàn yǒu liǎng ge mùdì. Yī shì qìngzhù wǒmen

两家公司的成功合作，二是为你们二位饯行。请允许我
liǎng jiā gōngsī de chénggōng hézuò, èr shì wèi nǐmen èr wèi jiànxíng. Qǐng yǔnxǔ wǒ

代表东方进出口公司对你们表示衷心的感谢。来，让我先
dàibiǎo Dōngfāng Jìnchūkǒu gōngsī duì nǐmen biǎoshì zhōngxīn de gǎnxiè. Lái, ràng wǒ xiān

敬你们一杯！感谢你们为这次洽谈的圆满成功所做的
jìng nǐmen yì bēi! Gǎnxiè nǐmen wèi zhè cì qiàtán de yuánmǎn chénggōng suǒ zuò de

努力。【大家干杯】
nǔlì. [dàjiā gānbēi]

史强生: 李先生，这次我们来中国的收获很大。我们都非常高兴。
Lǐ xiānsheng, zhè cì wǒmen lái Zhōngguó de shōuhuò hěn dà. Wǒmen dōu fēicháng gāoxìng.

我也想借这个机会代表我的公司对您和东方进出口公司
Wǒ yě xiǎng jiè zhège jīhuì dàibiǎo wǒ de gōngsī duì nín hé Dōngfāng Jìnchūkǒu Gōngsī

表示感谢。感谢东方公司给予我们的热情接待，尤其是
biǎoshì gǎnxiè. Gǎnxiè Dōngfāng Gōngsī jǐyǔ wǒmen de rèqíng jiēdài, yóuqí shì

感谢您为我们这次访问所做的种种安排。
gǎnxiè nín wèi wǒmen zhè cì fǎngwèn suǒ zuò de zhǒngzhǒng ānpái.

李信文: 哪里，哪里。这次能跟您和白小姐合作，我感到非常愉快。
Nǎli, nǎli. Zhè cì néng gēn nín hé Bái xiǎojiě hézuò, wǒ gǎndào fēicháng yúkuài.

你们这次来中国，不但加强了我们之间的业务联系，而且
Nǐmen zhè cì lái Zhōngguó, búdàn jiāqiángle wǒmen zhījiān de yèwù liánxì, érqiě

加深了我们之间的互相理解。我相信有了这样一个良好的
jiāshēnle wǒmen zhījiān de hùxiāng lǐjiě. Wǒ xiāngxìn yǒule zhèyàng yí ge liánghǎo de

基础，我们今后一定会有更多的生意往来。
jīchǔ, wǒmen jīnhòu yídìng huì yǒu gèng duō de shēngyi wǎnglái.

史强生: 我完全同意。这次来中国，我亲眼看到了中国的发展。
Wǒ wánquán tóngyì. Zhè cì lái Zhōngguó, wǒ qīnyǎn kàndàole Zhōngguó de fāzhǎn.

中国已经成为一个重要的经济大国。难怪现在有这么多
Zhōngguó yǐjīng chéngwéi yí ge zhòngyào de jīngjì dàguó. Nánguài xiànzài yǒu zhème duō

国家的厂商要到中国来做生意。我敢说在美国一定有很多
guójiā de chǎngshāng yào dào Zhōngguó lái zuò shēngyi. Wǒ gǎn shuō zài Měiguó yídìng yǒu hěn duō

公司羡慕我们有了东方公司和李先生这样可靠的"关系"。
gōngsī xiànmù wǒmen yǒule Dōngfāng Gōngsī hé Lǐ xiānsheng zhèyàng kěkào de "guānxi".

【笑】李先生，今后还要请您多多关照啊！
[xiào] Lǐ xiānsheng, jīnhòu hái yào qǐng nín duōduō guānzhào a!

**李信文:** スミスさん、ペティさん、今日の夕食会には二つの目的がございます。一つは両社の提携の成功を祝うことで、もう一つはお二人の送別です。東方輸出入公司を代表してお二人に心からの感謝を申し上げます。さあ、まずは乾杯をしましょう。今回の商談が円満な成功を収めるためにお二人がなされた努力に感謝いたします。【皆で乾杯する】

**スミス:** 李さん、今回私たちが中国に来た収穫はとても大きかったです。私たちはとてもうれしいです。私もこの機会をお借りして、会社を代表して李さんと東方輸出入公司に感謝申し上げます。私たちへの御社の心の込もったおもてなし、とりわけあなたが私たちの今回の訪問のためにしてくださった数々のお取り計らいに感謝いたします。

**李信文:** どういたしまして。今回、あなたやペティさんと協力し合えて、私もとても楽しかったです。お二人の今回の訪中は、両社間の取引上のつながりを強化しただけでなく、われわれの間の相互理解をより深めました。このような良好な基礎があれば、今後さらに多くのビジネスの往来がきっとあると信じております。

**スミス:** まったくおっしゃるとおりです。今回中国に来て、私は自分の目で中国の発展を見ることができました。中国はすでに重要な経済大国になっています。どうりで現在こんなにも多くの国々のメーカーが中国にやってきてビジネスをしようとしているわけです。アメリカでは私たちが東方公司ならびに李さんとこのような信頼できる「コネクション」を構築したことについて、きっと多くの会社が羨ましく思うに違いないと私は自信を持って言うことができます。【笑】李さん、これからもよろしくお願いしますよ！

白琳：时间过得真快！ 我总觉得好像昨天我才刚到中国似的，
Shíjiān guò de zhēn kuài! Wǒ zǒng juéde hǎoxiàng zuótiān wǒ cái gāng dào Zhōngguó shìde,

可是明天一早我就要飞回美国了！
kěshì míngtiān yìzǎo wǒ jiù yào fēihuí Měiguó le!

李信文：白小姐，如果您真想在中国多待一些日子，我们非常欢迎。
Bái xiǎojiě, rúguǒ nín zhēn xiǎng zài Zhōngguó duō dāi yìxiē rìzi, wǒmen fēicháng huānyíng.

白琳：想倒是想，不过这要看我的老板是不是愿意给我假期了。
Xiǎng dàoshì xiǎng, búguò zhè yào kàn wǒ de lǎobǎn shì bu shì yuànyì gěi wǒ jiàqī le.

李信文：我有一个办法。也许下一次我们可以把这个问题也列入
Wǒ yǒu yí ge bànfǎ. Yěxǔ xià yí cì wǒmen kěyǐ bǎ zhège wèntí yě lièrù

我们的谈判。史先生，您看怎么样？
wǒmen de tánpàn. Shǐ xiānsheng, nín kàn zěnmeyàng?

史强生：【笑】对不起，这件事可没有谈判的余地！ 白琳是我最
【xiào】 Duìbuqǐ, zhè jiàn shì kě méiyǒu tánpàn de yúdì! Bái Lín shì wǒ zuì

得力的助手，少了她可不行！
délì de zhùshǒu, shǎole tā kě bùxíng!

李信文：【笑】史先生如果也打算来中国度假的话，我们更加欢迎！
【xiào】 Shǐ xiānsheng rúguǒ yě dǎsuàn lái Zhōngguó dùjià dehuà, wǒmen gèngjiā huānyíng!

史强生：我倒是想带太太一起来中国旅行，就是总是没有时间。她
Wǒ dàoshì xiǎng dài tàitai yìqǐ lái Zhōngguó lǚxíng, jiùshì zǒngshì méiyǒu shíjiān. Tā

一直说要来看看长城和兵马俑。
yìzhí shuō yào lái kànkan Chángchéng hé Bīngmǎyǒng.

李信文：好啊，您什么时候决定了，请通知我。我负责替您安排。
Hǎo a, nín shénme shíhou juédìng le, qǐng tōngzhī wǒ. Wǒ fùzé tì nín ānpái.

史先生、白小姐，这是我们公司送给你们的礼物，算是
Shǐ xiānsheng、Bái xiǎojiě, zhè shì wǒmen gōngsī sònggěi nǐmen de lǐwù, suànshì

你们这次中国之行的纪念吧！
nǐmen zhè cì Zhōngguó zhī xíng de jìniàn ba!

史强生：谢谢！
Xièxie!

白琳：我现在就能打开看看吗？
Wǒ xiànzài jiù néng dǎkāi kànkan ma?

李信文：当然，请！
Dāngrán, qǐng!

白琳：啊，景泰蓝花瓶，真漂亮！ 李先生，谢谢你。
À, Jǐngtàilán huāpíng, zhēn piàoliang! Lǐ xiānsheng, xièxie nǐ.

李信文: 不用谢，都是一些小礼物，留个纪念。
Búyòng xiè, dōu shì yìxiē xiǎo lǐwù, liú ge jìniàn.

史强生: 李先生，我也有一件礼物，想送给您。
Lǐ xiānsheng, wǒ yě yǒu yí jiàn lǐwù, xiǎng sònggěi nín.

李信文: 不敢当，不敢当，您太客气了！
Bùgǎndāng, bùgǎndāng, nín tài kèqi le!

史强生: 请您一定要收下。另外还有两件礼物，想麻烦您带给王
Qǐng nín yídìng yào shōuxià. Lìngwài hái yǒu liǎng jiàn lǐwù, xiǎng máfan nín dàigěi Wáng

总经理和张红女士。
zǒngjīnglǐ hé Zhāng Hóng nǚshì.

李信文: 好吧。那我就收下了。谢谢！ 史先生、白小姐，明天我还
Hǎo ba. Nà wǒ jiù shōuxià le. Xièxie! Shǐ xiānsheng、Bái xiǎojiě, míngtiān wǒ hái

有一个重要的会，所以不能给你们送行了，很抱歉。不过，
yǒu yí ge zhòngyào de huì, suǒyǐ bù néng gěi nǐmen sòngxíng le, hěn bàoqiàn. Búguò,

张红主任会陪你们去机场。
Zhāng Hóng zhǔrèn huì péi nǐmen qù jīchǎng.

史强生: 您陪了我们这么多天，又专程从北京赶到这儿来，我们
Nín péile wǒmen zhème duō tiān, yòu zhuānchéng cóng Běijīng gǎndào zhèr lái, wǒmen

已经非常感谢了！
yǐjīng fēicháng gǎnxiè le!

李信文: 哪里哪里，不必客气。祝你们一路平安！ 希望我们很快会
Nǎli nǎli, bú bì kèqi. Zhù nǐmen yílù píng'ān! Xīwàng wǒmen hěn kuài huì

再见！
zàijiàn!

史强生、白琳: 谢谢，再见！
Xièxie, zàijiàn!


**日本語訳** ■別れのあいさつをし、お土産を贈る

ペティ: 時間が経つのはほんとうに早いです！ 私はまるで昨日中国に到着したばかりのように感じます。なのに、明日の朝早くにはもうアメリカに向かって飛び立つことになるんですね。

李信文: ペティさん、もしほんとうにあともう少し中国に滞在したいということでしたら、私たちはとても歓迎しますよ。

ペティ: そうしたいのはやまやまなのですが、ボスが私に休暇をあげようと思ってくれるかどうか。

**李信文:** いい方法があります。次回はその問題も商談の議題に乗せてもいいかもしれません。スミスさん、どう思われますか？

**スミス:**【笑】すみませんね。これについては交渉の余地はなさそうです。ペティは私の最も腕利きのアシスタントですから、彼女がいなくなるとダメなんですよ。

**李信文:**【笑】スミスさんも中国に来て休暇を過ごそうということでしたら、われわれはもっと歓迎しますよ！

**スミス:** 私は奥さんと一緒に中国旅行をしてみたいとは思うのですが、いつも時間がないんです。彼女はずっと万里の長城と兵馬俑を見に来たいと言い続けているのですが。

**李信文:** いいですよ、時期を決めたら私に知らせてください。私が代わりに責任を持って手配しますから。スミスさん、ペティさん、これは弊社からお二人への贈り物です。今回の中国訪問の記念とでもいうようなものです。

**スミス:** ありがとうございます！

**ペティ:** いま、開けて見てみてもよろしいですか？

**李信文:** もちろんです、どうぞ！

**ペティ:** あ、景泰藍の花瓶だ、ほんとうにきれいです！ 李さん、ありがとうございます。

**李信文:** どういたしまして。ほんのささやかな贈り物ですが、記念になさってください。

**スミス:** 李さん、私もあなたにと思ってお土産を持ってきたんです。

**李信文:** それは恐縮です、気を遣いすぎですよ。

**スミス:** 必ず受け取ってください。ほかにまだ2つ贈り物がありますので、お手数ですが王社長と張紅主任にお渡しください。

**李信文:** 承知しました。それでは頂戴しましょう。ありがとうございます。スミスさん、ペティさん、申し訳ありませんが、明日私は重要な会議があってお見送りできません。ただ、張紅主任がお二人を空港までご案内いたします。

**スミス:** 何日間も私たちの相手をし、そのうえこうしてわざわざ北京からここまで駆けつけていただいて、もうとても感謝しています。

**李信文:** どういたしまして、お気遣いには及びません。どうぞ気を付けてお帰りください。すぐまた再会できますことを願っています。

**スミス、ペティ:** ありがとうございます。またお会いしましょう。

| | | |
|---|---|---|
| 饯行 | jiànxíng | 送別の宴会を催す、送別会を開く |
| 告别 | gàobié | お別れのあいさつをする、別れを告げる |
| 名义 | míngyì | 名義 |
| 晚宴 | wǎnyàn | 夜の宴会、晩餐会 |
| 衷心 | zhōngxīn | 衷心の、心からの |
| 收获 | shōuhuò | 収穫、成果 |
| 加强 | jiāqiáng | 強化する |
| 加深 | jiāshēn | 深める |
| 往来 | wǎnglái | 往来、行き来、連絡 |
| 难怪 | nánguài | 無理もない、どうりで～だ |
| 羡慕 | xiànmù | 羨ましい、羨ましがる |
| 关系 | guānxi | コネクション、関係 |
| 话别 | huàbié | 別れのあいさつをする |
| 赠送 | zèngsòng | （お土産やプレゼントを）贈呈する、贈る |
| 倒是 | dàoshì | ～ではあるけれども、ほんとうは |
| 列入 | lièrù | 組み入れる、中に入れる |
| 余地 | yúdì | 余地 |
| 得力 | délì | 有能な、役に立つ |
| 度假 | dùjià | 休暇を過ごす |
| 更加 | gèngjiā | さらに |
| 太太 | tàitai | 奥様 |
| 花瓶 | huāpíng | 花瓶 |
| 送行 | sòngxíng | 見送る |
| 专程 | zhuānchéng | わざわざ（出かける） |
| 一路平安 | yílù píng'ān | 道中ご無事で |

| | | |
|---|---|---|
| 兵马俑 | Bīngmǎyǒng | 兵馬俑 |
| 景泰蓝 | Jǐngtàilán | 景泰藍 ※銅製の七宝焼きの工芸品 |

## 1 所〜的 ⟹ 〜する（ところの）

※書き言葉から生まれた文型。〜部分には動詞が入る。日本語に訳す場合は、「ところの」を省略した方が自然になる。

❶ 感谢你们为这次洽谈的圆满成功所做的努力。

あなた方が今回の商談の円満な成功のためになされた努力に感謝いたします。

❷ 这些都是本公司目前所代理销售的产品。

これらはすべて弊社が現在代理販売を行っている製品です。

## 2 难怪〜 ⟹ [どうりで／なるほど] 〜というわけだ

※まったく同じ意味で"怪不得"という中国語もよく使う。どちらかというと"怪不得"の方がより話し言葉として用いられる。

❶ 难怪现在有这么多国家的厂商要到中国来做生意。

どうりで現在こんなにも多くの国のメーカーが中国に来てビジネスをしようというわけだ。

❷ 史先生已经找到了更便宜的货源，难怪他不想再谈判了。

なるほど、スミスさんはすでにもっと安いサプライソースを探し出したのだから、もうこれ以上商談したいと思わないわけだ。

## 3 好像〜似的 ⟹ まるで〜のようだ

※"似"には shì と sì の二つの発音があるが、ここでは shì という発音になる。

❶ 我觉得好像昨天我才刚到中国似的。

私はまるで昨日中国に到着したばかりのように感じます。

❷ 陈厂长带来了很多货样，好像要开一个交易会似的。

陳工場長は多くのサンプルを持参して、まるでトレードフェアを開こうというかのようです。

## 4 倒是〜 ［不过／就是］…
### ⟹ 確かに〜ではあるが、ただ…だ

※譲歩を表す文型。

❶ 想倒是想，不过这要看我的老板是不是愿意给我假期了。

確かにそうしたいのですが、これはボスが私に休みをくれるかどうかにかかっています。

❷ 我倒是想带太太一起来中国旅行，就是总是没有时间。

妻と一緒に中国を旅行したいとは思うのですが、ただいつもきまって時間がないのです。

　　说到"关系"这个词，许多在中国做生意的外国人都会
　　Shuōdào "guānxi" zhège cí, xǔduō zài Zhōngguó zuò shēngyi de wàiguórén dōu huì

立刻想到"走后门儿"。不可否认，"走后门儿"常常是能够解决
lìkè xiǎngdào "zǒu hòuménr". Bùkě fǒurèn, "zǒu hòuménr" chángcháng shì nénggòu jiějué

一些问题的，可是"走后门儿"这种"关系"并不保险。有时候
yìxiē wèntí de, kěshì "zǒu hòuménr" zhè zhǒng "guānxi" bìng bù bǎoxiǎn. Yǒu shíhou

"走后门儿"不但不能帮你的忙，反而耽误了你的正经事，甚至
"zǒu hòuménr" búdàn bù néng bāng nǐ de máng, fǎn'ér dānwule nǐ de zhèngjingshì, shènzhì

让你上当受骗。对于每一个打算到中国做生意的人来说，与其
ràng nǐ shàngdàng shòupiàn. Duìyú měi yí ge dǎsuàn dào Zhōngguó zuò shēngyi de rén lái shuō, yǔqí

想办法"走后门儿"，不如踏踏实实地建立起一种平等互利的
xiǎng bànfǎ "zǒu hòuménr", bùrú tātashíshí de jiànlìqǐ yì zhǒng píngděng hùlì de

合作关系更可靠。
hézuò guānxi gèng kěkào.

　　中国人重视长期合作关系。如果你是一个有心人，就会
　　Zhōngguórén zhòngshì chángqī hézuò guānxi. Rúguǒ nǐ shì yí ge yǒuxīnrén, jiù huì

利用各种场合，让他们知道你的公司也非常重视这种关系。跟
lìyòng gè zhǒng chǎnghé, ràng tāmen zhīdào nǐ de gōngsī yě fēicháng zhòngshì zhè zhǒng guānxi. Gēn

中国人做生意、打交道，你不妨开诚布公，让对方清楚地了解
Zhōngguórén zuò shēngyi, dǎ jiāodao, nǐ bùfáng kāichéng-bùgōng, ràng duìfāng qīngchu de liǎojiě

你的立场。在激烈的谈判中，耐心、理解、尊重和友好的态度
nǐ de lìchǎng. Zài jīliè de tánpàn zhōng, nàixīn, lǐjiě, zūnzhòng hé yǒuhǎo de tàidù

都是不可缺少的。不要让中国人觉得你是一个只顾眼前利益的
dōu shì bùkě quēshǎo de. Búyào ràng Zhōngguórén juéde nǐ shì yí ge zhǐ gù yǎnqián lìyì de

生意人。有时候，为了解决双方的争议，你不妨做出适当的
shēngyirén. Yǒu shíhou, wèile jiějué shuāngfāng de zhēngyì, nǐ bùfáng zuòchū shìdàng de

妥协。这样做不但让中国人觉得有面子，而且使他相信你是一
tuǒxié. Zhèyàng zuò búdàn ràng Zhōngguórén juéde yǒu miànzi, érqiě shǐ tā xiāngxìn nǐ shì yí

个通情达理、值得交往的朋友。
ge tōngqíng-dálǐ, zhídé jiāowǎng de péngyou.

　　签订合同以后，大功告成。这正是你趁热打铁、巩固双方
　　Qiāndìng hétóng yǐhòu, dàgōng-gàochéng. Zhè zhèng shì nǐ chènrè-dǎtiě, gǒnggù shuāngfāng

关系的好机会。除了干杯以外，不要忘了代表你的公司表示对
guānxi de hǎo jīhuì. Chúle gānbēi yǐwài, búyào wàngle dàibiǎo nǐ de gōngsī biǎoshì duì

今后继续合作的期待。让你的中国朋友相信你的公司确实有
jīnhòu jìxù hézuò de qīdài. Ràng nǐ de Zhōngguó péngyou xiāngxìn nǐ de gōngsī quèshí yǒu

保持长期合作关系的诚意。你也不妨借这个机会给你的中国
bǎochí chángqī hézuò guānxi de chéngyì. Nǐ yě bùfáng jiè zhège jīhuì gěi nǐ de Zhōngguó

朋友送上一两件有意义的小礼物。中国人常说："礼轻情意重。"
péngyou sòngshàng yì liǎng jiàn yǒu yìyì de xiǎolǐwù. Zhōngguórén cháng shuō: "Lǐqīng qíngyì zhòng."

这样做，既表示了你对他们的感谢，又说明了你对双方友谊的
Zhèyàng zuò, jì biǎoshìle nǐ duì tāmen de gǎnxiè, yòu shuōmíngle nǐ duì shuāngfāng yǒuyì de

重视。
zhòngshì.

　　总之，多了解一些中国文化，多了解中国人，这对你在
　　Zǒngzhī, duō liǎojiě yìxiē Zhōngguó wénhuà, duō liǎojiě Zhōngguórén, zhè duì nǐ zài

中国的生意一定会有帮助。祝你成功！
Zhōngguó de shēngyi yídìng huì yǒu bāngzhù. Zhù nǐ chénggōng!

---

**日本語訳** ■ 信頼できる長期的な協力関係を築く

　"关系"というこの言葉に話が及ぶと、中国でビジネスを展開している多くの外国人はすぐに"走后门"（裏取引やコネを使うこと）を思い浮かべることでしょう。"走后门"が往々にして一部の問題を解決することができるということは否定できません。しかし、"走后门"といった"关系"は決して安全だとはいえません。ときとして"走后门"は助けにならないばかりか、かえって正当な仕事をだめにしたり、ひどいケースではペテンにかけられたりすることにもなるでしょう。中国に来てビジネスをしてみようという人たちには、どうやって"走后门"するかを考えるよりも、むしろ一歩ずつ着実に平等互恵の協力関係を打ち立てることの方がより確実な道といえるでしょう。

　中国人は長期的な協力関係を重視します。もし志のある人であれば、いろいろなケースを利用して、中国側に自社もそのような関係をとても重視しているということを知らしめるはずです。中国人と商売をしたり付き合ったりするときは、胸襟を開いて話し、相手方に自分の立場をはっきり理解してもらってはどうでしょうか。厳しい商談においては、忍耐と理解、尊重、友好的な態度はいずれも必要不可欠なものになります。中国人に眼前の利益だけを顧みる商売人だと感じさせてはいけません。ときには、互いの意見の対立を解決するために適切な妥協をしてみてはどうでしょうか。このようにすることが、中国人の顔を立てることになるだけでなく、道理をわきまえ、付き合うに値する友人だと信じさせることにもなります。

契約書に調印して、大願が成就する。このときこそまさに「鉄は熱いうちに打て」で、双方の関係を強固なものにする絶好のチャンスです。乾杯をするだけでなく、会社を代表して今後も引き続き協力し合いたいという期待を表明するのを忘れてはいけません。会社は確かに長期的な協力関係を保持したいという誠意を持っているのだということを、中国側の友人たちに信じさせるのです。この機会に中国側の友人たちに意義のあるちょっとしたプレゼントを贈るというのもいいでしょう。中国人は「贈り物は粗末でも心は込もっている（気は心）」という言い方をよくします。このようにすることが、彼らに対する感謝の気持ちを表し、双方の友情を重視していることを証明することにもなります。

　つまり、中国の文化をより多く理解し、中国人のことをより深く理解すること、そのことが中国でビジネスを展開する際にきっとよい助けになるはずです。成功を祈ります！

## 新出単語 2　　🔊 127

| 走后门 | zǒu hòumén | 裏取引をする、不正な手段を取る |
| 不可否认 | bùkě fǒurèn | 否定できない |
| 保险 | bǎoxiǎn | 安全な、保険 |
| 反而 | fǎn'ér | かえって、逆に |
| 耽误 | dānwu | 支障をきたす、時間を無駄にする |
| 正经事 | zhèngjingshì | まともなこと、正規の事柄、正当なこと |
| 受骗 | shòupiàn | 騙される、ペテンにかかる |
| 与其～不如… | yǔqí～bùrú… | ～というよりもむしろ…だ |
| 不如 | bùrú | ～に及ばない、～した方がよい |
| 踏实 | tāshi | 着実な、落ち着いている |
| 重视 | zhòngshì | 重視する |
| 有心人 | yǒuxīnrén | 志ある人、真剣にやっている人 |
| 场合 | chǎnghé | ケース、場合、場面 |
| 开诚布公 | kāichéng-bùgōng | 誠心誠意接する、胸襟を開いて話す |
| 立场 | lìchǎng | 立場 |
| 尊重 | zūnzhòng | 尊重する |
| 缺少 | quēshǎo | 欠如する、欠ける |
| 只顾 | zhǐgù | ただ～だけに気を取られる、～だけを顧みる |
| 眼前 | yǎnqián | 目の前の、現在の |

| 利益 | lìyì | 利益 |
|------|------|-----|
| 妥协 | tuǒxié | 妥協する |
| 面子 | miànzi | 顔、面目、メンツ |
| 通情达理 | tōngqíng-dálǐ | 道理をわきまえている、事理にかなっている |
| 大功告成 | dàgōng-gàochéng | 大願が成就する、大仕事が完成する |
| 趁热打铁 | chènrè-dǎtiě | 鉄は熱いうちに打て |
| 巩固 | gǒnggù | 強くする、強固にする |
| 期待 | qīdài | 期待する |
| 诚意 | chéngyì | 誠意 |
| 有意义 | yǒu yìyì | 意義がある |
| 礼轻情意重 | lǐ qīng qíngyì zhòng | 贈り物は粗末であっても心が込もっている、気は心　※"千里送鹅毛"に続く言葉 |
| 总之 | zǒngzhī | つまり、要するに |

## 1 不但不～，反而…

**➡️ ～でないばかりか、［かえって／逆に］…だ**

※よく似た表現として"不但～而且…"「～であるばかりでなく…でもある」(p. 27) や"不仅～而且…"「～であるばかりでなく…でもある」(p. 54) があるが、これらは肯定の意味での累加を示す文型。これに対して"不但不～，反而…"は否定の意味での累加の関係を示す文型。

**❶ 有时候"走后门儿"不但不能帮你的忙，反而耽误了你的正经事。**

ときとして裏取引は助けにならないばかりか、かえってまともな仕事に支障をきたしてしまうかもしれません。

**❷ 王先生不但不肯跟我们合作，反而把销售代理权给了另一家公司。**

王さんは私たちと提携しようとしないばかりか、逆に販売代理権をほかの会社に与えてしまいました。

- - - - - - - - - - - - - - - - - - - - - - - - - - - - - - - - - - - - - -

## 2 与其～不如…

**➡️ ～するよりもむしろ…した方がよい**

※前者の内容を捨てて後者の内容を選択するという取捨関係を表す文型。後半の"不如"の前に"还"や"更"、"倒"といった副詞を置いて"还不如"や"更不如"、"倒不如"とすることも多い。

**❶ 与其想办法"走后门儿"，不如踏踏实实地建立起一种平等互利的合作关系更可靠。**

なんとか裏取引する方法を考えるよりも、むしろ着実に平等互恵の協力関係を築こうとすることの方がより確実です。

**❷ 与其每天自己上街推销产品，不如花一些钱在电视上做广告。**

毎日自分で街頭に出て製品を販売するよりも、むしろいくらかお金をかけてテレビでコマーシャルを流した方がいいです。

- - - - - - - - - - - - - - - - - - - - - - - - - - - - - - - - - - - - - -

## 3 借［这个 / 此］机会～

**➡️ この機会を借りて～する**

**❶ 你不妨借这个机会给你的中国朋友送上一两件有意义的小礼物。**

この機会を借りて中国人の友人に一つ二つの意義のあるプレゼントを贈ってみてはどうでしょう。

**❷ 我想借此机会表示我的感谢。**

私はこの機会をお借りして、感謝の気持ちを表したいと思います。

- - - - - - - - - - - - - - - - - - - - - - - - - - - - - - - - - - - - - -

## 練習問題

**１** （　）を埋めて単語のしりとりを完成させなさい。

例 职业 → 业（务）→ 务（必）→ 必（要）
　　　　　　　wù　　　　　　　　bìyào

1. 立场 → 场（　　）→ （　　）同 → 同（　　）→ （　　）型 → 型（　　）
　　　　　　　　　hé　　　　　　　　lèi　　　　　xínghào

2. 尊重 → 重（　　）→ 视（　　）→ （　　）繁 → 繁（　　）
　　　　　　　　　　　pín　　　　fánmáng

3. 妥协 → 协（　　）→ （　　）定 → 定（　　）→ （　　）待 → 待（　　）
　　　　　　　shāng　　　　　　　　qī　　　　　dàiyù

4. 提交 → 交（　　）→ （　　）收 → 收（　　）→ （　　）得 → 得（　　）
　　　　　　　shuì　　　　　　　　huò　　　　　délì

**２** 左側のヒントを読んで、それに対応する慣用表現を線で結びなさい。

1. 做事抓住有利时机，尽快处理　　・　　　　・ a. 一路平安

2. 待人真诚，坦白相告　　　　　　・　　　　・ b. 开诚布公

3. 说话或做事都合情合理　　　　　・　　　　・ c. 礼轻情意重

4. 预祝旅途顺利，安全到达目的地 ・　　　　・ d. 趁热打铁

5. 礼物虽然很轻，但情意却很深厚 ・　　　　・ e. 通情达理

# 練習問題解答・日本語訳

**1**

(解 答)

　　当你　到达　中国的时候，你总是得办一些入境　手续　。例如，你应该准备好你的　护照　和　入境登记卡　；在海关，你还应该填写　海关申报单　。你应该注意哪些东西要交税，哪些可以　免税　。比如，没有商业　价值　的　产品　广告和　货样　可以免税。价值　超过　两千元的礼品需要　交税　。如果你的　行李　很多，海关的　官员　也可能会问你一些问题。

**1**

(解 答)

1. 　如果　您有信用卡　的话　，就可以刷卡。

2. 到达北京以后，他们　不但　要去谈生意，　而且　还打算游览故宫和长城。

3. 　请　你帮我们预订两张后天下午到上海的飞机票。

4. 我很喜欢吃中国菜，　尤其　是北京烤鸭。

5. 我已经　为　两位美国客人买好火车票了。

(日本語訳)

1. もしクレジットカードをお持ちであれば、カードで決済可能です。

2. 北京に到着したあと、彼らは商談をしに行くだけでなく、故宮と万里の長城の観光もする予定です。

3. 明後日の午後に上海に到着する飛行機のチケットを２枚予約してください。

4. 私は中華料理が好きで、特に北京ダックが好きです。

5. 私はすでにアメリカからの２名のお客さんに列車のチケットを買ってあります。

**2**

（解答）

1. 早上打电话给你，让你起床的服务 •
2. 把一国的钱换成另一国的钱 •
3. 不用现金，用它付钱买东西 •
4. 中国钱 •
5. 不需要付钱 •
6. 特别的号码，不可以让别人知道 •
7. 运动、锻炼身体的地方 •
8. 住酒店的时候，用它开门进房间 •

• a. 免费
• b. 房卡
• c. 密码
• d. 外币兑换
• e. 人民币
• f. 信用卡
• g. 健身房
• h. 叫醒服务

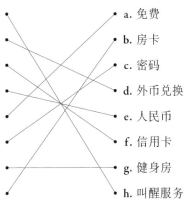

（日本語訳）

1. 朝に電話をして、起こしてくれるサービス
2. ある国の貨幣をほかの国の貨幣に両替する
3. 現金を使わず、それを使って支払いをして物を買う
4. 中国の貨幣
5. お金を払う必要がない
6. 他人に知らせてはいけない特別な番号
7. 運動をし、体を鍛える場所
8. ホテルに泊まるとき、それを使ってドアを開けて部屋に入る

---

**第3課**

**1**

（解答）

1. 我们休息得很好。您的　安排　非常　周到　。
2. 我们计划去上海　考察　一下儿　投资　　环境　。
3. 请问，这件事是谁　主管　？我应该跟谁　联系　？

4. 这是我的　名片　。请您多多　指教　。

5. 在中国，　宾主　见面的　礼仪　是互相握手，不是互相　拥抱　。

**2**

(解答)

1. 我　代表　我们公司全体职工欢迎各位来宾的光临。

2. 现在　让　我来说明一下儿下星期的日程安排。

3. 　即使　花两千块人民币，我　也　想住那家五星级旅馆。

4. 请您填写一下您的手机号码，　便于　今后联系。

5. 这个商品　既　便宜，　又　实用。

(日本語訳)

1. 私が会社全体の従業員を代表してご来賓の皆さまを歓迎します。

2. ここからは私が来週のスケジュールについて説明します。

3. たとえ 2,000 元を支払うとしても、私はあの五つ星ホテルに宿泊したいです。

4. 今後の連絡のために携帯電話の番号をご記入ください。

5. この商品は安くて実用的です。

─── **第 4 課** ───────────────────────

**1**

(解答)

1. 　除了　参观交易会以外，日本客户　还　希望去看看厂家。

2. 今天工作太忙了，　连　中午吃饭的时间　都　没有！

3. 　无论　是礼物　还是　产品货样，价值超过两千元的　都　需要交税。

4. 参观工厂、考察企业　有助于　了解中国制造业的技术水平。

5. 在今天的洽谈中，日中双方代表　不仅　谈了价格问题，　而且　还谈到交货时间了。

1. トレードフェアの見学以外に、日本のクライアントはメーカーの見学も望んでいます。

2. 今日の仕事はとても忙しく、昼食を食べる時間すらありませんでした！

3. 贈り物であろうが製品のサンプルであろうが、2,000 元を超えるものはいずれも納税しなければなりません。

4. 工場見学や企業の視察は中国の製造業の技術水準を理解するのに役立ちます。

5. 今日の商談の中で、日中の代表は価格の件だけでなく、納期についてまでも話し合いました。

**2**

（解答）

1. 我打算在上海 <u>逗留</u> 一个星期左右。

2. 谢谢您 <u>费心</u> 帮我们 <u>修改</u> 了旅行日程。现在的安排比较 <u>合理</u> 。

3. 我想 <u>考察</u> 两家 <u>创业</u> 公司， <u>亲眼</u> 看看中国 <u>高新科技</u> 产业的 <u>迅速</u> 发展。

4. 真不顺利！那份 <u>订单</u> 已经 <u>吹</u> 了！

5. 没什么。 <u>反正</u> 我们还有另一家公司的合同。

## 第5課

**1**

（解答）

1. 特色菜 / tèsècài

2. 上座 / shàngzuò

3. 筷子 / kuàizi

4. 贵宾 / guìbīn

5. 时差 / shíchā

6. 圆满 / yuánmǎn

7. 接风 / jiēfēng

答え：随便（suíbiàn）

---

## 第6課

**❶**

（解答）

1. 我___对___中国的传统式样很＿感兴趣＿，所以想去看看服装厂。

2. ＿按照＿中国人的习惯，收到礼物的时候可以当面打开看。

3. ＿只有＿多说，＿才＿能提高你的汉语口语水平。

4. ＿自从＿引进先进的生产设备以后，我们工厂的生产能力就提高了一倍。

5. 2001年中国加入世贸组织（WTO），＿一方面＿带来了更多的机会，
   ＿一方面＿也带来了更多的挑战。

（日本語訳）

1. 私は中国の伝統的なデザインに興味があるので、服飾工場を見に行ってみたいです。

2. 中国人の習慣に基づくと、プレゼントをもらったときはその場で開けて見てもかまいません。

3. たくさん話してこそ、中国語のスピーキング能力を高められます。

4. 先進的な生産設備を導入してから、私たちの工場の生産能力は倍になりました。

5. 2001年に中国がWTOに加入したことは、より多くの機会をもたらした一方で、より多くの挑戦ももたらしました。

**2**

**解答**

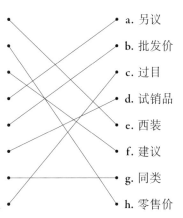

1. 西方式样的衣服

2. 在商店里看到的价格

3. 向人提出自己的看法、意见

4. 不放在一起讨论

5. 大量［买／卖］一种产品时的价格

6. 试着卖的新产品

7. 相同的一种

8. 把东西交给对方看一看或检查一下儿

a. 另议

b. 批发价

c. 过目

d. 试销品

e. 西装

f. 建议

g. 同类

h. 零售价

**日本語訳**

1. 西洋様式の衣服

2. 店頭で見かける価格

3. 人に自分の考え方や意見を申し出る

4. 別に議論する

5. ある製品を大量に［買う／売る］際の価格

6. 試しに売る新製品

7. 同じ種類

8. 先方に物を渡して見たり調べてもらったりする

—— **第7課** ——

**1**

**解答**

1.

　　参观了组装　车间　以后，我们又参观了　成品　车间。陈厂长告诉我们，正在　检验　的这　批　产品要　赶　在新年前　投放　市场，所以客户　催　得很紧。

**2.**

　　过去，因为我们公司的　管理　不善，所以长期　亏损　。自从公司从　先进　国家　引进　最新技术以后，我们的生产　效率　就开始提高了，　成本　也　迅速　降低了。因为我们给客户的　印象　越来越好了，所以订单也就　逐渐　增加了。最近不但有外国公司　寻求　和我们合作的机会，而且我们也成功地　进入　了国际市场。

## 第8課

**1**

【解答】

1. 　即使　贵公司的产品是世界知名品牌，价格还是贵了一些。

2. 如果想要让对方多订购一些我们的产品，我们　非　降低价格　不可　。

3. 　固然　这种产品的式样和质量都有了改进，不过价格贵了一些。

4. 怎样建立产品的知名度，常常　取决于　电视广告的内容。

5. 因为贵公司的报价太高，我们　不得不　选择其他厂商。

【日本語訳】

1. 御社の製品が世界的な有名ブランドだとしても、やはり価格が少し高いです。

2. もし相手方に私たちの製品をたくさん発注させたいのなら、価格を下げなければなりません。

3. 確かにこの製品のデザインと品質は改良したものの、価格が少し高いです。

4. どのように製品の知名度を打ち立てるかは、いつもテレビ CM の内容にかかっています。

5. 御社のオファーが高すぎるので、私たちはほかのメーカーを選ばざるを得ません。

**2**

**解答**

1. 这些名牌今天都是 <u>特价</u> ，我们快去买吧。

2. 有人很会 <u>讨价还价</u> ，使商人不得不给他打折。

3. 王经理，这是我们的 <u>底价</u> 了。如果再 <u>让价</u> 的话，我们就要 <u>赔本</u> 了！

4. 按国际市场这种产品的 <u>行情</u> ，贵公司的 <u>报价</u> 完全没有 <u>竞争力</u> 。

5. 如果您这样 <u>漫天要价</u> 的话，我们只好另找 <u>货源</u> 了。

---

## 第9課

**1**

**解答**

1. 按照 <u>合同</u> 规定的时间，分几次付 <u>货款</u> ，这种付款 <u>方式</u> 叫做 <u>分期</u> 付款。

2. 买方向银行 <u>申请</u> <u>开出</u> 信用证，保证 <u>通过</u> 银行向卖方付款。这就是国际贸易常 <u>采用</u> 的 <u>信用证</u> 付款方式。

3. <u>承兑交单</u> 是国际贸易采用的 <u>另</u> 一种付款方式。

**2**

**解答**

1. 参加明天会议的人 <u>仅限于</u> 局长以上的官员。

2. <u>随着</u> 一系列优惠政策的实行，这个地区吸引了越来越多的外资企业和厂商入驻。

3. 我们公司订购的秋季毛衣 <u>比</u> 他们公司订购的早进入市场三个星期。

4. 到中国做生意的外国人常常要 <u>跟</u> 市政府的外事办公室 <u>打</u> 交道。

1. 明日の会議に出席する人は局長以上の職員に限られています。

2. 一連の優遇政策の実行にともない、この地区はますます多くの外資企業と
   メーカーの入居を誘致しました。

3. われわれの会社が発注した秋シーズンのセーターは彼らの会社が発注したも
   のよりも3週間早く市場に供給されます。

4. 中国でビジネスをする外国人はしばしば市役所の外事弁公室（国際渉外部）
   と付き合わなければなければなりません。

---

## 第10課

**1**

【解答】

1. 仿制仿造的、非正宗的东西          a. 潜力
2. 对当地人和各种情况都不熟悉        b. 佣金
3. 还没有发挥出来的能力             c. 人地生疏
4. 没有一点疑问，不存在什么问题      d. 山寨产品
5. 做交易的时候给代理商的报酬        e. 毫无疑问

【日本語訳】

1. 模造したもの、正当でないもの

2. 現地の人やさまざまな状況に詳しくない

3. まだ発揮していない能力

4. わずかな疑問もなく、どんな問題もない

5. 取引をするときエージェントに渡す報酬

**2**

1. 外国厂商委托中国公司作为产品销售代理　有利于　进入中国市场。

2. 　作为　受欢迎的代理商，我们会尽力满足顾客的要求。

3. 在昨天的谈判中，双方　就　合同价格　达成　了协议。

4. 我想跟您谈谈　有关　我们产品在中国市场的独家代理权问题。

5. 我们的产品在国际市场上正　面临　着新的挑战。

日本語訳

1. 外国メーカーが、製品の販売代理店として中国企業に委託することは、中国市場へ参入するのに有利になります。

2. 人気のエージェントとして、われわれは顧客の要望を満たすよう尽力します。

3. 昨日の交渉で、双方は契約金額について合意に至りました。

4. 私はあなたと、われわれの製品の中国市場における独占代理権の問題についてお話したいです。

5. われわれの製品は、いままさに国際市場での新しいチャレンジに直面しています。

───── 第11課 ─────

**1**

解答

1. 这次促销活动的　规模　很大。公司的　官网　也会推出　相应　的　优惠　活动。

2. 公司对目前的促销活动不太　满意　，我们必须及时　调整　我们的销售　策略　。

3. 在网上购买的产品，不但可以免费　送货上门　，而且可以免费延长　保修期　。

**2**

( 解答 )

1. 虽然有困难，但总会有解决的办法　　　　　a. 王婆卖瓜，自卖自夸

2. 产品的质量很好，价格也很便宜　　　　　b. 物美价廉

3. 只要产品很好，就自然能使消费者知道它　c. 过目不忘

4. 印象很深刻，不会忘记　　　　　　　　　d. 酒香不怕巷子深

5. 自己说自己卖的东西很好　　　　　　　　e. 车道山前必有路

( 日本語訳 )

1. 困難はあるが、いずれにせよ解決の道がある

2. 製品の品質がよく、価格も安い

3. 製品さえよければ、消費者は自然とそれを知ることができる

4. 印象深く、忘れられない

5. 自分で自分が売っている物がよいと言う

---

## 第12課

**1**

( 解答 )

1. 以下 / yǐxià

2. 廉价 / liánjià

3. 参展 / cānzhǎn

4. 净化 / jìnghuà

5. 实话 / shíhuà

6. 打折 / dǎzhé

7. 优质 / yōuzhì

　答え：型号（xínghào）

**1**

**解答**

1. 市场部已经__筛选__出几种新产品，准备在这一__届__交易会__参展__。

2. 我很__荣幸__能为您__展示__我们的__多功能__空调机。这是今年的新__型号__。

3. 到现在__为止__，李经理在这家__跨境__电商公司已经工作了八年了。他对公司的运营__模式__非常熟悉。

4. 作为一个__实习生__，我很__幸运__被__分配__到一个很好很强的__团队__。通过这次实习，我一定能__积累__很多有用的经验。

**2**

**解答**

1. __不管是__公司招聘新人，__还是__个人找工作，都离不开招聘网站。

2. 在日本，很多应届毕业生__把__招聘会__视为__找工作的最有效的途径。

3. 有双语能力可能会__对__在外资企业工作__有帮助__。

4. 对于招聘单位__来说__，录用新人最看重的是他的经验和能力。

5. 你对公司的招聘计划有什么建议，__不妨__当面提出来。

**日本語訳**

1. 会社が新人を募集するのであれ、個人で仕事を探すのであれ、いずれも求人サイトは欠かせません。

2. 日本では、多くの新卒予定者が求人イベントを就職活動の最も有効な手段とみなしています。

3. バイリンガルであることは外資系企業で仕事をするのに役立ちます。

4. 人材募集企業にとって、新人採用で最も重視するのは経験と能力です。

5. あなたが会社の採用計画に何かご意見があれば、直接提案してもかまいません。

**❶**

(解答)

1. 发明者在一定的时间内独享的利益      a. 海归

2. 首先提出的建议或首先提出来的建议      b. 配套

3. 事物发展到最高点的时间      c. 研发

4. 在海外留学或工作后，回到中国创业或求职的人      d. 缩影

5. 在生意上一起合作的人      e. 风险

6. 同一类型的人或事物中最有代表性的一个      f. 专利

7. 可能会发生的危险或不利的事情      g. 享有

8. 把一些事物或零件组合成整体      h. 倡议

9. 研究并开发某些领域的技术或产品      i. 高峰期

10. 在社会上取得声誉、权利等等      j. 伙伴

(日本語訳)

1. 発明者が一定の期間内独占的に享受できる利益

2. 最初に意見を出すことまたは最初に出された意見

3. ものごとが最高潮に達するとき

4. 海外で留学か仕事をしたあと、中国に帰って起業や求職をする人

5. ビジネスで一緒に協力し合う人

6. 同じタイプの人や事物のなかで一番代表的なもの

7. 起こりうる危険または不利なできごと

8. いくつかの物や部品を一体に組み合わせる

9. ある領域の技術や製品を研究および開発する

10. 社会で名声や権利などを得る

**2**

〔解答〕

1. ___据___我___所___知，入驻到这个工业园区的外资企业有一百多家。

2. ___在___昨天面试的___基础___上，老板决定正式录用马杰。

3. 深圳、珠海和汕头都___位于___广东省的沿海地区。

4. 请在这里填写您的电子邮件地址，___以便___今后联系。

5. 这家跨国企业一直___靠___国际投资和贸易来保持公司正常运营。

〔日本語訳〕

1. 私の知る限り、この工業団地に入居している外資系企業は100社以上です。

2. 昨日の面接をもとに、社長はジャック・マーティン（馬杰）を正式に採用することにしました。

3. 深センや珠海、スワトーはいずれも広東省の海沿いのエリアに位置しています。

4. 以後の連絡に便利なように、こちらにメールアドレスをご記入ください。

5. この多国籍企業はずっと国際投資と貿易によって会社の正常な経営を保っています。

## 第15課

**1**

〔解答〕

1. 延误 / yánwù

2. 补充 / bǔchōng

3. 对照 / duìzhào

4. 确认 / quèrèn

5. 差错 / chācuò

6. 签字 / qiānzì

7. 验收 / yànshōu

答え：有权（yǒuquán）

**1**

解答

1. 立场 → 场（合）→（合）同 → 同（类）→（类）型 → 型（号）

2. 尊重 → 重（视）→ 视（频）→（频）繁 → 繁（忙）

3. 妥协 → 协（商）→（商）定 → 定（期）→（期）待 → 待（遇）

4. 提交 → 交（税）→（税）收 → 收（获）→（获）得 → 得（力）

**2**

解答

1. 做事抓住有利时机，尽快处理　　　　　　　a. 一路平安

2. 待人真诚，坦白相告　　　　　　　　　　　b. 开诚布公

3. 说话或做事都合情合理　　　　　　　　　　c. 礼轻情意重

4. 预祝旅途顺利，安全到达目的地　　　　　　d. 趁热打铁

5. 礼物虽然很轻，但情意却很深厚　　　　　　e. 通情达理

日本語訳

1. チャンスを掴んでものごとを行い、迅速に処理をする

2. 誠実に人に接し、素直で正直に話す

3. 話すことやすることがどれも人情や道理にかなっている

4. 旅路が順調で、安全に目的地に到着できよう祈る

5. 贈り物はたいしたものでないが、気持ちが込もっている

**T**

**編著者紹介**

**関道雄**（Guān Dàoxióng）

カリフォルニア大学サンタバーバラ校教授、東アジア言語文化学部中国語学科主任。アメリカで長きにわたり中国語教育に携わっている。ビジネス中国語教育、およびその研究に早くから注力してきた学者の一人でもある。

**日本語版翻訳・監修者紹介**

**杉田欣二**（すぎた・きんじ）

1955年生まれ。1978年大阪外国語大学中国語学科卒業。大倉商事、丸紅にて計34年間、日中貿易・投資業務等に従事。丸紅で青島会社社長、中国会社北京支店長、市場業務部中国市場担当部長を歴任。2012年から立命館アジア太平洋大学（APU）言語教育センター教授。就職部長、APU孔子学院長を経て、現在言語教育センター副センター長。
著書に『商談の中国語』（2006年／アスク出版）、『中国潮流 - 日中関係が困難なときだからこそ』（2013年／日本僑報社）。

## すぐに使える
# 実践ビジネス中国語
原題：基礎実用商務漢語（第3版）

2020年　5月25日　初版　第1刷

©2018　北京大学出版社
編著　関道雄

| 日本語版翻訳・監修 | 杉田欣二 |
| --- | --- |
| デザイン | アスク出版デザイン部 |
| DTP・印刷・製本 | 萩原印刷株式会社 |
| 発行 | 株式会社アスク出版<br>162-8558　東京都新宿区下宮比町2-6<br>電話 03-3267-6864　FAX 03-3267-6867<br>URL https://www.ask-books.com/ |
| 発行人 | 天谷修身 |

ISBN 978-4-86639-332-2　Printed in Japan